COLLECTION « VÉCU »

MICHEL PLATINI
PATRICK MAHÉ

MA VIE COMME UN MATCH

ÉDITIONS ROBERT LAFFONT
PARIS

ISBN 2-221-05593-4

A tous ceux qui m'ont aidé à marquer des buts et à être ce que je suis.

M. P.

PREMIÈRE PARTIE

LE FOOT EN FÊTE

1.

« TU RESTERAS DANS NOTRE CŒUR... »

Je suis « mort » à trente-deux ans, le 17 mai 1987.

La Juventus joue contre Brescia, équipe qui est sur le point de descendre en série B. C'est le dernier match de championnat. Naples et Maradona sont déjà champions d'Italie. 30 000 *tifosi* sont venus assister à ma sortie de scène. Au-dessus du Stadio Comunale, le ciel est bas. La pluie n'arrête pas de tomber.

Dans les tribunes, de longs calicots proclament l'attachement de mes supporters.

« Quelle tristesse sans toi ! »

« On t'aimait bien, Michel ! »

Et puis surtout, définitif, ultime : « Merci, Michel ! » Ettore Scola triomphe à Cannes. Cinecitta, le Hollywood romain, fête ses cinquante ans. Mais ici, à Turin, ce n'est pas du cinéma : je ne joue pas mes adieux. Je les fais. Humblement. Comme un homme qui exerce le métier de footballeur pour la dernière fois. Tête haute et balle au pied, malgré une saison plus *nero* que *bianco.* Deuxième, seulement.

A la dernière minute de mes quinze ans de carrière, presque jour pour jour, je quitte la scène par la petite porte des vestiaires. Celle des coulisses aux exploits. Là, noyés de pluie, battant la semelle, quelques dizaines de fans de la dernière heure font la claque. La dernière. Au moment de sortir du terrain, un tifosi m'offre un souvenir du Piémont. « Je ne veux pas que vous quittiez Turin sans ça. » Dehors, je serre contre mon blouson ces quelques bibelots dans leurs écrins. Sur le parking des joueurs, ma Fiat Uno m'attend, sagement garée. Je mets le contact. Je prends la via Filadelfia, cette artère par laquelle j'étais venu pour la première fois ici, voici près de cinq ans. Il y avait Boniek avec moi, et nos deux familles. Je conduisais la Range Rover verte. Cinq ans déjà et tant d'eau sous les ponts. Tant d'eau, comme cette pluie qui n'en finit pas de tout inonder. Si j'avais la grosse tête, je dirais que ce sont les larmes du ciel. Mais je n'ai pas la grosse tête. Et je sais pertinemment que nul ne doit vraiment me pleurer.

La via Filadelfia s'étend devant moi. Ça y est : je tourne le dos pour de bon au temple dont, cinq saisons durant, je fus le dieu en habit de lumière, même à travers les zones d'ombre, les périodes de ténèbres, quand l'orage menaçait au-dessus de ma tête... Je tourne le dos aux murs de béton du Stadio Comunale sur lesquels sont peints des slogans partisans : « Forza Michel », ou haineux : « Platini, bastardo francese. »

Platini, bâtard français. Ce sont les supporters du Torino qui ont écrit ça. Cela fait des lustres qu'ils ne supportent pas notre domination au cœur même de Turin. Et la nuit, les soirs de derby turinois, ils jouent à *West Side Story* avec nos supporters. Mon nom est inscrit dans la pierre. La pluie et le temps finiront par l'effacer. Mais pas dans les cœurs de ceux pour qui j'ai joué.

Nous avons battu Brescia trois à deux. Une heure plus tard, dans ma Fiat, je roule vers la colline, pour rejoindre les miens. Je grille quelques cigarettes et quelques feux. Que se passe-t-il au Stadio Comunale? De loin, je sens comme un malaise. Comme si je laissais derrière moi mes fidèles en manque. Des orphelins après l'office. On va sûrement dire, écrire : « Platini est parti trop tôt. Trop vite. » Oui, c'est vrai. Mais trop seul, aussi.

J'ai servi la « Vecchia Signora » cinq années durant. Nos amours auront été passionnées, tumultueuses et couronnées de gloire. J'ai donné à ma Grande Dame les plus beaux trophées, ceux que nul avant moi n'avait réussi à lui offrir. Et là, au soir de notre séparation par consentement mutuel, rien. Ou presque rien. Peu d'égards pour moi. Comme s'il n'y avait rien eu entre nous.

Certains attendaient une fête. Il n'y eut que des bravos. Et je sais que les tifosi pensent comme moi.

« C'est le meilleur qui s'en va », déclara Agnelli entre deux portes, comme on jette de la terre sur un cercueil. Le protocole n'aura pas été à la hauteur. Ça me rappelle les sandwiches et le faux champagne de ma signature turinoise, voici cinq ans. Dans le temps, la faille vient de se répéter. C'est une parenthèse qui se referme. La première fois, je ne faisais pas encore partie de la Juve. Maintenant, je n'en fais plus partie.

Boniperti s'est mis aux petits soins pour moi. Il ne l'a jamais fait pour personne avant moi. Mais la conférence de presse lancée avec d'alléchantes promesses de révélations tourna court.

C'est une pièce grise, bétonnée comme un blockhaus. Je fais sauter les bouchons d'un champagne made in France. Pas de l'asti, du vrai champ'! Je me sers moi-même. Face à la forêt de micros qui se dresse devant moi, j'essaie d'être pétillant. Je balance un ou deux bons mots. Et puis, je trouve que tout cela ne rime pas à grand-chose. Depuis la 90e minute du match contre Brescia, je n'ai plus rien à dire. Je suis « mort ». Je dois renaître ailleurs. Pour la drogue, pour « Grand Stade », pour la télévision. Mais, pour l'instant, qu'on me laisse reposer en paix!

Je dois jouer des coudes pour m'extraire de la nuée de journalistes. Platini bat en retraite. Et, en plus, il maugrée dans sa barbe!

Je suis sous la douche. On s'entasse devant la porte frontière des douches. Nombreux dans le lot sont ceux qui se damneraient pour décrocher un visa pour le vestiaire. Le saint des saints de la Juve. Là où les hommes se préparent, pour quatre-vingt-dix minutes, à devenir des héros. Les parasites habituels doivent être en train de faire main basse sur les fonds de bouteille.

Maintenant, je suis seul contre l'armoire de vestiaire étiquetée à mon nom. Froide, métallique. « Michel Platini », c'est écrit dessus, en toutes lettres. D'autres en pleureraient. Moi aussi. Mais j'essaie de penser à Pelé, Riva, Mazzola, Rivera, Cruijff, Beckenbauer. Mes aînés, mes chers aînés. Maintenant, peut-être suis-je votre égal. Maintenant, peut-être je sais. Sous les lauriers, derrière les bravos, la solitude. Notre solitude. J'avais tout partagé avec vous, toutes les victoires; je vous avais rejoint en tout : trophées, championnats, coupes, buts, ballons d'or. Maintenant, je vous rejoins dans la solitude. Solitude de l'homme dont la profession a été, quinze années durant, footballeur. De l'homme qui quitte pour la dernière fois l'uniforme de l'armée du sport. Qui se rhabille, qui endosse son habit d'ombre, terne contrepoint de celui de lumière.

Je suis seul face à mon armoire. Les copains, partenaires

d'un jour, équipiers à jamais, ont fui par la porte de service.

Il n'y aura pas d'embrassades collectives. Pas de joie ni de tristesse, d'émotions partagées. Tout à coup, on dépose à mes pieds une gerbe de fleurs. On se croirait à l'arrivée d'une étape du Tour de France. Sur le bouquet, une inscription : *Restara nel nostro cuore.* Tu resteras dans notre cœur... Une voix me commande : « Michel, prends les fleurs. » Machinalement, je ramasse la gerbe. Aussitôt, une tempête de flashes crépite dans ma direction. Les photographes de presse ont eu leur pitance. Un scoop fleurant bon la guimauve. Mission accomplie, ils peuvent remballer leurs matos et se tirer. Bonjour, tristesse...

On parlera certainement beaucoup de l'absence de papa, qui, contre tous les pronostics, n'a pas assisté au match, préférant rester en Lorraine. Mais Christèle, ma femme, et nos enfants étaient là.

On parlera également de celle de Michel Hidalgo. On parlera peut-être de son ingratitude. Après tout, son triomphal septennat en tant que directeur technique de l'équipe de France ne doit-il pas tout son éclat au rayonnement d'un Bleu nommé Michel Platini?

Hidalgo avait dit qu'il viendrait. Mais il est mystérieusement resté à Marseille, alors que Bernard Genestar, justement, est venu de Marseille, à bord d'un avion privé pratiquement vide. Dois-je comprendre que cela est dû au peu d'enthousiasme dont j'ai fait preuve face aux sollicitations empressées et pressantes de l'Olympique de Marseille, à la barre duquel Hidalgo joue un rôle?...

On parlera ensuite de l'absence d'Henri Michel, héritier privilégié d'Hidalgo. Comment va-t-il faire, demandent certains, maintenant qu'il n'a plus Platini? Comme la terre, le ballon est rond et continuera de tourner sans moi.

On parlera de l'absence de mon meilleur copain, mon coéquipier des plus belles chevauchées au but, Patrick Battiston.

On parlera de l'absence de Jean Tigana, le « Brésilien » de Bordeaux. Ses mots d'amitié pour moi n'auraient été qu'une façade? Je ne veux pas le croire.

On parlera des absences d'Alain Giresse, de Luis Fernandez. Tous ceux avec qui j'ai partagé l'espoir et le désespoir.

Aucun n'est là. Une heure d'avion les aurait rapprochés de moi, ce soir.

Pourtant, tout cela n'est pas très grave. D'abord, parce que je sais qu'ils seront tous dans les tribunes ou sur le terrain au printemps prochain, à l'occasion du match « Jubilé Platini ». Ensuite, parce que c'est avec ceux qui m'ont précédé par la porte de la solitude que j'aimerais être ce soir : Pelé, Riva, Cruijff et les autres...

Alors, évidemment, on dira : « Oui, O.K. pour le " Jubilé Platini ". Mais la place des amis, des fidèles, eût été là, ce soir, dans l'arène en béton du Stadio Comunale. Par honneur? Par amitié surtout... »

Car comment ne pas dire le serrement au cœur que j'ai ressenti tout au long du match, tandis que je consultais sans cesse l'horloge du stade? Comment ne pas dire mon désir d'offrir à Turin un but, un ultime but, à la dernière seconde du match? Resté seul en pointe, en embuscade, je priais le ciel de me faire cette grâce.

Comment ne pas faire part de ma tristesse quand, malgré les hymnes et les incantations du public, il n'y eut pas de rappel et, donc, pas de tour d'honneur? Depuis deux heures, pourtant, je les entendais comme à travers un voile, les tifosi du virage Filadelfia, la tribune des inconditionnels en *bianconero*, qui scandaient mon nom. Moi, la tête basse, j'ai regagné à pas comptés le tunnel des vestiaires. La nuée des photographes s'abattit sur moi. Pensez! Platini sous son dernier maillot, c'est quand même quelque chose! A ce moment-là, à ce seul instant, je me suis retourné vers le public immense et j'ai levé les bras. Puis, le regard embué, rideau. Je disparais dans les entrailles de la nef de béton. Salut, l'artiste!

Dehors, sur la pelouse, la petite harmonie qui s'époumonait à jouer des marches de kermesse a aussitôt abrégé son tour de piste pour battre en retraite sous la pluie battante. Des hallebardes en guise de confettis.

Des regrets en guise de projets. Éphémères mais suffisants pour me ruiner le moral toute la soirée. Regret de me dire que j'aurais pu jouer un an de plus. Avec les propositions qui affluaient de partout, le principal obstacle restait l'embarras du choix. Même la Juventus, au terme d'une saison en demi-teinte, m'avait offert la reconduction de mon contrat. Mais basta! Il faut savoir s'arrêter à temps. Avant que la lassitude et le stress ne l'emportent sur le plaisir de jouer. A trente-deux ans, il est hors de question pour moi de faire la saison de trop. Mis à part la Coupe du monde, j'ai récolté tous les trophées, tous les honneurs. Je n'ai plus rien à prouver. Ni à mon public ni à mes amis. Ni, surtout, à moi-même.

Plus tard, dans les encyclopédies, on pourra lire : « Michel Platini, né le 21 juin 1955 à Jœuf (Meurthe-et-Moselle), fils d'Anna et d'Aldo. Taille : 1,79 m ; poids : 73 kg. Marié à Christèle Bigoni, deux enfants : Laurent et Marine. Joueur professionnel de football. Clubs : AS Jœuf (1966-1972), AS Nancy-Lorraine (1972-1979), AS Saint-Étienne (1979-1982), Juventus de Turin (1982-1987). 72 sélections en équipe de France. Champion d'Europe des Nations 1984, vainqueur de la Coupe intercontinentale des Nations 1985, Coupe d'Europe des clubs champions 1985, Coupe d'Europe des vainqueurs de coupes 1984, Super-Coupe d'Europe 1984, Coupe intercontinentale des Clubs 1985, Champion de France 1981, Coupe de France 1978, Champion d'Italie 1984 et 1986, Coupe d'Italie 1983, Ballon d'or européen 1983, 1984 et 1985, Onze d'or 1983, 1984 et 1985. 649 matches professionnels, 353 buts marqués. Homme d'affaires, il gère le complexe sportif de Saint-Cyprien, " Grand Stade ", la société " N° 10 Platini ", et il a des participations dans Thomson et TF1. »

Déjà dans le Petit Larousse depuis le 10 septembre 1985 (juste avant « Platon »), je rentre dans l'édition 1988 du Littré. L'homme devient une institution. Un musée du football à lui tout seul. Un peu comme Pelé, le roi aux trois Coupes du monde et aux 1 300 buts marqués.

Si j'avais un vœu pour l'article qui va m'être consacré dans le Littré, ce serait le suivant : « 29 mai 1985, Heysel, à Bruxelles. Il marque sur penalty le seul but de la finale de la Coupe d'Europe des Clubs champions. Depuis cette nuit tragique, tout s'est brisé en lui. »

Voilà, c'est ça que je me dis au soir solitaire de mes adieux, tandis que je roule sous la pluie vers la colline. Tout est fini. Il faut tourner la page. Mon corps en a assez de souffrir, et ma tête ne suit plus. Le drame du Heysel et les fantômes de ses trente-huit martyrs n'en finissent pas de me hanter, s'ajoutant à ma lassitude. Deux ans que ça dure. Deux ans pour comprendre ce que je n'avais pas compris pendant le match. Avant de devenir ce que je suis, j'ai bossé comme un fou, j'ai travaillé, sans mauvais jeu de mots, d'arrache-pied.

« TU RESTERAS DANS NOTRE CŒUR... »

Le gamin qui s'évanouit devant le spiromètre, lors de la visite médicale du FC Metz, n'était pas un athlète-né, bien au contraire. Il a dû apprendre à courir, se muscler, et puis aussi à défendre, à tacler. Et à marquer, pour devenir un jour le *capocanoniere* de l'illustre Juventus.

Devant moi, le paysage urbain se clairsème. J'approche du quartier résidentiel sur la route de Pinotorinese. La nuit est d'une tristesse infinie.

D'abord, il y a en moi la nostalgie. Celle de la Juve d'antan. Celle où je jouais aux côtés des magiciens du Mundial 1982 : Zoff, Cabrini, Gentile, Tardelli, Bettega, et puis aussi Paolo Rossi, l'enfant gâté du Piémont, et Boniek, prince de Pologne. Tous sont partis. Ailleurs, sous d'autres couleurs. Ou sortis définitivement de scène. Me laissant seul, dernier vestige de la grandeur d'un club.

La nuit est tombée. Elle endeuille la ville.

2.

« ALLEZ, MICHEL, ON Y VA ! »

Ma vie commence à dix-sept ans... et trois cent seize jours, le 2 mai 1973. Un samedi. A Nancy, du côté du stade Marcel-Picot, monte une énorme manif de dix mille Lorrains aiguillonnés par les promesses du « grand soir ». Manif populaire et bon enfant, à pas pressés, pour ne pas manquer les minutes d'impatience qui précèdent le rituel. La foule est comme aimantée par le pré carré où se tient la rencontre. Elle marche mécaniquement, portée par ce seul slogan : « Allez Nancy ! » Une même ferveur dans une espérance partagée.

Et moi, je suis dans mes petits souliers à crampons. Ils sont tous autour de moi, mes copains de l'AS Nancy-Lorraine, les Chéré, Felden, Burlat et Hervé Mariot. Tous des mômes. On sort du même moule, ou presque. On s'est connus, pour la plupart, dans les réserves du club, les forces vives de l'ASNL. On a fait nos classes au centre de formation, par tous les temps et sur tous les terrains. Mais, pour une fois, je vais faire bande à part...

Le dimanche, avec l'équipe de Promotion d'honneur, on fait la tournée des ducs de Lorraine : Toul, Lunéville, Champigneulles, Hagondange, Longwy, Vitry-le-François et, pour couronner le tout, Bar-le-Duc, le bien nommé.

Avec nos beaux maillots blancs à liserés rouges, empruntés à l'équipe première, et inspirés des modèles des clubs de hockey américains, on essaie de laisser une bonne impression.

On est les pros du futur en démonstration promise chez les amateurs du cru. En fait, on est surtout des stagiaires en devenir qui ne rêvent pas encore de tutoyer la gloire.

Ces matches de gala, surcotés par le prestige supposé et le renom naissant de l'ASNL, sont le plus souvent des galères. Public hostile, adversaire hostile, arbitre hostile, nos victoires prennent valeur de triomphe et l'on doit faire souvent Verdun pour échapper aux crampons-baïonnettes des justiciers de village...

Telle est la règle du jeu, tacitement admise, par habitude, même si elle s'apparente davantage à de l'anti-jeu. Toutes les équipes réserves de club connaissent ces corridas du dimanche où, faute de se payer la vedette qui fait les gros titres du journal, on réserve un méchant sort à l'aspirant vedette qui a le tort de défendre les mêmes couleurs... Un junior de Liverpool, du Real Madrid, de la Juventus de Turin, de Saint-Étienne ou du Bayern de Munich subit plus qu'à son tour cette sélection à la dure qui fait de lui un apprenti champion accéléré.

C'est dans ces combats de coqs de village qu'il apprend à s'endurcir et à souffrir en silence. C'est dans l'adversité décuplée qu'il s'autodiscipline, et dans les coups bas qu'il découvre la fraternité et la solidarité.

C'est là que Moutier est devenu « Moumoute », et Platini « Platoche ». C'est comme cela que naît une véritable équipe de copains.

Mais, ce soir, je ne suis pas en démonstration à Lunéville, je n'esquive pas les coups à Bar-le-Duc, et le derby des derbies contre les faux frères « mais néanmoins amis » du FC Metz est pour plus tard.

Ce soir, « Platoche » n'est pas de sortie sur les stabilisés de banlieue ou sur les prés carrés de campagne : non, je suis mobilisé pour de bon, pour de vrai, sous les sunlights du théâtre de lumières de Nancy. Et, pour moi, c'est une grande première...

C'est le maillot des pros que je porte. Comme les grands qui ont déjà pris leurs marques dans le vestiaire. Le nez dans le sac ou la tête dans le placard, il y a là Fouché, l'ancien gardien nantais, et Roger Lemerre, champion de France lui aussi avec Nantes, Vicq, qu'on surnomme le justicier parce qu'il se destine, plus tard, au métier d'avocat, Herbet, jeune vétéran du succès, Florès, autre vétéran galonné, un Uruguayen vainqueur de la Coupe intercontinentale, Castronovo, Sud-américain flamboyant, lui aussi. Et moi.

Je suis arrivé bien avant l'heure, l'air faussement détaché.

J'ai pris mon coin, au fond, à gauche, près du radiateur. J'ai sorti mes chaussures du sac, donné un coup de clef aux crampons et touché ma tunique de gala, bas blancs avec deux liserés rouges sous le genou, maillot blanc, col en V rouge à manches courtes, frappé d'une pub bleue pour une chaîne de magasins photographiques.

A propos de photos, je dois en faire une bobine. Je suis sûr des autres, mais pas encore sûr de moi. Antoine Redin, l'entraîneur, petit, courtaud, noiraud, l'air d'un sous-off qui en a bavé pour toucher ses galons, ne me ménage pas depuis que j'ai débarqué dans son centre de recrutement. Entre nous, on l'appelle « Tatane », à cause de son prénom, mais aussi parce qu'il n'est peut-être pas le dernier à laisser traîner les crampons... Dur au mal et dur à cuire, il voit d'un œil sombre ceux qui, comme moi, affichent des signes extérieurs de facilité.

Il n'est pas vraiment sévère, mais il aime, par nature, ceux qui jouent du muscle, plutôt que ceux qui jouent au ballon. C'est comme cela, du moins, que je le perçois dans cette période de stage intensif où les choses vont, finalement, assez vite, malgré ces interminables « parcours du combattant » en forêt de Haye, accomplis à contre-cœur, où je perds des litres de sueur dans les exercices physiques mis en scène par « Tatane »...

Ce soir, Antoine Redin, comme d'habitude, ne m'accorde pas plus d'attention qu'aux autres... J'espère secrètement qu'il me donnera quelques conseils personnels, comme un cours particulier après la classe.

J'ai droit à de brefs encouragements.

Claude Cuny, petits yeux vifs sous les lunettes à monture noire et moustaches de poilu, est un président actif et paternel. Il rythme le mouvement dans le vestiaire, guettant l'heure H avec une impatience mal contenue. Il va et vient, sort sur la pelouse, hume l'atmosphère du stade et la respiration du public, parle aux journalistes de Paris, va de l'arbitre au délégué, revient nous voir, ressort, revient, s'anime, s'enflamme et nous jette, de sa petite voix métallique : « Bon, les gars, il faut gagner! Il faut! »

Et à moi : « Allez, Michel, on y va! T'as pas peur, au moins? »

20 h 28. Un coup de sifflet strident résonne sous la voûte bétonnée. Tout le monde se rue sur la porte, dans un réflexe conditionné. Je sors le dernier. Pour un peu, je serais resté tout

seul. Les crampons claquent sur les dalles comme des sabots sous le pied d'un cheval. Dans le couloir, on s'aligne sur deux rangs comme pour rentrer à l'école. A gauche, nous, capitaine à brassard en tête; à droite, les autres. Les anciens échangent de molles poignées de main. Je reste peinard, à la queue leu leu.

Tiens, c'est la première fois que je pense vraiment à notre adversaire. Pourtant, c'est le Nîmes Olympique, des vieux routiers du championnat de France, à l'enseigne exotique du « Crocodile »; des gros méchants, dit-on, qui ont quelques heures de vol et ont déjà croqué plus d'un junior.

L'entraîneur, Kader Firoud, un vieil Algérien boiteux au teint cuivré, chauve comme un chef indien déplumé, dirige ce commando aux semelles de fer. Il en a fait une véritable machine de guerre. Sur le terrain, elle est emmenée par Michel Mézy, un élégant capitaine. Tous les grands, le Marseille de Magnusson et Skoblar, le Saint-Étienne de Revelli et Keita, le Nantes de Simon et Gondet, après le Reims des années fastes, sont tombés impitoyablement dans le traquenard du stade Jean-Bouin à Nîmes. A l'extérieur, l'équipe de Firoud joue la montre et le pied en avant, comme une herse dressée sur le passage des attaquants locaux.

Justement, je joue avant-centre. Numéro 9. Le poste le plus avancé, en avant-garde, et donc le plus exposé. Je dévisage les défenseurs adverses. La trentaine, en moyenne, et des gueules de boucaniers. Ils ne sont pas rasés (pour garder l'influx), je suis encore imberbe... Dans l'enclos de Nancy, j'ai l'impression d'être la chèvre...

La foule scande toujours son slogan unique : « Nan-cy! Nan-cy! » avec, pour variante : « Al-lez-Nan-cy! » Dix mille voix. Ça fait du bruit. Il y a quelques pétards (pas trop) et deux ou trois feux de Bengale rouges qui se consument derrière les buts (c'est joli).

Je m'approche du rond central où, à 20 h 30 chrono, va se donner le coup d'envoi, à quelque dix mètres de moi. Dans la foulée, je croise l'arbitre qui porte le drôle de nom de M. Machin. C'est un petit homme, tout rabougri, presque chauve. Je me demande comment, face aux molosses (pardon colosses) du Nîmes Olympique, il va pouvoir imposer son autorité que j'ose espérer – sans y croire – intraitable. Il me fait penser à ces arbitres de poche que l'on voit à la télé entre deux catcheurs et qui finissent immanquablement de l'autre côté du ring, projetés par le « méchant » au-delà des cordes...

Je suis tout à mes pensées quand je touche mon premier ballon. Je m'en débarrasse assez vite et assez bien. Le public applaudit cette mise en jambes. Sympa. Bientôt, je m'enhardis. Je tente un dribble : réussi. Un deuxième : raté. Je m'obstine, je lutte, je me bats... Je me fais descendre sèchement et reçois, en guise d'excuse, une bordée d'invectives, dont la moindre est quelque chose comme « petit con »... Debout, tête haute, j'exécute le coup de pied de réparation, mon premier coup franc dans la cour des grands.

Le temps passe. Dix minutes, vingt minutes, trente minutes... R.a.s. Le match a pris son tempo, un faux rythme. A gauche, Nancy qui appuie pour forcer le barrage des « Crocos » qui font, paradoxalement, la tortue. A droite, donc, acculés dans la zone de leurs vingt derniers mètres, une dizaine de maillots rouges repliés en défense comme les légionnaires romains d'Astérix.

Cela pourrait durer longtemps.

Notre vague d'assaut, jeune et volontaire, semble s'épuiser, en vain, sur la vieille garde nîmoise. Soudain, le trou. J'en ai gardé un souvenir flou. Mais je revois encore Woltrager, les bras en V sous le nez d'Orlandini, plongeant le sien sur un ballon fiché au fond de ses filets. 1-0 pour nous ! Et presque un tour d'honneur...

Mais au bout d'une heure, le rêve passe. Jacky Vergnes, nº 9 comme moi, mais côté Nîmes, remet les deux équipes à égalité.

Le but de l'ancien avant-centre de l'équipe de France nous casse le moral et les jambes. Jusqu'au bout, on va le porter comme une croix et c'est miracle si Lanini, à trois minutes de la fin, nous donne la victoire.

Premier match, première victoire... J'avais réussi, sur deux coups de pied gagnants des autres, mon examen de passage chez les pros.

En rentrant chez moi, le soir, entre mon père Aldo et ma mère Anne, j'ai quelques raisons de me sentir heureux. Mes parents, c'est sûr, me guettaient sur cette première.

Ils n'étaient pas sûrs que je mordrais vraiment au foot. Enfant pourtant, à Jœuf, j'avais fait de la rue Saint-Exupéry mon champ clos et mon premier terrain d'entraînement.

« ALLEZ, MICHEL, ON Y VA ! »

Pas un soir où, rentrant de l'école, je ne jetais le cartable dans l'entrée pour rejoindre les copains autour d'une balle. Tout était prétexte à prolonger ces jeux sans enjeu. On s'arrêtait quand on était vidé... J'avais du mal, parfois, parce que j'étais toujours le plus petit, le moins costaud. Bizarre, dans une famille très sportive. Mon père était pour moi un as du foot. Mes deux oncles jouaient au basket-ball, en Nationale II. Des montagnes...

Moi, il me fallait compenser ma fragilité apparente, ma petite taille. C'est là, sans doute, que, sans le savoir, j'ai acquis une technique supérieure à mon bagage physique.

J'apprenais, par nécessité, par réflexe, à anticiper, à protéger le ballon et mes jambes, à esquiver les charges. Je me lançais des défis permanents à moi-même. J'improvisais. Je tentais des trucs impossibles. Je visais, par exemple, une branche d'arbre, une boîte de conserve posée sur un poteau et je me disais : « Si tu la touches, tu réussiras demain ta rédaction ou ton exercice de maths. » Je touchais souvent la cible, mais pour l'examen c'était une autre histoire... Finalement, j'étais assez bon pour tous les sports collectifs, tous les sports de balle : le hand, le basket (malgré ma taille) et, bien sûr, le foot... Mon père s'en régalait. C'est ma chance, mon père. Il était prof de maths, mais pour moi il restera surtout mon prof de foot particulier. Pas un après-midi de libre, le mercredi, le samedi, le dimanche, sans qu'il m'entraîne dans sa foulée, pour passer, balle au pied, de la théorie à la pratique. Je lui dois beaucoup, à mon père. Il m'a encouragé à améliorer ma technique. Il m'a fait aussi progresser physiquement. Il me forçait à gagner de la vitesse en courant, le ballon collé au pied, à travailler ma détente. Il me criait : « Saute avant l'adversaire ! » et c'est ainsi que, du football des rues, à Jœuf, au football de plage, en vacances, je m'amusais à mettre les autres « dans le vent » comme un torero agite sa cape sous le nez d'un taureau impuissant. Et c'est ainsi, également, que le petit Lorrain chétif qui regardait ses grands oncles basketteurs à la longue-vue a fini par se faire son propre bagage athlétique : 1,79 pour 72 kilos (poids de forme).

Reste que le foot, malgré les responsabilités prises par mon père à la tête de l'équipe de division 3 de l'ASNL, c'était encore un très mythique Eldorado.

D'abord, c'est vrai, j'avais échoué dans les profondeurs du classement, au concours du plus jeune footballeur, en 1969.

Minime inexistant, j'avais échappé à tous les détecteurs de Lorraine chargés de mettre sur pied la sélection régionale des cadets. Motif : petit gabarit...

Mais j'ai déjà un début de revanche. A seize ans, je suis le meneur de jeu des juniors de l'AS Jœuf. Janvier 1971 : notre route croise celle du FC Metz en demi-finale régionale de la Coupe Gambardella. Metz est archifavori. Mais, devant notre « Squadra azzura » locale – on appelle Jœuf la « petite Italie » –, les compères de Troletti, Albertini, Gasparini, Della Valle, Diluzio, Della Victoria et moi, Platini, Metz explose. Un coup d'éclat qui me fait remarquer par le recruteur de la ville de garnison.

Hélas, le médecin du FC Metz me recale pour « insuffisances cardiaques ». Je n'avais pas été fichu de souffler dans le ballon tendu par ce contractuel en blouse blanche... Un coup dur. J'étais un fana du FC Metz, une équipe ambitieuse qui flambait sur tous les terrains de France grâce à son attaque, véritable machine à multiplier les buts, emmenée par Nestor Combin. Metz, c'était mon club. Je suivais tous ses matches depuis mon éveil aux choses du football. C'était presque ma ville : Jœuf est à vingt kilomètres, alors que nous sommes à soixante-quinze kilomètres de Nancy... Ce fichu spiromètre a tout gâché. Au lieu d'atteindre 3,8 litres, j'ai plafonné lamentablement à 1,8 litre. J'ai recommencé plusieurs fois. Je me suis énervé. Je manquais d'air, c'est le cas de le dire. Mon père, confus, est allé trouver le directeur du stage avec qui il avait joué naguère : « Ne le juge pas sur ce test physique, Michel vaut mieux que ça... » Rien à faire, on ne m'a pas retenu à Metz. Heureusement, un autre copain de mon père veillait, mais à Nancy. C'est Hervé Collot. Il m'a convoqué pour tenter quelques matches d'essai : concluant... Et, malgré mes insuffisances, il m'a présenté une feuille tout auréolée de tampons officiels, à en-tête de l'AS Nancy-Lorraine : mon premier contrat ! J'ai signé comme stagiaire dans l'arrière-salle d'un petit bistro, près du stade, pour trois cents francs par mois. C'était en juillet 1972. Le 21 juin, j'avais eu dix-sept ans... Le Pérou !

Trois cents francs, c'était presque autant que mon premier traitement comme employé municipal à Jœuf. J'en gagnais en effet quatre cents pour peindre des lampadaires. Cela n'a pas duré : on m'a remercié sous prétexte que je jouais au basket pendant les heures de travail...

Bref, en dépit de mon parachutage providentiel au centre de

formation de l'ASNL, la route semblait encore bien lointaine entre les parcours d'entraînement de la forêt de Haye et les lumières du stade Marcel-Picot...

Elle semblait si peu évidente à jalonner que mes parents, prévoyants, avaient mûri d'autres ambitions pour moi.

Jusqu'en seconde, à seize ans, je semblais promis à disputer le championnat de France du secondaire, c'est-à-dire à passer le baccalauréat. Mais, junior épanoui, je jouais régulièrement, un an plus tard, dans l'équipe de division 3 dirigée par mon père.

Celui-ci avait beau me faire passer du tableau noir tactique au tableau noir mathématique, il s'est vite aperçu que je ne pourrais concilier longtemps études et sport de compétition. Il s'est pourtant obstiné. Il m'a placé chez les curés pour que j'y apprenne, en particulier, la comptabilité à mi-temps.

Pas si simple : nous vivions dans les installations du club, à quinze kilomètres de la ville. Nous étions en pension chez M. Kuba, un ancien pro, très sympa. Nous étions cinq au centre de formation : Felden, Burlat, Hervé Mariot (dont le frère, Yves, fera carrière), Chéré et moi. Nous ne pensions qu'au foot, dévorions *L'Équipe* et *France-Football* jusqu'au dernier entrefilet, jusqu'au moindre « confidentiel ». Au niveau sport-études, nous étions incollables question... sport. J'avais alors un précepteur. Il a mal pris la chose. Il a même demandé à Albert Batteux, entraîneur et conseiller de l'AS Nancy-Lorraine, de me renvoyer du club pour me placer en apprentissage! Il n'avait pas admis que je sèche un examen de comptabilité pour suivre à la place, en direct, la finale du Championnat d'Europe des Nations 1972...

Mais ce soir, pour moi, la comptabilité se résume à des chiffres simples : Nancy 2, Nîmes 1. Et deux points de plus, pour nous, en championnat!

Depuis ce soir, depuis ce calcul élémentaire, mon père sait qu'il va devoir jeter l'éponge. Finie la comptabilité; à moi l'addition des buts.

Des buts, justement, je vais en marquer deux pour ma deuxième chance avec les pros de Nancy. C'est le 12 mai : la trente-sixième journée du championnat. On joue contre Lyon, un autre grand club qui survit sur les fantômes de son glorieux passé.

Ce soir-là, Nancy a battu Lyon par quatre buts à un. J'en ai marqué deux. Mes deux premiers buts en championnat de première division sous le maillot blanc et rouge frappé du chardon de Lorraine.

Pour ce match, l'hebdomadaire *France-Football*, qui est un peu le journal officiel de la profession, me décerne quatre étoiles (sur un maximum de cinq). La première fois, il ne m'en avait donné que trois...

J'étais fou de joie.

Mais la fois suivante, stupeur! L'entraîneur me laisse sur la touche. Il rappelle Kuzowsky que le club essayait de transférer à Marseille. En le titularisant, Nancy montrait ainsi qu'il n'était pas blessé et qu'il était de nouveau bon pour le service.

Lorsqu'il m'a rappelé dans l'équipe, Antoine Redin savait que je n'en sortirais pas de sitôt...

3.

RUE SAINT-EX' A JŒUF

Mais commençons par le commencement. Juste avant la guerre de 14-18, un adolescent travailleur de seize ans quitte son Piémont natal pour la Lorraine. Il laisse ses parents, des paysans secs comme des coups de trique, aux prises avec la terre triste et terne de la région de Turin. Sorti de la mine, le jeune homme entend devenir maçon. Mais la guerre le rappelle dans sa patrie et il devra attendre la fin des hostilités pour revenir dans sa Terre promise, nanti d'une jeune épouse. Il n'a que vingt ans, mais il s'essaye à tous les métiers : maçon, mineur, sidérurgiste, notamment du côté de Jœuf, fief de la famille des Wendel, ces magnats de l'acier qui sont les propriétaires de la terre et de tout ce qui pousse dessus : usines, école, maternité, etc.

A l'époque, Jœuf était une ville de onze mille habitants, plantée au milieu du bassin minier et des aciéries de Meurthe-et-Moselle. Cité du travail, de la peine, Jœuf comptait environ 60 p. 100 d'immigrés italiens parmi sa population. Débrouillards, le petit maçon piémontais et sa femme arriveront à économiser suffisamment pour s'acheter un comptoir rue de Franchepré, baptisé le « Café des Sportifs ». C'est là que Francesco Platini, mon grand-père, rescapé du Piémont et de la maçonnerie, coula une existence heureuse, tranquille, sans gros nuages à l'horizon.

C'est là aussi que, avec ma grand-mère, ils conçurent Aldo, mon père.

Très tôt, Aldo s'intéressa au ballon rond. Comme le Café des Sportifs se trouvait être le « siège » de l'équipe de football locale, l'Association sportive jovicienne, mon père s'intégra à l'équipe le plus naturellement du monde. Je pense, non sans fierté, qu'il aurait pu tenter une carrière de footballeur pro; le bon Dieu lui avait donné toutes les qualités d'un excellent milieu de terrain : sens de l'organisation, vigilance du défenseur et combativité de l'attaquant. Avec une spécialité diabolique : les coups francs!...

Je n'ai pas à le juger, mais papa préféra embrasser un métier plus stable : professeur de mathématiques au C.e.t. de Wendel-Sidelor. Marié à Anna, ma mère, il fonda une famille, au sein de laquelle je naquis, vingt mois après ma sœur Martine, au premier jour de l'été 1955.

Autant que je m'en souvienne – je ne le répéterai jamais assez –, il y eut toujours un ballon dans ma vie. Je n'en ai évidemment pas le souvenir, mais mon père raconte que, dès l'âge de deux ans, je le suivais dans tous ses déplacements de footballeur amateur éclairé.

A Jœuf, après avoir habité rue Franchepré à côté du Café des Sportifs de mon grand-père, nous nous sommes installés rue Saint-Exupéry, au numéro 7, dans le quartier d'Arny, sur les hauteurs de Jœuf. Mes parents désiraient faire bâtir une grande maison, sans doute pour l'épanouissement de notre vie de famille. J'avais sept ans à l'époque et j'ai dans ma mémoire les images fortes de la conquête de cet eldorado. Pour un enfant comme moi, qui avait déjà un ballon à la place de la tête, ce déménagement signifiait beaucoup... Bien sûr, je regrettais l'éloignement – tout relatif, je m'en rendrai vite compte – du Café des Sportifs et de ses alignements de flacons d'alcool et de fanions de grandes équipes : le Real Madrid, Reims, royaume de Kopa et de Piantoni, le Brésil de Pelé, déjà... Mais je gagnais au change : la rue Saint-Exupéry était une impasse dont je devins rapidement le Petit Prince... du ballon rond! Les yeux émerveillés, je découvris tout de suite ce que je pouvais tirer de cette situation exceptionnelle : une impasse, donc peu fréquentée par les automobiles autres que celles des quelques riverains. Sans oublier cette porte de garage qui, fermée, ne demandait qu'à se métamorphoser en un but imaginaire, aux filets se tendant sous mes shoots imparables.

C'est ainsi que la rue Saint-Ex' devint mon premier terrain de foot, mon premier stade, avec pour tout public ses voisins agacés! Nos vis-à-vis, de l'autre côté de la rue, au numéro 12, les

Protois, se souviennent encore de mes premiers tirs. Robert, le mari, semblait apprécier la rage avec laquelle j'essayais de fracasser la porte en bois du garage de papa. « Ça pétait sec ! » se rappelle-t-il. Sa femme, elle, maugréait gentiment dans son giron, priant Dieu que je me contente de cadrer mes tirs rien que dans la porte du garage.

C'est à 16 h 30, tous les jours, au retour de l'école, que je commençais mon entraînement intensif de fourmi. J'avais à mon râtelier plusieurs ballons, dont certains en mousse et d'autres en cuir. Le matin, quand je partais pour l'école, le ballon était le seul antidote à mon angoisse de potache. Sac au dos, je descendais dans la rue ballon à la main.

Un autre de mes voisins, Delfo Sabattini, qui habitait, lui, au 14, me demandait parfois si je dormais avec mon ballon ! Mais c'est du numéro 10 de la rue Saint-Exupéry qu'advint pour moi, en la personne dépenaillée d'un petit diable que ses pieds démangeaient, le meilleur des événements. Là résidait la famille Bragard. Le père était gardien de but. Grâce à lui, la solitude de mon entraînement vagabond fut rompue. Notre duo gauche et chaotique, digne de la « guerre des boutons », s'initia aussitôt à l'art éminemment difficile du dribble et des passes.

Puis le tandem vit ses rangs grossir ; Claude Vespignani, Pierre Touin, Hervé et Yves Santoni, Dominique Gatone et Philippe Schwartz nous rejoignirent. Je nous revois tous encore, gamins enthousiastes, même Philippe, le plus pataud d'entre nous, celui pour qui un pied n'était vraiment qu'une plante... Je nous revois, notre apprentissage de l'équipe, et du jeu qui va avec ; nos coups de gueule, nos coups de passion, notre joie élémentaire, notre émotion équitablement partagée, la fraîcheur d'une communion, tout ce que, au long de ma carrière, j'ai essayé de retrouver sur les plus grands stades du monde, sous les couleurs des équipes les plus prestigieuses...

Chacun d'entre nous passe le plus clair de sa vie d'adulte à la recherche des sensations d'une pureté inouïe, d'un mystère insondable, qui bercèrent notre enfance. Pour moi, même à l'époque tragique du Heysel, même au moment de la désillusion en équipe de France, toujours, en toutes circonstances, ployant sous les critiques et sous les coups bas du destin, j'ai poursuivi ma traque de ces sensations premières et primordiales. Et, maintenant que je suis rangé des vestiaires, que j'ai raccroché mes crampons, je suis en mesure de dresser un bilan plutôt positif : oui, Michel Platini, celui que certains commentateurs autour du monde n'ont pas hésité à qualifier de « plus grand joueur de son temps », a « pris son pied » tout au long de sa carrière professionnelle. Une recette? Un secret? Un truc? Peut-être est-ce parce que jamais, à aucun moment, je n'ai essayé de tenir la bride à l'enfant qui continuait de vibrer en moi, celui, précisément, de la rue Saint-Ex'.

Déjà, à dix ans, le futur capitaine et stratège de l'équipe de France qui frôla le titre à deux reprises au Mundial, en 1982 et 1986, était le meneur de jeu de cette petite bande de gosses échevelés, en culottes courtes.

Je commençai par élire la maison des Bragard comme notre « vestiaire ». Sans doute parce que Aldo, papa, malgré tout le plaisir qu'il avait à voir ma rage de dresser, de dompter le ballon rond, n'aurait guère apprécié de nous voir débarquer à dix dans notre cocon familial... Mais qu'importe, les Bragard étaient de braves gens dont le sens de l'hospitalité ne s'émoussa jamais. Aussi disposions-nous librement du rebord de la fenêtre de leur cuisine, où étaient posés en permanence une bouteille d'eau et un flacon de mercurochrome, première trousse de secours aux éclopés de circonstance... Car, ne l'oublions pas, là, sur une maigre bande de bitume dont deux pierres, de chaque côté, délimitaient les buts, se jouait pas moins que la Coupe du monde, celle qui vit, en 1958, la France accéder à la troisième marche du podium. Ceci légitimait tout de même la sévérité de certains tacles appuyés...

Évidemment, comme j'étais, en toute modestie, « le plus doué de la bande », je ralliais à mon panache les plus faibles, ce qui ne nous empêchait pas de gagner à chaque match.

Par temps de pluie, nous nous rabattions sur le salon et le couloir des décidément très hospitaliers Bragard. Nous ne respections pas la trêve d'hiver, et les saisons passaient au rythme de nos échauffourées planétaires...

Un jour, pour calmer l'agacement grandissant de la mère Protois et du père Lorenzini, mon père et celui de Philippe se joignirent à nous pour disputer une énième et fantasmatique Coupe du monde. Papa était fou : à chaque attaque, je tentais de lui passer le ballon entre les jambes, en « petit pont ». Parfois même, je réussissais ce joli coup technique, pour le plus grand ravissement de Robert Protois et Delfo Sabattini, observateurs aussi passionnés qu'inquiets de nos bruyantes compétitions.

Moi, je le confesse sans honte, j'étais alors Pelé, le Roi, et il n'était pas rare que je signe « Michel Peléatini », notamment sur les livres de Marie-Jo, la mère de Philippe.

Puis, un beau jour, papa, qui avait retourné sa veste de joueur pour présider à l'entraînement de l'Association sportive jovicienne, mit définitivement un terme à nos parties sur goudron. Craignait-il pour les carreaux des voisins et, surtout, la porte de son garage? Toujours est-il qu'il jugea bon pour moi de jouer sur un vrai terrain, crampons aux pieds. Grâce à quoi, à onze ans, je signai mon premier engagement dans un club, celui, évidemment, de papa.

A ma grande honte, je dois dire que mes débuts de pupille, en cette saison 1966-1967, ne furent pas des plus brillants. La principale raison en incombait à ma petite taille et au peu de condition physique dont la nature m'avait doté. Je devais quotidiennement répondre au surnom vexant du « nain ». Mais j'avais vu le Hongrois Lazlo Kubala jouer contre le FC Metz et je n'avais pas perdu une miette du festin qu'il avait offert au public. Son jeu juste en toute occasion me donna la foi nécessaire pour m'accrocher; mon père fit le reste, me prenant en main sous sa férule sévère. A force de travail, d'efforts, de gestes répétés mille fois, j'acquis peu à peu, patiemment, les bases de la technique du football. Maniaque, je passais des heures à ciseler jusqu'à l'orfèvrerie dribbles, passes, tirs, jeux de tête.

Mais ma taille me rendait malade. Déjà, plus petit, les jours de congé, j'accompagnais fréquemment ma mère au Café des Sportifs, où elle travaillait avec ma grand-mère, de 5 heures du matin à minuit. Là, je hissais ma petite taille au niveau des tables, curieux de tout ce que faisaient les adultes. Ainsi, j'appris très tôt à jouer à la *scoppa* (la belote italienne) et... au baby-foot. Par là, sans doute, je voulais prouver que j'étais un « grand », exaspéré de ce surnom qui me collait à la peau : « ratz », qui, en patois lorrain, veut dire « rase-bitume ».

Tous les jours, j'exigeais de ma mère qu'elle me mesure torse nu contre le carrelage de la cuisine. La rage au cœur, je ne pouvais m'empêcher de tricher, me hissant sur la pointe des pieds. A mon goût, les centimètres ne grimpaient pas assez vite. Je rêvais de devenir aussi grand que mes quatre oncles du côté de ma mère;

c'étaient quatre gaillards qui dépassaient allègrement le mètre quatre-vingts. L'un était footballeur, les trois autres basketteurs.

Sans attendre de pousser miraculeusement, je me fis à l'idée qu'il me fallait absolument compenser cette lacune par une grande maîtrise technique. Et je compris que l'idéal était de composer avec cette petite taille, fût-elle temporaire, ou définitive, comme je me l'imaginais dans mon malheur.

Je dois à Dieu d'avoir eu des parents idéaux pour ce que je voulais entreprendre : un père entraîneur de football, et une mère sportive qui, avant son mariage, pratiquait avec talent le basket. Maman fut la première à s'émerveiller de ce que, à trois ans, je jouais du bout du pied avec une orange ou une pelote de laine. Encore aujourd'hui, elle aime à raconter comment, à cet âge pour le moins précoce, j'avais dessiné sur la table de la cuisine des buts dans lesquels j'envoyais les pions du jeu de dames. Elle et mon père surent rester, avec patience, au diapason d'un gosse dont la principale souffrance était d'être trop petit pour un jour devenir l'égal des plus grands joueurs de foot.

Mon calvaire dut atteindre son paroxysme en mai 1969. Je venais de remporter les éliminatoires régionales du concours du plus jeune footballeur. Mais à Colombes, où se déroulait la finale nationale, j'échouais lamentablement en finale, à cause du vent sans doute. La bonne excuse! Je n'ai pas l'habitude de m'en chercher, et je suis le premier à reconnaître mes faiblesses – et à en rire, s'il y a lieu –, mais là, le vent fut mon principal adversaire. Grâce à ses machiavéliques bourrasques, il me fut impossible de contrôler ou de tirer un bon ballon. Piètre consolation, j'eus droit à une promenade en bateau-mouche sur la Seine, avec, en prime, la révélation de la tour Eiffel! Plus la finale de la Coupe de France OM-Bordeaux.

Mais je venais de perdre mon premier match.

4.

L'HEURE DU CHOIX

Depuis le 1er septembre 1966, date de mon entrée à l'AS Jœuf, qui reste un des plus beaux jours de ma vie, ma condition physique, ma « fragilité » n'ont eu de cesse de me donner du souci. D'autant plus que, bien plus tard, arrivé au top niveau, je devins l'homme à abattre de certains défenseurs peu scrupuleux. Trop petit à quatorze ans, je devais pourtant titrer au garrot un mètre soixante-dix-neuf pour soixante-douze kilos dès l'âge de vingt ans. Ce qui n'empêcha pas que, longtemps, les critiques et quelques esprits chagrins me considérèrent comme un joueur certes excellent techniquement, mais trop fluet, trop « fragile ».

On n'insistera jamais assez sur l'ascendant que la forme physique peut avoir sur la psychologie du joueur, surtout quand il est considéré comme le stratège d'une équipe. Peut-être que mon surnom de « rase-bitume » n'a jamais cessé de me hanter, alors qu'il n'avait plus de raison d'être depuis des lustres... D'autant que, en signant avec la Juve en 1982, je m'exposais physiquement aux défenses du Calcio, qui sont, avec certaines défenses sud-américaines, les plus « rugueuses » au monde. S'il me restait quelques traces de fragilité, c'est là que je me suis aguerri, au contact des intraitables bétonneurs du « catenaccio ». Mais, jusqu'au bout, l'humiliation d'être traité de « ratz », l'humiliation d'être jugé inapte aux travaux forcés du football par un médecin m'auront poursuivi, comme une blessure jamais refermée.

Que de fois n'aurai-je pas entendu : « Platini compense ses lacunes physiques par la technique... » Je sais que j'ai des défauts physiques qui m'ont occasionné des blessures plus graves qu'elles n'auraient dû être. J'ai su très tôt, dès mon entrée dans le championnat de France avec l'AS Nancy-Lorraine, durant l'été 1972, que j'avais les chevilles plus raides que la plupart des autres joueurs. Si j'arrive à être précis dans mes passes et mes tirs, c'est uniquement parce que je me sers autant de mes hanches que de mes pieds pour bien les orienter. A Saint-Étienne, en août 1978, si mes ligaments avaient été plus souples, je n'aurais pas récolté une triple fracture de la malléole, mais seulement une simple luxation...

Sans pouvoir l'analyser précisément, je pressentais déjà que j'aurais des problèmes à l'avenir avec ma condition physique.

A RTL télévision, je voyais l'Ajax d'Amsterdam de Johann Cruijff triompher en Coupe d'Europe des Clubs champions. Un an auparavant déjà, en mai 1971, les Hollandais avaient battu deux à zéro les infortunés joueurs du Panathinaïkos d'Athènes. Là, Cruijff, Neeskens, Rensenbrick, Muhren et leurs comparses remettaient brillamment le couvert aux dépens de l'Inter de Milan, dont le catenaccio explosait sous les coups de boutoir. Le gardien italien essuya l'humiliation de deux buts. Score net, sans appel. Mais ce qui devait me fasciner surtout, c'était les sauts de cabri que Cruijff était obligé d'exécuter pour éviter la herse des tacles « aux genoux » que lui opposaient systématiquement les défenseurs milanais. Frêle, le grand Cruijff l'était. De plus petit gabarit que ses camarades, il donnait l'apparence d'un joueur fragile, mince à l'excès, « cassant ». Ce qui ne l'empêcha pas de décrocher un nouveau titre, un an plus tard, pour la troisième fois consécutive, en s'imposant un à zéro contre la Juve. Enfin, durant la Coupe du monde de 1974, en Allemagne, l'équipe nationale de Hollande, dont le grand Johann était naturellement l'homme orchestre, échoua de justesse en finale face à la RFA; mais rarement une équipe et son capitaine, tout le long de cette prodigieuse compétition, n'avaient donné aux autres équipes en lice une telle leçon de football. Et cela, malgré l'exemple éblouissant, quatre ans auparavant, du magicien Pelé et des sortilèges brésiliens à Mexico...

Peut-être l'exemple de Cruijff, joueur contesté physiquement, mais prodige indiscuté du football, fut-il pour une part dans ma volonté de m'accrocher envers ce qui semblait n'être que des apparences.

Aussi, recalé à Metz pour « très faible capacité respiratoire », je débarquai à l'AS Nancy-Lorraine, afin de rester dans un périmètre relativement proche de ma famille.

Ma famille a été et reste primordiale dans ma vie. Ma mère et mon père ont su être à la fois mes plus ardents supporters et mes détracteurs les plus virulents. C'est à mon père que je dois d'être devenu ce que je suis. Si mes parents ne m'avaient pas aidé, s'ils avaient fait marche arrière ou s'ils m'avaient barré le chemin, je me demande bien ce que je serais devenu. Alors qu'ils savaient que, sur deux millions environ de footballeurs licenciés, il n'y en a guère que cinq cents qui accèdent au statut de professionnels et, donc, peuvent en vivre, ils ont surmonté leur appréhension et m'ont soutenu, matériellement et moralement. Mon père dit qu'il a cédé parce qu'il pressentait que tout pouvait m'arriver. Et le fait que, dès l'âge de quinze ans, les clubs de la région se soient penchés sur mon cas n'a fait que le confirmer dans son sentiment que j'étais capable de faire mon trou. « Un garçon doué comme Michel, il y en a un par génération », a-t-il récemment déclaré au risque de me faire rougir. A quinze ans, c'est vrai, j'avais déjà été minime puis cadet dans l'AS Jœuf. Papa décida de me laisser aller vers ma passion : jouer devant le public. Plus tard, convaincu par mon inspiration il me permit d'interrompre mes études en seconde afin que je consacre tout mon temps au football.

Pourtant, même s'ils avaient tout mis en œuvre chez nous pour que nous vivions aisément, mes parents n'étaient pas du genre à nous inculquer la folie des grandeurs, à Martine, ma sœur, et à moi. Nous étions peu gâtés, dans le sens où jamais nous n'eûmes d'argent de poche. Et le gaspillage n'était pas toléré, qu'il s'agisse de nourriture, de vêtements ou d'électricité. Mon éducation a été idéale, fondée essentiellement sur des valeurs d'amour et de saine appréciation des choses de la vie et de la religion.

Dévoués à notre cause, à notre épanouissement, mes parents nous ont élevés avec le bonheur pour principale richesse. De là vient mon équilibre, mon harmonie autant psychologique que physique. De là viennent mon sens de l'effort, du devoir et mon dégoût des drogues et de tous ces ersatz malsains que bien des jeunes aujourd'hui sont obligés de prendre en substitution à une bonne éducation. Moi, ma came, ma « shooteuse », ça a toujours été le plein air et le sport total. Jusqu'à l'overdose, ce dépassement qui, dans le cas du joueur de foot, n'est pas néfaste pour l'individu. Le ballon rond, et la tarte aux fraises, arrosée de limonade!

Si je peux parler ainsi de la drogue, c'est parce que j'ai eu la chance qu'elle ne me tente pas, parce que j'ai eu la chance de voir le jour dans un contexte familial idéal. Tout cela pour saluer le courage de mes parents qui ont pris le risque de me laisser sortir de la voie tracée et tranquille d'une réussite bourgeoise, qui ont su renoncer à certains de leurs principes pour me laisser m'écarter de ce que j'appellerai le « droit chemin ». Cette décision de me laisser embrasser une carrière de joueur professionnel à Nancy, nous l'avons prise ensemble. Et jamais ensuite, conscients sans doute des risques du métier, mes parents ne m'ont laissé tomber. Même quatorze ans plus tard, en mai 1986, à l'expiration de mon contrat à la Juve, mon père sera à mes côtés pour me conseiller judicieusement. « Signe avec eux une prolongation de contrat d'un an. Tu ne vas pas refaire ta vie de footballeur à trente et un ans. Ces gens-là te traitent bien et tu joues sous un maillot qui ne manque pas de classe. Resigne pour un an. Après, tu verras... » Ce que j'ai fait, évidemment. Et jamais je ne me suis mordu les doigts d'avoir suivi ses conseils avisés. Familles idéales, je vous aime!...

Ma mère, quant à elle, occupait plutôt le rôle, que dis-je, la fonction, de premier et ardent supporter. Tandis que mon père, fort de sa propre expérience, jugeait ce gamin qui signait « Peléatini » et pour qui Cruijff était le modèle idéal du footballeur complet, maman, elle, une fois admis que je ferais une carrière professionnelle, consacra une bonne partie de sa vie et de son énergie à me soutenir à fond. Pendant mes quinze années de pro, elle n'a loupé aucun de mes matches importants, que ce soit à Nancy, à Saint-Étienne, à la Juve même, ou avec les Bleus. Elle était présente à chacune de mes Coupes du monde : Argentine 1978, Espagne 1982, Mexique 1986...

Beaucoup de spectateurs et de proches ont pu le constater : ma mère dans les tribunes, pendant que je joue, c'est un sacré spectacle! On m'a rapporté qu'il était fréquent qu'elle s'en prenne de la voix et du geste aux arbitres. Un jour, à Sarreguemines, accompagnant mon père avec l'AS Jœuf, elle a failli être jetée dans la rivière. Plus tard, quand elle me suivait, je faisais semblant de ne pas la connaître, ni son amie, Mme Pani, aussi volubile et exubérante qu'elle. Yvon Samuel, reporter à *France-*

Soir, a partagé avec mes parents une rangée de tribune au stade Azteca, en juin 1986, à l'occasion de France-Canada. Usant de sa langue natale, il paraîtrait qu'elle aurait injurié l'infortuné arbitre en des termes trop crus pour que je les consigne dans ces lignes. Les fans de Coluche sauront retrouver tout seuls l'expression à laquelle je fais allusion. Mon père, évidemment, tente par tous les moyens de la faire taire. « Doucement, Anna, tais-toi. » Lui garde en son for intérieur ses émotions, parlant lentement et à voix basse en une sorte de monologue, où il ne manie que très rarement l'invective. Samuel raconte que, toujours dans ce France-Canada, papa a pourtant lâché un triple « merde » tonitruant sur un mémorable raté de Papin. Mais ces écarts de langage sont rarissimes dans sa bouche. En règle générale, il prie, il me supplie d'une voix mourante qui fait se retourner ses voisins de devant. « Michel, un tir, vite, un tir! » Ma mère, elle, avec une constance infaillible et irréprochable, rivalise d'invectives le plus souvent dirigées sur l'arbitre. Au moment d'une charge féroce sur Rocheteau, elle se dressa, ulcérée, et hurla : « Sors tes cartons! » Mon père, au même instant, rentrait la tête dans les épaules, la mine sombre, et se contentait de grommeler : « Cette charge sur Rocheteau est lamentable... Mais l'arbitre doit rester le maître du jeu... » Maman pense que papa a tort de tout intérioriser comme ça. « Après, à la fin d'un match comme celui-là, tu t'étonnes qu'il n'en puisse plus et qu'il ait mal au ventre! »

5.

UN BLEU CHEZ LES BLEUS

Nancy, c'est l'histoire de mon septennat lorrain. L'expert-comptable que j'aurais pu devenir en retiendra le bilan chiffré suivant : 181 matches de championnat et 98 buts; 27 matches de coupe (dont une victoire) et 24 buts; 18 sélections en équipe de France et 9 buts. Et encore, laisserai-je aux archivistes purs et durs le soin d'ajouter à ce palmarès garni les extras tricolores en équipes espoir, militaire et amateur (jeux Olympiques 1976 à Montréal).

Nancy, c'est l'histoire de mon éclosion, de mon épanouissement, de mon avènement.

C'est d'abord l'histoire d'une ville qui, comme le dit familièrement la chanson, m'a pris dans ses bras. Jœuf est à soixante-quinze kilomètres, pas vraiment un trou par rapport à la cité-reine, mais surtout le point d'ancrage des Platini. C'est Jœuf qui a fait d'une petite famille piémontaise, trois générations plus tard, une branche lorraine fière de ses jeunes pousses. C'est Nancy qui a confirmé l'adoption et qui perpétue aujourd'hui l'enracinement.

J'aime Nancy.

Ma première vraie saison, après les balbutiements du printemps 1973, reste chargée de souvenirs noirs. On l'oublie souvent, parce que cela ne cadre pas avec le reste de ma carrière, mais j'ai commencé vraiment par un échec.

1973-1974 : Redin me convoque vingt et une fois en équipe première. J'ai dix-huit ans. Je suis encore un gosse (la majorité ne sera ramenée de vingt et un ans à dix-huit ans qu'en 1974!) pour l'état civil, un junior pour mon club et pour la Fédération.

Heureux gosse qui s'impose plus d'une fois sur deux chez les adultes...

Oui, mais...

Cette année-là, d'abord, je ne marque que deux buts. Deux sur vingt et un matches, cela fait assez maigre au tableau de la rentabilité... Et les trois matches de Coupe n'améliorent pas la carte de visite.

Mais il y a pire. Non seulement je suis muet, mais les copains ne font pas mieux. Résultat : notre défense joue les paniers percés. Elle encaisse 67 buts en trente-huit matches et notre attaque tire à blanc : nous ne marquons que 51 buts dans toute la saison. Sanction finale : Nancy-Lorraine se traîne en queue de classement. Quand le rideau tombe à la fin de l'année, l'équipe perd son standing et se retrouve reléguée en division 2. Un petit drame.

C'en est même un grand pour Claude Cuny qui porte son rêve à bout de bras. Et pour le trésorier du club qui voit fondre son budget prévisionnel, et s'évanouir ses espérances de recettes, donc de bénéfices, donc d'investissements, donc de recrutement, donc d'ambitions sportives, donc... etc.

Relégué Nancy nouvelle vague...

Relégué Platini l'aspirant pro...

Pour un peu, papa me remettrait chez les frères pour reprendre les cours de comptabilité entre deux Pater.

Mais Nancy, trahi par sa jeunesse candide, va s'entêter à puiser dans ses forces vives pour reconquérir son rang.

Et c'est là, avec une équipe de vingt-deux ans de moyenne d'âge, tenue en défense par Curbelo, au milieu par Christian Donnat et en attaque par Martini et Di Caro que la légende du Nancy solidaire et fraternel va s'affirmer. Légende au sens épique et non pas mythique. Car elle va s'unir et se forger, cette équipe condamnée aux terrains de seconde zone, Saint-Dié, Besançon, Chaumont, Haguenau, Épinal, de la couronne ardennaise ou des marches vosgiennes, partout où les « déclassés » de division 1 sont attendus pour en découdre.

Je dis cela sans acrimonie, sachant très bien quel est le lot réservé aux plus illustres démunis par le sort et qui doivent se mesurer à plus démunis qu'eux.

Bref, comme lors des tournées obligées à l'époque de la division 3, les rencontres de division 2 sentaient un rien le soufre, juste assez pour « allumer » ceux qui ne demandent qu'à l'être et provoquer quelques étincelles, crampons contre crampons.

Ce déclassement, paradoxalement, nous a fait beaucoup de bien. Pour moi-même tout d'abord, qui ai parfait sur ces terrains coupe-jarrets l'art de l'esquive et du dribble hors d'atteinte. J'y ai aussi appris à serrer ma garde, à me faire respecter sans intimider l'adversaire, à mesurer le parti pris des arbitres, à méditer, le nez dans la luzerne, le comment et le pourquoi des coups bas.

Nancy y a gagné, de ville en ville, de but arraché en point conquis, le respect des autres et son visa pour une renaissance. Il a survolé son groupe et s'est retrouvé, après un transit express au purgatoire du football professionnel, propulsé pour de bon vers l'élite.

Cette année-là, j'ai disputé tous les matches du rachat (soit trente-deux), agrémentant mes prestations d'un solde très positif au rayon de l'efficacité, avec dix-sept buts. En Coupe, j'ajoutais huit autres buts pour cinq matches.

Nancy-Lorraine était relancé et le Platini nouveau, mi-organisateur, mi-buteur, commençait à s'imposer.

C'est alors, profitant de cette relance collective, que j'ai mis au point ma botte secrète : l'art et la manière de tirer les coups francs.

C'est une arme dont on tirait encore trop peu parti. Et pourtant, combien de coups de pied de réparation sont sifflés à quelque vingt mètres du but, pour des fautes d'autant plus flagrantes qu'elles sont souvent le dernier recours d'un adversaire dépassé sur le chemin du but ?

Et je ne parle pas de ces arbitres, trop timorés pour siffler un penalty et qui atténuent la portée de la faute commise à l'orée de la surface de réparation en la transformant en coup franc aux seize mètres.

J'avais observé, en véritable spécialiste, cette carence des équipes trop souvent démunies et noté à la télévision la tendance aggravée des arbitres à couper la poire en deux dans de nombreux cas de penalties litigieux.

Aucun coup franc, aussi bien placé soit-il, ne remplacera jamais un penalty, mais puisque les coups francs pleuvent de plus en plus, face à l'accumulation des fautes, eh bien, sachons utiliser cette arme de remplacement.

Encore une fois, c'est Aldo, mon père, qui m'a aidé à me spécialiser dans cet art subtil.

La difficulté dans l'exécution du coup franc, c'est évidemment la défense adverse, postée (théoriquement) à neuf mètres, et qui fait un véritable mur humain. En fait, un rempart.

Partant du principe généreux qu'un défenseur au gabarit standard mesure 1,80 m, tandis que la barre du but est à 2,10 m du sol, il faut trouver le moyen de contourner l'obstacle ou de passer le ballon entre le mur et la barre, tout en essayant de tromper la vigilance du gardien adverse.

Une triple gageure.

Une seule solution : reprendre inlassablement l'exercice. Mobiliser cinq ou six joueurs pour en faire, lors d'une séance d'entraînement, des pantins-cibles n'est pas évident, d'autant qu'un tir puissant propulsant le ballon sur un homme placé dans le mur peut se révéler dangereux. On voit souvent en match un joueur touché et rester K.-O. sur ce genre d'action.

Aussi, Cuny a-t-il innové. Il a eu l'idée de placer une demi-douzaine de mannequins, alignés à 9,15 m (distance réglementaire) du point du coup franc. Chacun mesurait 1,82 m. Dans les buts, derrière sa haie de gardes du corps figés comme des robots à l'arrêt, mon indispensable complice : Jean-Michel Moutier.

Deux fois par jour, à l'entraînement, et parfois après, je me plaçais à vingt-cinq mètres de Moutier, le gardien, et, sous tous les angles, je décochais une cinquantaine de tirs tendus et brossés dans sa direction, par-dessus ou de côté, au ras des mannequins.

Dire que cet exercice n'était pas sans lasser l'inusable « Moumoute » serait mentir. Mais nous y prenions goût, nous lançant des défis réciproques.

Souvent, j'annonçais : « Celle-là, je te la place en pleine lucarne droite ».

Et « Moumoute » prenait le but dans la lucarne droite...

Mais il m'arrivait aussi de perdre. Et nous nous rattrapions devant un diabolo grenadine, aux frais du perdant, au Capri, notre pizzeria préférée.

N'empêche, c'est sûrement un peu à Moutier que je dois d'avoir marqué d'aussi nombreux buts sur coups francs.

Je n'ai pas fait le décompte exact, mais Nancy, Saint-Étienne, la Juventus et l'équipe de France en ont bien profité de ces séances supplémentaires partagées dans l'effort et les rires avec Jean-Michel.

Des buts, j'en ai marqué beaucoup dès notre réapparition dans l'élite. Vingt-deux sur trente et un matches de championnat et cinq en quatre matches de Coupe en 1975-1976, l'année de mon premier vrai contrat. Je suis alors à six mille francs par mois.

1976... L'année des « Verts » en finale de la Coupe d'Europe à Glasgow. Ma première grande saison avec le baptême de l'équipe de France et une place au tableau d'honneur pour l'ASNL, classée quatrième, juste dans le sillage des supers. L'année aussi où j'ai rencontré Christèle.

1976, c'est aussi, pour moi, l'appel du drapeau. Je sers au bataillon de Joinville, la célèbre unité des sportifs d'élite. Sympa. Rien à voir avec les bat' d'Af' ou les commandos. En un an, je monte quatre gardes en tout et pour tout sous le casque léger, rangers aux pieds et le fusil armé à blanc. La plus longue garde, rituelle, dure vingt-quatre heures. Il s'agit de surveiller le hangar aux canoës kayacs de l'équipe olympique. Je défile une fois au pas et encore, seulement dans la cour de la caserne.

En réalité, je reste davantage un joueur en devenir qu'un apprenti soldat. Mes parcours du combattant sont surtout des parcours d'entraînement en vue des compétitions internationales militaires. De plus, le capitaine me signe permission sur permission afin de répondre à toutes les convocations hebdomadaires (parfois bihebdomadaires) de l'AS Nancy-Lorraine. Je suis absent du casernement trois jours sur sept. C'est pareil pour les copains de chambrée : Dominique Vezir, Alain Bernard et Perucchini.

Vezir, dont les parents étaient pâtissiers, nous gavait de gâteaux qu'il fallait éliminer, ensuite, sous la conduite intraitable de Guy Briet, le « chef », un sous-off très qualifié pour le commandement et la préparation physique de la troupe.

Mais Briet, que je retrouverai plus tard parmi les entraîneurs à Saint-Étienne, c'est aussi un homme qui, le boulot terminé, sait remiser les rangers au vestiaire.

Sa passion pour le foot le conduit à se familiariser avec nous. Avec lui, c'est : « Oui, chef, bien chef », mais on est aussi à tu et à toi après le service.

C'est chez lui que je suis l'avènement majeur du football français renaissant.

Pour la grande finale de Coupe d'Europe Saint-Étienne-Bayern Munich, Briet a fait de sa salle à manger une table d'hôte.

Vezir, Rouyer, bien sûr, mais aussi d'autres copains de régiment – « la classe » – comme les Rampillon, Bossis, Gemmrich, Pécout, Omar Sahnoun et moi avons envahi son appartement. On a tous débarqué avec notre steak, et c'est en petit commando décontracté, mais rendu anxieux par l'enjeu, qu'on vivra la plus grande espérance et la plus grande frustration de ce temps-là.

Quinze jours plus tard, c'est la « quille ». Mon service militaire se termine le 1er juin. Comme moi, Rouyer qui prépare son retour à Nancy après un crochet par Chaumont où il a étoffé son bagage de stagiaire pro est libéré. Nous saluons Guy Briet, au garde-à-vous, le petit doigt sur la couture du jean de vacances!

Mais nous ne sommes pas quittes pour autant avec les obligations... footballistiques. La rançon de nos succès se présente sous la forme d'une très enthousiasmante qualification aux jeux Olympiques. Nous l'avions conquise en Roumanie, malgré une courte défaite (1-0).

Et aujourd'hui, il restait à honorer le prix de cette distinction... Direction le Québec. Mais d'abord, mieux qu'à Metz, naguère, lors de la visite médicale qui me sera fatale, j'apprends à souffler... Je convaincs Moutier et Rouyer de prendre des vacances. Et c'est la grande évasion vers Venise, à minuit, après Tchécoslovaquie-Allemagne, la finale du championnat d'Europe des Nations diffusée à la télé, le pied appuyé sur le champignon de ma R5, Rouyer (« La Rouille ») lui, sur celui de sa R5... GTL! Les gondoliers ont vu débarquer deux « bolides » sur la même ligne. Du jamais vu.

« Moumoute », hélas, n'est pas de l'équipée olympique. C'est Larieux, le gardien de Cannes, qui garde les buts. Il y a là du beau monde : Pécout, Amisse, Baronchelli, les Nantais, mais aussi Zambelli, de Nice, Schaër qui monte à Auxerre, Battiston, l'arrière de demain, titulaire à Metz, Jean Fernandez, de Marseille, les vrais amateurs Pottier et Chazotte et, côté nancéien, Rouyer, Rubio et moi. Des jeunes. Des copains. Un certain état d'esprit... Pendant toute ma carrière, je serai poursuivi par la nostalgie de ce football de fête inspiré par le naturel et la spontanéité.

C'est là, d'ailleurs, que j'ai compris tout le sens que l'on donne à la formule séculaire : l'esprit olympique. Malgré la rivalité et l'enjeu, j'y crois encore quelque part. Au Québec, il est vrai, nous étions les rois. Il suffisait d'endosser la veste de survêtement bleu frappée du coq et du sigle « France » pour que s'ouvrent les sourires. Les commerçants se mettaient en quatre, les restaurateurs nous invitaient. Le 14 juillet, les Québécois nous couvraient de cadeaux et multipliaient les vœux pour notre réussite.

C'était la première fois qu'une équipe de France de football participait au tournoi olympique.

Successivement, nous battons Israël, le Mexique et le Guatemala.

Arrivent les quarts de finale. Au menu : un gros morceau, l'Allemagne de l'Est, une équipe d'amateurs d'État, autrement dit de professionnels déguisés. En fait, l'un des grands favoris. Deux ans plus tôt, elle avait fait sensation en battant la grande Allemagne de Beckenbauer, en Coupe du monde.

L'arbitre du match, c'est Michelotti, un Italien (je le retrouverai pour Saint-Étienne-Eindhoven). Il a l'air incorruptible, affiche un relatif dédain à quelques pas des joueurs qui prennent la pose pour la photo de famille. Il est visiblement mal luné.

Au bout de vingt minutes, son sifflet nous fige avant de nous arracher des cris de protestation : penalty ! Certes, la faute de Jean Fernandez (croche-pied) justifie réparation, mais Michelotti ne se contente pas de faire payer la faute dans la zone de réparation. Il joue les justiciers de commedia, plonge la main dans la poche de son maillot et s'apprête à brandir le carton rouge du châtiment suprême. C'est compter sans Paco Rubio qui, dans un réflexe, surgit dans le dos de l'arbitre et lui chipe, du bout des doigts, le carton de l'exécution capitale. Michelotti, désavoué sous les rires du public, voit aussi rouge que le carton perdu : expulsé Fernandez, expulsé Rubio ! Je prends le parti d'en remettre et, sous son nez, dans un excès de fanfaronnade, je le provoque gentiment en faisant mine de l'applaudir : carton jaune !

Cet avertissement sonne l'hallali. Nous jouons à neuf contre onze pendant soixante-dix minutes. Et nous encaissons quatre buts sans en rendre un seul.

C'est sur ce revers épique que l'équipe de France doit faire place nette au village olympique. Nous y avions pris goût parmi ses deux mille saisonniers. Nous fréquentions tous les grands champions, les athlètes, Juantorena, les gymnastes comme Nadia Comaneci et, bien sûr, Guy Drut. Robert Charlebois venait y chanter. Le plus cocasse, c'était la bourse aux échanges. Tout était prétexte à troc. A la fin, c'était une superbrocante. Moi, je courais les insignes mais, surtout, j'en ramenai deux super-maillots celui d'un athlète de l'équipe de France et celui d'un handballeur américain, frappé de trois lettres magiques : « USA » et que je n'allais pas quitter de sitôt. Je le porte pratiquement toujours sur les photos prises par des reporters à cette époque.

J'avais fait la connaissance de Thierry Roland, qui passait alors pour le grand commentateur de télévision. Il me poursuivait jusqu'au snack. Nous y étions toujours fourrés. Avec Thierry, nous avions l'impression de franchir un échelon supplémentaire dans l'exploitation de notre carrière.

Auparavant, seul Tony Arbona, un journaliste pied-noir de *L'Équipe* en préretraite, et qui avait eu son heure de gloire à Radio-Alger, nous suivait. Brave type, mais critique intraitable. Il aimait bien « ses » amateurs, mais il avait la dent dure et la plume sévère.

Thierry, c'est différent. Le foot est sa drogue douce, les champions ses amis, et quand il commente, ce sont des millions de spectateurs qu'il convertit à notre cause. Il s'adresse à eux simplement, familièrement, comme on parle à table en famille ou au café du coin, entre copains. Il fait d'eux des supporters, presque des complices.

Bientôt, j'aurai l'occasion de connaître Thierry et nous serons très liés.

Jusqu'aux jeux Olympiques, jusqu'à Montréal où il me courait après, accélérant mon apprentissage du micro, il était encore pour moi Thierry Roland. Une grande voix. Un grand nom. Sans m'intimider vraiment, je m'imaginais mal lui donner la réplique à l'antenne. Je ne me voyais pas en haut de l'affiche.

Et pourtant, j'avais déjà connu le baptême des « Bleus ».

C'était trois jours seulement après notre match qualificatif pour les JO en Roumanie.

Ce soir-là, la France accueillait la Tchécoslovaquie, et Michel Hidalgo, qui gonflait les ballons de Stefan Kovacs – et méritait mieux –, prenait la barre. Son capitaine était Henri Michel. J'étais un bleu chez les « Bleus ». Robert Pintenat aussi, qui jouait à Sochaux avant de me rejoindre à Nancy.

Et Max Bossis, l'arrière de Nantes. Et Gilles Rampillon, son numéro 10.

J'avais pris un taxi depuis la caserne. Lorsque j'arrive au rassemblement, il n'y a plus personne dans le parc de La Forestière, l'hôtellerie gourmande de Saint-Germain-en-Laye, pas même un journaliste à la traîne. Tout le monde est à table. Je pose mon sac à la réception et rejoins l'équipe. Je me trompe de porte et dois traverser la salle à manger, tout en longueur, où les dîneurs, accompagnés par de très décoratives compagnes, lèvent d'un même mouvement le nez de leur assiette. La fourchette en l'air, ils me dévisagent, devinant à quelle tablée j'appartiens, mais incapables encore de mettre un nom sur l'intrus retardataire.

Même tableau dans le coin réservé aux « Bleus », les compagnes en moins. Je suis tout nouveau et pesque gêné de mon retard. Je balbutie des excuses. Je fais le tour des chaises en multipliant les poignées de main. A part les militaires et d'anciens présélectionnés juniors en ma compagnie, comme Rocheteau ou Amisse, je ne connais personne. Enfin, quelqu'un me fait une place auprès de lui. C'est Bathenay, l'homme fort de Saint-Étienne. Ça tombe bien, j'ai beaucoup d'admiration pour lui. J'espère qu'on va devenir copains...

Un peu plus tard, on nous dirige vers nos chambres. Je partage celle d'Henri Michel. Une bonne idée de faire cohabiter un ancien et un bleu... même si, à carrière et palmarès inégal, nous n'avons pas grand-chose à nous dire.

Nous nous comprendrons très vite, en revanche, sur le terrain.

Je joue numéro 8. Je partage l'entre-jeu avec Henri (numéro 6) et Gilles Rampillon (numéro 10), son coéquipier du FC Nantes.

On connaît la suite : le coup franc sifflé en notre faveur. Normalement, j'aurais dû laisser Henri le tirer, au privilège de l'expérience. Je ne sais pas ce qui m'a pris. Une impulsion. Je me suis approché du ballon, tranquillement. Et j'ai glissé à Henri sans complexe : « File-la-moi et je la mets au fond! » Il s'est effacé et j'ai tenu parole. Les vingt mille spectateurs ont exulté.

Cette impertinence candide a beaucoup fait pour ma jeune

réputation. Je n'en ai jamais reparlé avec Henri Michel, mais lui en a eu les oreilles rebattues...

En fait, j'étais lancé. Pour mon année olympique et militaire, celle aussi de mon baptême international, j'avais joué quatre-vingts matches. Sur mon élan, j'enchaînais les réussites avec Nancy (vingt-cinq buts en 1977) et les sélections (huit dont quatre buts).

Enfin est arrivée la saison dorée de l'AS Nancy-Lorraine. Et de l'équipe de France qualifiée pour le Mundial argentin. Sa première Coupe du monde depuis douze ans...

Venons aux faits.

A Nancy, l'avant-centre de l'équipe, au coup d'envoi du championnat, c'est Laurent Pokou. Un Africain placide et monumental qui pèse sur les défenses adverses par son abattage et sa puissance athlétique. Et, avec ça, un bon sens du jeu et du placement, une détente très au-dessus de la moyenne et une force de jeu canon. Pokou, l'homme-but!

Mais voilà, Pokou est blessé.

Un beau jour, Antoine Redin me convoque et me dit, droit dans les yeux : « Je sais que tu as des ambitions de meneur de jeu. Tu en as aussi les moyens. Mais nous n'avons pas, nous, les moyens d'attendre. Pokou indisponible, tu oublies tes idées de numéro 10 et tu prends la place d'avant-centre : numéro 9. »

Je suis un peu stupéfait, mais déjà Redin enchaîne : « A ce poste, Michel, tu sauras entraîner un ou deux arrières, les fixer et donc déséquilibrer la défense adverse. Aux autres d'en profiter... »

Ils ne seront pas les seuls à profiter de mes va-et-vient, de tous mes déplacements sur le front de l'attaque. Il me manquait encore un peu de « gnac » (le coup de reins). J'apprends à le donner pour laisser sur place mon garde du corps. Il ne reste plus, ensuite, qu'à terminer ma course par un tir toujours précis, plus « placé » que violent. Et voilà comment le ballon, expédié d'un pied apparemment désinvolte, change soudain de trajectoire et roule sous le ventre du gardien, tout penaud. En trente-six matches, je fais mouche dix-huit fois, une sur deux, et mieux encore en Coupe (huit buts en neuf matches).

Ce neuvième match de Coupe, inutile de dire qu'il s'est joué comme une apothéose.

Onze ans après sa fondation, sans tapage, dans un bureau

discret du centre-ville, Nancy-Lorraine venait planter ses gros sabots dans la sacro-sainte pelouse du Parc des Princes.

Nancy en finale!

Je revois, en songe, la petite « manif » populaire et bon enfant qui montait d'un cœur vaillant vers le stade Marcel-Picot de mes grands débuts. Ils étaient dix mille pour assister à ma première victorieuse contre Nîmes. Ils sont vingt mille à descendre sur Paris.

D'ordinaire, quand on pense « manif », Lorraine et marche sur Paris, on traduit gueules noires en colère et bassin minier sinistré. Une démonstration de force et d'impuissance. Mais aujourd'hui, 13 mai, les autocars bondés qui descendent de toutes les routes de la Meuse ou de Meurthe-et-Moselle libèrent des hymnes à la joie et des chansons traditionnelles du terroir. C'est la force dans l'allégresse.

Je ne referai pas le match aujourd'hui.

Je ne rallumerai pas les lampions du Parc parce que la flamme de ce grand soir ne s'est jamais éteinte dans nos cœurs.

Reste à jamais gravé dans les annales et dans les têtes ce souvenir qui m'est encore très doux :

Nancy : 1, Nice : 0.

But : Michel Platini! J'étais le capitaine. Et c'est à moi que le président Giscard d'Estaing remet le trophée sous les vivats du stade. Giscard m'embrasse. Nous ne nous étions jamais rencontrés, jamais croisés, mais je savais par un ami qui travaillait au Budget que ses parents adoraient le foot et qu'ils étaient mes supporters. C'est en leur nom que Giscard m'a fait la bise...

Le lendemain, je bouclais mon sac pour le stade du Touquet où je rejoignais l'équipe de France, avec Rouyer. On avait le cœur lourd. A Nancy, c'était la fête. Sans moi. Sans nous.

Mais dans le Concorde qui nous emmenait à Mach 2, à 2 000 km/h vers l'Argentine, tout là-haut au-dessus des nuages, je ne pouvais m'empêcher de planer...

6.

LA MARSEILLAISE VICTORIEUSE

Je suis donc d'origine italienne. Mais jamais je ne me suis senti un immigré. Et je n'ai pas de compétence pour délivrer un message sur l'immigration.

Mieux que quiconque, je mesure l'honneur de la nationalité d'adoption de ma famille. Français, je le suis par la volonté de mon grand-père. Par la sueur versée, comme d'autres l'ont été « par le sang versé ». Et puis la chaîne des générations a fait le reste, même si, du fait de mes cinq ans passés à la Juventus de Turin, ma fille Marine, sept ans, a eu pour « première langue » l'italien courant, à l'école, tout en s'exprimant couramment en français à la maison.

Le choc de la France, je ne l'ai pas connu en marchant au pas dans une caserne de planqués... Ni dans l'émotion du lever des couleurs sur la place d'armes.

Non. La France, je l'ai ressentie jusqu'au plus profond de moi-même dans le garde-à-vous solennel des joueurs de l'équipe nationale, au moment des hymnes. Elle m'accompagne dans le Concorde qui nous emmène à Mach 2 vers l'Argentine.

Certains, portés par une vision planétaire du monde, plaident régulièrement, dans des éditoriaux policés, pour la suppression des hymnes nationaux dans le sport.

Ce serait une erreur.

Regardez les rugbymen gallois reprendre en chœur « La terre des ancêtres » à l'Arms Park de Cardiff et suivez la première entrée en mêlée. Et les Irlandais quand ils chantent le « Soldier's song »... On en connaît quelque chose, nous qui avons laissé quelques points sur le pré carré de Landsdowne Road à Dublin. On sait, par la trace des crampons sur nos mollets rougis, ce que *fighting spirit* (l'esprit de combat) veut dire. C'est le surpassement de soi, mais pas pour autant l'anti-jeu, au sens sauvage, malgré le défi physique et les bourrades viriles. Sans son hymne national, l'Irlandais ou le Gallois, enraciné sur son sol et dans sa foi, ne ressemblerait qu'à un buveur de whisky coupé d'eau...

Ma première vraie *Marseillaise*, c'était il y a six mois, le 16 novembre 1977, au Parc des Princes. Au bout de la nuit bleue, il y avait le visa pour l'Argentine. Et maintenant nous y allons à vitesse supersonique.

La France était dans le groupe 5 qualificatif au Mundial 1978 avec l'Irlande et la Bulgarie. Pour les Français planait l'ombre de la « malédiction bulgare », depuis une sombre histoire de match d'appui malheureux qui avait privé les « Bleus », troisièmes en Suède, de Coupe du monde au Chili, en 1962. Souvenirs, souvenirs...

Comme toute dramatique bien montée, le dénouement n'allait se jouer qu'au dernier acte. Les choses avaient mal commencé avec l'arbitrage à scandale d'un Écossais patibulaire, un certain M. Foote – le mal nommé – à propos duquel, concurrençant le général Cambronne dans l'invective historique, Thierry Roland, alors commentateur réservé à la télévision, s'était exclamé en direct : « M. Foote, vous êtes un salaud! »

Cet arbitrage honteux aurait pu avoir des conséquences catastrophiques pour nous. Il en aura, en revanche, pour l'Irlande, écartée d'une victoire logique à Sofia (encore) lorsqu'un directeur de jeu grec favorisa impunément la Bulgarie. Cette dernière ajoutait à la confusion en arrachant un match nul à Dublin et, ce 16 novembre, un autre résultat nul suffisait aux Bulgares pour nous priver de Pampa.

Malgré l'enjeu, je n'ai eu aucun problème pour trouver le sommeil à la veille du match. Je considérais que nous étions les meilleurs.

Je me suis levé à 9 h 30. A 11 heures, conférence de routine avec Hidalgo. Depuis des jours, il nous avait tout dit et nous étions conscients de notre devoir. Déjeuner : midi et demi. Menu très léger : jambon blanc ou entrecôte purée, compote de pommes... Ensuite, belote avec Bathenay face à Trésor et Dalger. Énervé à mesure que l'heure passait, j'ai fini par me déconcentrer.

Nous avons perdu et j'ai jeté toutes mes cartes. A 16 h 30, nous avons partagé la collation. En silence, mais pas au point d'avoir le masque. Et nous sommes partis de Saint-Germain. Dans le car, je m'installe toujours au sixième rang sur la gauche, côté vitre, avec Bathenay. La radio ne parlait que de France-Bulgarie. Près du Parc des Princes, les automobilistes ont commencé à nous reconnaître et nous encourageaient à grands coups de klaxon. Dans le vestiaire, j'ai pris la même place que d'habitude : à côté de celle d'André Rey, le gardien, près des douches.

A l'autre bout des vestiaires, Henri Michel se préparait tranquillement : le fait d'être remplaçant lui permettait d'avoir davantage de recul. Il a gardé intacts ces souvenirs et les a restitués parfaitement, comme un film avec arrêt sur image, à Michel Denisot, alors en pleine rédaction de son livre-album : *Allez la France!*

Henri raconte : « Personne ne faisait de discours, les joueurs avaient le nez sur leurs souliers. Un ou deux mots de temps à autre pour demander quelque chose. Rien de plus. A quoi ou à qui pense-t-on? N'essayons pas d'être trop romantiques. Il n'y a à ce moment-là que le match qui compte. France-Bulgarie était commencé depuis longtemps. Deux joueurs m'ont particulièrement frappé : Bernard Lacombe et Michel Platini. Ils étaient d'une pâleur à faire peur. Hidalgo ne les lâchait pas du regard. Il y a eu alors des silences d'une intensité presque insoutenable... »

Je n'oublierai jamais notre présentation en public.

Au milieu, l'arbitre, le Hollandais Corver, encadré par ses deux assesseurs. Nous à sa droite. Trésor d'abord, le fanion de l'équipe de France à la main, puis André Rey, le gardien de but du FC Metz. Janvion ensuite. Et puis, dans le désordre : Bossis, Rio, Bathenay, Guillou, Rocheteau, Lacombe, Six et moi.

Belle équipe...

De l'autre côté, en survêtement marine, l'équipe bulgare. Bientôt, ses joueurs apparaîtront en short vert et maillot blanc.

C'est là que j'ai encaissé notre *Marseillaise* aux accents de victoire. Elle était jouée par la clique d'un régiment d'infanterie de marine, une soixantaine d'exécutants, le tambour battant et les cuivres, trompette, clairon, trombe, orchestrant le tempo martial.

Pour la première fois, sans doute, de toute ma carrière, j'ai murmuré les paroles du premier et même du deuxième couplet :

« Allons enfants de la Patrie, le jour de gloire est arrivé... »

Bernard Lacombe, mon voisin de gauche, avait la gorge nouée et le visage pâle et creusé. Je savais, à ces signes qui dévoilent une extrême tension, que Bernard partait pour une grande partie.

J'avais vu juste. Couvrant un terrain énorme, embarquant les défenseurs adverses sur de multiples fausses pistes, il allait remiser un nombre incalculable de bons ballons. Malgré les charges de deux défenseurs, Angelov, le stoppeur, et Ivkov, le libero, auxquels Arabov, le demi défensif, venait parfois prêter main-forte, Lacombe nous ouvrit, par ses astuces, le chemin du but. Mon seul regret, pour lui, est qu'il n'ait pas marqué lui-même. Il aurait ainsi réalisé le match parfait.

Naturellement, c'est au milieu du terrain, la charpente de l'équipe, que tout se construisit. Je n'insisterai pas sur mon propre jeu, mais plutôt sur le rôle de pourvoyeur en ballons d'attaque tenu par Dominique Bathenay.

Mais le plus déroutant pour l'adversaire, ce fut encore le calme et la maîtrise de Jean-Marc Guillou, deux qualités inestimables dans un duel de ce niveau.

Enfin, nos buts.

Le premier est pour Rocheteau. Cinq minutes avant la mi-temps. Dominique avait déjà amorcé quelques actions dangereuses. Il reprenait une balle que Marius Trésor venait d'arracher aux défenseurs bulgares et la projetait au fond des filets de Goranov.

Le deuxième est pour moi.

Il y a un peu plus d'un quart d'heure que le jeu a repris. Le bénéfice d'un excellent travail préparatoire de Bossis et de Six. A vingt mètres du but, je décoche une frappe lourde et précise. Goranov se détend mais le ballon fuse déjà en pleine vitesse vers ses filets.

Pour la première fois, le public du Parc communie pleinement avec son équipe. Il scande ses slogans avec une frénésie inégalée.

C'est à ce moment-là, sans doute, devant sa télé, que papa Bigoni, le père de Christèle, a dit « oui ». Et le mariage a été conclu un mois plus tard!

Dalger, qui venait de remplacer Rocheteau, n'avait plus qu'à signer, une minute avant la fin, le but qui embrasait définitivement le Parc et propulsait la France, douze ans après l'équipe de Gondet et Simon, d'Herbin et de Combin, dans une nouvelle Coupe du monde. En 1966, j'étais en colonie de vacances. Je n'ai gardé que de vagues souvenirs de cette « World Cup ». Le seul, marquant et lu dans les livres, c'est celui du pouvoir des joueurs. Emmenés par Budzinski et ses Nantais, ils avaient obligé le sélectionneur Henri Guérin à changer de tactique et à jouer l'attaque pour affronter l'Angleterre à Wembley. En vain. La France était rentrée battue plus vite que prévu. Et depuis onze ans, rien... De la figuration... Prendre la relève, ce sont donc des choses qui comptent pour ceux qui ont connu la traversée du désert. Comme Hidalgo.

Il en pleurait, Michel...

Je le revois dans son K-Way bleu, le visage mangé par la capuche relevée, baissé sur les épaules des joueurs, les yeux clos baignés de larmes. C'est la première fois que je le verrai, ainsi, céder à l'émotion. Ce ne sera pas la dernière.

Ensuite, tout est allé très vite.

Le rêve atteint, nous passons tout un printemps sur un nuage.

Le match amical France-Brésil, le 1er avril, tombe comme une grande récréation de prestige. C'est la première fois que je rencontre Zico, présenté avec fracas comme le « nouveau Pelé ». Inévitablement, on fait des comparaisons entre lui et moi, d'autant plus qu'il excelle dans l'art d'exécuter les coups francs. A Rio, toutes les séances d'entraînement de Flamengo, son équipe, se terminent obligatoirement par une séance de tirs de vingt-cinq mètres, sa grande spécialité. On déplace chaque fois pour lui le « mur » artificiel monté sur roues. Il frappe de l'intérieur du pied droit et place sa balle dans la lucarne – souvent au premier poteau – aussi facilement que si c'était avec la main.

Et comme à Nancy j'accomplis les mêmes gestes face à des mannequins de mousse, la question fait les gros titres : « Qui a copié l'autre ? »

Je crois pouvoir répondre : ni l'un ni l'autre...

Je ne me fais pas non plus une montagne de ce Brésil new-look, malgré Zico et Rivelino. Ce n'est pas le Brésil de Pelé, Didi, Vava, Zagalo... Celui que me racontait mon père (j'avais trois ans en 1958). Non, ce Brésil-là n'est pas très éloigné de celui que nous avons tenu en respect (2-2) sur son stade magique de

Maracana, l'an passé à Rio. Un souvenir formidable, gâché par ce jugement dédaigneux de Claudio Coutinho, l'entraîneur : « Sur dix matches, le Brésil gagnerait neuf fois et concéderait un match nul. »

Je n'aime pas les gens suffisants qui se moquent pour se moquer. Et j'attends Coutinho de pied ferme.

Le public aussi.

Il est aussi nombreux que pour France-Bulgarie, même si l'enjeu n'est qu'une question de prestige.

Comme prévu, le Brésil n'est plus cette équipe d'artistes qui a fait l'admiration du monde. Elle joue des épaules et du muscle. Et c'est à moi que revient l'honneur de lui faire toucher les épaules au sol. Guillou, nostalgique des coups de griffe de Pelé et des siens, se satisfait de cette samba dépréciée et me remercie au vestiaire avec émotion : « Grâce à toi, j'ai réalisé un rêve de gosse. »

Grâce à moi...

A force d'être ainsi mis en avant, en pleine lumière, je ne me fais pas que des amis. Helenio Herrera, l'ancien entraîneur de l'Inter de Milan, dont il a fait un champion d'Europe intraitable il y a dix ans, est allé respirer l'atmosphère de l'Argentine, en période de pré-Mundial.

Il en revient avec cette exclusivité qu'il distille comme un avertissement solennel : « L'Argentine a préparé son commando anti-Platini. »

L'intox joue déjà à plein.

Elle joue aussi hors football quand Simone Signoret, la madone des Droits de l'homme, prend la tête d'une campagne nationale en faveur du boycottage du Mundial argentin. Motif : le régime des généraux au pouvoir et la cause des disparus. Avec Maurice Clavel et l'historien Claude Manceron, elle prétend nous donner une grande leçon d'humanisme.

C'est bien la première fois que Simone Signoret s'intéresse aux choses du football, même par amour des choses de la vie.

Son coup de cœur, pour estimable qu'il soit, n'est pas suffisant pour nous faire reculer. D'autant plus que les pressions prennent un tour franchement désagréable. Il y a des coups de téléphone anonymes. Des lettres exubérantes, des messages de menace. Hidalgo lui-même est victime d'une tentative d'enlèvement. L'affaire se passe sur la route, près de Saint-Savin, où il réside, en Gironde. Il se bat à mains nues, récupère le pistolet (non chargé) de son agresseur et va porter plainte à la gendarmerie...

Ainsi donc le « terrorisme intellectuel » peut-il déboucher sur l'activisme sauvage. C'est contre ce risque que, dans *Le Figaro*, s'est élevé avec force le romancier Guy Lagorce, ancien champion d'Europe d'athlétisme et donc connaisseur des choses du sport.

Sous le titre : « Les intellectuels en chaussures à crampons », il nous passe le témoin, comme à son heure de gloire sur les pistes et les cendrées. Lagorce écrit d'une plume incendiaire qui fait notre bonheur à tous : « (...) Mais que savent M. Clavel de Bathenay et Mme Signoret de Platini? Quand, auparavant, se sont-ils intéressés à ces hommes en tant que tels? Que savent-ils de leur vie, de leurs espoirs, de leur univers? Que savent-ils de leur métier si dur et aléatoire? Et de leur gloire qui ne résiste, elle, ni à l'âge ni à un whisky de trop? Que savent-ils surtout de ces petites aubes blanches où les jambes vous brûlent et où il faudra quand même avaler l'entraînement? L'avaler jusqu'à l'écœurement et au désespoir. Que savent-ils de ces brouillonnements, de ces extrêmes jouissances et de ces cœurs battants? Rien.

« Il est facile de renoncer à quelque chose qui n'est rien pour vous. Les aveugles, d'ordinaire, ne se mêlent pas de parler de peinture. Je respecte la démarche de ceux qui, par profession ou par passion, devraient suivre sur place la Coupe du monde et qui n'iront pas. En revanche, je ne respecte pas celle des gens qui, de toute façon, n'y seraient pas allés parce qu'ils ne savent pas ce que représente une manifestation sportive et n'ont pour cela qu'un mépris fondamental.

« Et enfin, belles âmes, où aller jouer aujourd'hui? Ni en Argentine, ni au Brésil, ni en URSS, ni en Tchécoslovaquie, ni en Angleterre (car on y casse de l'Irlandais), ni en France (où l'on expédie des Jaguar en Afrique), ni au Chili, ni en Afrique du Sud, ni en RDA, ni au Zaïre, ni en Ouganda, ni à Cuba... On continue? Non, bon, alors? Alors laissons jouer les sportifs. Et que les intellectuels cessent de les terroriser. Ils ne méritent ni cet excès d'honneur ni cette indignité... »

J'en suis là de ma lecture attentive et de mes réflexions quand le Concorde rétrograde subitement dans un bruit sourd d'aérofreins. Son nez majestueux pique au-dessus de la mer.

Le Rio de la Plata?

Non, l'Afrique encore...

Sous nos ailes, la presqu'île du Cap-Vert, qui s'étire sur l'Atlantique. Et déjà, Dakar, vaste oasis tropicale.

L'atterrissage se passe comme au cinéma, avec la douceur d'un film documentaire. Quand le Concorde prend sa place face à l'aérogare, une foule immense grouille et bat des mains.

Elle est ivre de joie à l'idée d'accueillir, le temps d'une escale, « ses » héros dont les exploits perpétuent les légendes de l'ancienne Afrique-Occidentale française.

Elle est si nombreuse que j'hésite à me mêler à elle. Bathenay est comme moi. Il a connu les retours euphoriques de Saint-Étienne après les qualifications européennes. Il n'a jamais oublié ce supporter inconscient courant vers la mort, au-devant du petit avion qui ramenait ses « verts » d'Eindhoven. Il n'avait pas vu que l'hélice tournait encore...

La foule m'a toujours fait peur.

Je n'hésite plus : je n'irai pas. Je ne descendrai pas du Concorde. Je m'assoupis. En me réveillant, un peu plus tard, alors que les moteurs ronflent déjà, j'entends des réflexions agacées : on a mal interprété mon absence. On m'a critiqué. Vivement.

C'est mon premier faux pas avant les désillusions futures. Une erreur diplomatique. Une faute de débutant.

7.

COHABITATION A BUENOS AIRES

Avec ce que j'avais lu et entendu, je m'attendais à tout en débarquant à Buenos Aires. A tout et au pire. Et d'abord, à une présence policière oppressante. Malgré les travaux inachevés, à l'aéroport d'Ezeiza, douaniers, hôtesses et personnel de service, le sourire de séduction en forme de bienvenue, facilitent aimablement l'accueil. Beaucoup de monde nous attendait... A moins que ce ne soit pour découvrir le Concorde.

Surprise : en fait de policiers casqués et surarmés, deux motards et deux voitures occupées par des inspecteurs escortent notre autocar jusqu'à la résidence choisie par Henri Patrelle, l'intendant en chef de l'équipe de France. Ni plus ni moins qu'à Paris...

Premier constat : Buenos Aires n'est pas en état de siège. Le chauffeur traverse des quartiers surpeuplés où flotte encore le parfum enivrant d'Evita Perón, madone des « descamisados », ces sans-chemise à qui elle a donné un travail et le gîte. Au bout d'une heure, nous stoppons sur le parking d'un grand bâtiment austère qui ressemble à la cité universitaire, porte de Gentilly à Paris.

C'est l'Hindu Club. Passé la façade ocre et le hall sans âme, on débouche sur des espaces de verdure où s'étirent pistes d'athlétisme et terrains de football.

Nos chambres sont à l'étage. Je suis avec Dominique Bathenay. Mais l'équipe de France n'est pas seule. Le bâtiment voisin est occupé par l'Italie, le premier adversaire à notre programme. Une cohabitation forcée.

Et l'« espionnite » ne tarde pas.

Dès le lendemain, nous organisons entre nous une petite partie de décrassage à onze contre onze. Il fait beau. Le voyage et l'émotion d'être là nous subliment. Nous jouons comme pour un match de démonstration. Facile... Peut-être trop facile. Les Italiens, très élégants dans leur survêtement bleu roi, ou leur blouson de sortie signé « Ellesse », ne manquent pas l'occasion de s'instruire. Ils viennent en groupe, d'un pas décontracté, et, l'air faussement détaché, observent scrupuleusement nos échanges amicaux mais néanmoins musclés.

Cela dure une semaine. Nous nous croisons tous les jours sans trop oser se regarder. Un jour, Dino Zoff rompt la glace. Aux journalistes français qui l'assaillent sur sa déconvenue de Naples et qui lui rappellent un peu cruellement le cauchemar des deux coups francs – un à gauche, un à droite – que je lui ai marqués, il répond sereinement, en forçant sur le compliment : « Platini très fort. Meilleur que Bonhof. Meilleur qu'Antognoni. Meilleur que Corso. Ses coups francs sont les plus puissants. »

Je remercie par micro interposé. Je nie avoir emmené mes mannequins d'entraînement, mais certains continuent à lui faire croire que je me livre à des exercices clandestins à la tombée de la nuit ou au lever du jour.

Zoff, m'affirme-t-on, n'en dort pas.

Un jour, c'est Paolo Rossi qu'un complot journalistique franco-italien place sur mon chemin, le micro tendu. Je balbutie quelques bons mots pour jouer le jeu et faire plaisir aux photographes.

Mais c'est avec Tardelli – mon futur garde du corps – que le courant passe spontanément. Comme d'autres parlent chiffons, on prend date pour l'échange des maillots : bleu-France contre azzurro, avec en prime – c'est promis, il me l'enverra – celui de la Juventus. Un signe...

Ils me semblent décontractés, ces Italiens. Trop peut-être. La preuve en est vite donnée.

L'Argentine, terre d'accueil ou de refuge, parle l'espagnol avec une note d'accent transalpin. L'Italie est à l'aise dans son jardin à Buenos Aires et, plus encore, dans le vieux quartier déshérité mais romanesque de La Boca où s'installèrent les premiers Génois.

C'est là que le « Deportivo italiano », classé septième en

division 2, a donné rendez-vous à la sélection de Bearzot, pour une avant-première fraternelle. Six jours avant ses débuts à suspense contre la France, la Squadra au grand complet, de Zoff à Bettega, est donc en représentation de gala.

Match piège. Toute « l'Italie » locale est de la partie : les enfants des écoles du « comité azzurro » en tête de la fête de famille. Ils défilent derrière leur pancarte fièrement serrée : Notre-Dame de l'Immigration, Centre culturel italien, Scuola Adelina, Mazzani, Cristoforo Colon, Fiat et, bien sûr, ceux de l'inévitable Associazione Siciliana... Quinze cents gosses en tout, rassemblés sur la pelouse dans des cris joyeux.

Dans les tribunes, ils sont 60 000 spectateurs avec calicots, banderoles et slogans rythmés. La « bonbonnière » de Boca Juniors (dont Maradona sera la vedette) semble pleine jusqu'aux lustres. Une place nous y avait été réservée, mais, fuyant la foule et la passion, nous avons préféré la retransmission télévisée – et couverte comme une finale! – dans notre centre-foyer de l'Hindu Club.

Match pour rien, sinon pour l'honneur. Dans l'affaire, l'Italie a failli tout perdre. Une première mi-temps de complaisance, l'autre d'un conformisme plat. Finalement un minisuccès (Bettega 1-0) qui confirme la hiérarchie sans la sublimer.

Nous retirons trois enseignements de cette rencontre « folklorique ».

Comme l'Italie, nous avions été sollicités pour disputer un match exhibition. Une idée d'Omar Pastorizza, l'ancien Argentin de Monaco devenu l'entraîneur d'Independiente. Hidalgo était pour. Nous étions tous contre. Le match manqué des Italiens à La Boca nous donne raison. Et le mystère reste entier quant à notre adaptation.

Deuxième enseignement : la faiblesse relative mais notable de la défense italienne. Nous avons vu des arrières et un libero internationaux dériver devant des attaquants de division 2!

Troisième leçon : l'enthousiasme du public. Il a fait un triomphe à la Squadra pour une mauvaise partie qui n'était, de surcroît, qu'un numéro de théâtre. Un mauvais présage, donc, pour le rendez-vous de Mar del Plata où la colonie italienne (nombreuse) ne se contentera pas de figuration.

En attendant, une sortie en ville nous arrache à nos appréhensions et rompt avec le train-train quotidien. Tous les matins, on se lève à 7 heures. La journée est souvent longue. J'en profite pour piocher dans la caisse de bouquins adressée par Bernard Pivot. Lopez et Michel tuent le temps en se défiant au tennis, d'autres au ping-pong ou, plus original encore, au billard. Aujourd'hui, nous avons passé le blazer-club et la cravate. Nous sommes attendus à l'ambassade de France qui donne une réception en notre honneur, entre le shopping et le dîner au restaurant.

C'est là que nous aborderons, Rocheteau et Guillou en tête, la question des disparus. Sans tomber dans le piège du boycottage orchestré à grands cris par les pétitionnaires professionnels, nous remplissons discrètement le rôle humanitaire dont nous sommes chargés. Au départ de Roissy, des représentants de l'Association des parents et amis des Français disparus ou détenus nous ont fait passer une liste de vingt-deux noms. Un par joueur sélectionné. Hidalgo et Sastre, notre président, ont accueilli la démarche avec sympathie et promis d'y faire honneur. M. l'Ambassadeur est donc chargé officiellement de prendre le relais...

Reste que notre sortie en groupe fait naître pas mal de discussions entre nous. Dominique Rocheteau, qui se sent le plus concerné, insiste pour nous lire des articles de journaux décrivant de sombres situations. Sur place, nous ne ressentons pas le climat décrit. La Coupe du monde a fait entrer l'Argentine et son peuple dans une ère de liesse et de félicité collectives à l'image des affiches souriantes qui constellent les murs.

Notre sourire, à nous, est plutôt crispé quand, conduits par un avion des Forces aériennes, nous posons le pied à Mar del Plata. Je suis Bathenay, et nous regardons le bout de nos pieds en descendant la petite passerelle.

Pendant l'heure de vol, nous sommes déjà entrés dans le match. Dominique, qu'Hidalgo n'a pas retenu, est aussi concentré que moi. Nous savons qu'à douze mille kilomètres, bataillant contre le handicap du décalage horaire, des millions de Français guettent notre coup d'envoi dans cette Coupe du monde.

Certes, Mar del Plata, l'opulente station balnéaire qui aligne ses casinos contre la plage, n'est pas Napoli. Mais le « comité azzurro » local ne veut pas être en reste avec celui qui a mobilisé la télévision, l'autre jour à La Boca. Il a battu le rappel de la communauté italo-argentine de la côte : 25 % de fils d'émigrés implantés ici depuis l'entre-deux-guerres et qui vivent de la pêche.

Accueil volubile, exubérant même et... facétieux. Un petit malin a fait main basse sur la télécommande des grands panneaux électroniques qui surplombent les buts. Il a fait passer son message chiffré : Italia 3 – Francia 1. Message codé, en fait. C'est le score du seul match de Coupe du monde disputé entre les deux nations... quarante ans plus tôt!

C'est sur ce sombre rappel historique que nous rebroussons chemin pour nous préparer à l'heure de vérité dans l'intimité du vestiaire. Dominique Bathenay ne nous a même pas accompagnés sur la pelouse. Il est allé directement s'installer dans la tribune, aux côtés de sa femme et de la mienne qui sont, elles aussi, de l'odyssée. Dominique, il est vrai, a mal pris sa mise à l'écart.

Mercredi, quand le couperet est tombé, Hidalgo a tenté de lui exposer ses bonnes raisons. Après la conférence de presse où les journalistes stupéfaits ont noté l'absence des deux Dominique (Rocheteau et Bathenay) dans l'équipe alignée deux jours plus tard, face à l'Italie, Hidalgo a pris Bathenay à part à la fin du déjeuner. Puis nous avons discuté tous les trois dans la chambre. J'ai plaidé le cas de Dominique.

Sur le terrain, il s'est toujours défoncé pour me faciliter le travail. Il est l'homme de base de l'équipe de France. Celui sur qui reposent le premier rideau défensif et la relance du jeu. Lui, le pilier, se voyait contraint à faire tapisserie. Hidalgo affirmait qu'il n'était pas prêt physiquement. D'où la fameuse petite phrase : « Il a pris du volume au lieu de prendre du poids. »

Ce poids des mots allait déboucher sur d'autres maux.

Malaise donc, avec Bathenay.

Malaise général, ensuite, dans l'enclave réservée du vestiaire. Une histoire de primes devenant bientôt, à grand renfort de gros titres : « L'affaire des chaussures ».

Je ne veux pas m'emmêler, dix ans plus tard, dans ce mauvais roman sans saveur et sans gloire. Un résumé, un « digest » comme on dit aujourd'hui, suffit.

En gros, nous en avions marre d'être parrainés par une marque d'articles de sport qui fait sa pub sur notre dos. Nous voici étiquetés par trois bandes symboliques en guise de galons, en échange d'une poignée de main tout aussi symbolique...

Adidas donc, nous versait 1 500 francs. La prime, Mundial oblige, était montée à... 1 515,15 francs, puis à 1 600 francs, au terme de négociations-marathon. C'était dérisoire. Guillou, Bathenay et moi décidons de marquer le coup.

Trois jours avant France-Italie, dans la décontraction de l'Hindu Club, nous chargeons Marius Trésor d'engager une démarche auprès de François Remetter, l'ancien gardien de but des années cinquante et représentant de la marque parmi nous. Échec...

Alors nous sommes revenus personnellement à la charge. En vain. Il fallait donc faire quelque chose. C'était urgent. C'était déjà France-Italie. Nous étions au pied du mur... Notre action s'est donc déclenchée entre les quatre murs du vestiaire. Action symbolique consistant à ne pas rafraîchir au pinceau les trois fameuses bandes.

Le public l'ignorait mais, une heure avant chaque match international, toute la petite troupe se transforme en artisan peintre, selon un rituel immuable. Remetter, qui connaît son job jusqu'au bout des pinceaux, fait la tournée des chaussures et la distribution des petits pots de peinture. Si nécessaire, il prête lui-même sa main d'artiste.

Là, stupeur : c'est le refus général. La grève du pinceau!

Remetter est abasourdi.

Hidalgo, stupéfait.

Patrelle, décontenancé.

Seul « résistant » : Henri Michel, qui jouit d'autre part du privilège d'un contrat individuel avec la marque et quelques réfractaires de son entourage.

Le temps passe.

Le temps court.

La situation est tendue, mais sans excès.

Enfin, un coup de sifflet mobilise l'attention et dissipe la tension. C'est celui du Roumain Rainea. L'arbitre rameute ses troupes avant de les libérer en bon ordre sur la pelouse.

13 h 43. Fin de *La Marseillaise*.

13 h 44. Photo officielle de l'équipe.

13 h 45. Coup d'envoi.

13 h 46. Débordement de Six sur l'aile gauche. Centre parfait à hauteur du deuxième poteau. Lacombe se détend, reprend le ballon de la tête. Zoff est cloué sur sa ligne. But!

France 1 – Italie 0!

Le but le plus rapide de l'histoire de la Coupe du monde.

Une demi-heure plus tard, tout est à refaire : 1-1.

Une heure après c'est perdu : 2-1!

J'hérite en prime d'un carton jaune pour « faute simulée » à vingt mètres du but adverse. Henri Michel *idem.* Nous n'avons pas même la chance de disputer notre dernière opportunité : un coup franc bien placé aux dix-huit mètres. Dalger en est encore à étudier la position du ballon et moi, transformé en avant-centre risque-tout, à chercher mon placement dans le maquis des jambes adverses... On joue les arrêts de jeu. Dix secondes, à peine, de prolongation réglementaire. Mais M. Rainea en a assez vu, assez entendu. L'arbitre au style nonchalant et désabusé souffle trois fois, le sifflet entre les dents, comme pour mieux remuer le couteau dans la plaie. C'est fini. Avant de baisser la tête, réalisant déjà que pour nous la Coupe du monde est presque terminée, au moment où elle vient à peine de commencer, j'ai le temps d'apercevoir Benetti, vétéran de toutes les campagnes de la Juventus et de la Squadra, torse nu, les bras levés dans une pose de gladiateur. De vainqueur...

A la porte même des vestiaires, où nous nous replions en silence, c'est déjà l'hallali. Claude Cuny, mon président de club, lance la curée : « Hidalgo est un minable. Qu'il vienne un peu à Nancy voir comment on s'y prend pour préparer une équipe. »

Je suis las.

Je suis triste.

Et j'ai honte...

8.

FRANCE-ARGENTINE OU LA FIN DU MUNDIAL

« Platini... Platini... Donde estas, Platini? (où es-tu, Platini?) *No te vemos* (on ne te voit pas). *Platini... Platini... Donde estas? »*

Le public du stade de River Plate ne me rate pas à mon entrée sur le terrain pour le choc Argentine-France. Un match à quitte ou double. Et redouble de sarcasmes dès mon premier ballon.

Il y a huit jours, *El Grafico*, le magazine illustré du sport argentin, m'avait baptisé : « Platinix », en hommage au petit Gaulois inflexible d'Uderzo et Goscinny. Aujourd'hui, je suis aplati comme une tagliatelle de pizzeria. La défaite devant l'Italie a donné des idées au populo. Le but, évidemment, c'est de me déconcentrer dans l'espoir de m'abattre moralement. Dans un match de cette importance – pour l'Argentine, ça passe ou ça casse –, tous les coups sont bons. Y compris les coups bas. Le public, frondeur et même provocateur, joue, à fond, son rôle de douzième homme de tribune. A lui de créer une ambiance. De transformer son éden en enfer. Tous les grands joueurs, toutes les grandes équipes ont subi ce genre de fronde populaire. Un ami, de retour de Manchester où United accueillait Liverpool, m'a raconté le soir où Keegan a failli craquer.

Trois jours avant, son père était mort.

Le matin du match, il l'avait enterré.

Le soir, les « ultras » de Stretford End, la tribune des hooligans extrémistes, scandaient dans une diabolique fureur : *Keegan, where is your father? Where is your father? »* (Keegan, où est ton père, où est ton père?) C'était l'an dernier, en mai 1977, huit jours avant que Keegan conduise Liverpool à la conquête de sa première Coupe d'Europe.

La fronde du public argentin n'a, heureusement, pas le côté macabre de celle des provos de Manchester. J'admets, parfaitement, qu'elle fasse partie du jeu, d'autant que, m'annonçant à grands coups de superlatifs, j'ai pu décevoir l'autre vendredi, à Mar del Plata.

Certes, je ne suis pas Keegan, au faîte de sa maturité, et l'équipe de France, contrairement à son Liverpool, n'est pas encore engagée sur la voie d'une première finale... Ce soir, il s'agit avant tout de sauver l'honneur.

Dans le car qui nous conduisait tout à l'heure à River Plate, tout le monde était grave et silencieux. Chacun avait conscience d'exposer une part de lui-même et beaucoup de son crédit personnel dans la tempête des critiques.

Avec Dominique Bathenay, j'avais partagé la lourde accusation de faire « bande à part ». Un dîner à l'Hindu Club avec nos femmes en est le prétexte. C'est vrai qu'elles sont les seules à nous avoir accompagnés en Argentine. Au vu et au su des autorités fédérales. Rien n'empêchait d'ailleurs les autres d'en faire autant. Un climat familial harmonieux est toujours préférable à la morosité d'une troupe repliée sur ses devoirs et sur ses doutes.

Mais c'est vrai, depuis Dakar, que nous sommes dans le collimateur, Bathenay et moi. Et puis « l'affaire des chaussures » a fait le reste.

Elle n'aurait jamais dû filtrer. C'est le Dr Vrillac, notre médecin-chef, qui a eu un mot de trop, samedi, au micro d'Europe 1. A Jean-René Godart qui le pressait de fournir des explications sur le manque de ressort physique de l'équipe, il a cru s'en tirer par une porte de sortie :

« Que s'est-il passé au juste?

– Des tas de choses, et puis, toutes ces histoires...

– Quelles histoires? »

Militaire réservé, le docteur de « la grande muette » en a trop dit.

Aussitôt, la rumeur s'enfle. De bribes d'aveux en confidences feintes, la grève du pinceau fait tache. Elle devient « l'affaire des chaussures ». Les bruits sont amplifiés, déformés.

Michel Hidalgo, lui, disparaît samedi soir. Il se retire dans sa chambre transformée en cellule monastique avec, pour seule compagne, l'édition volumineuse du roman d'André Lacaze, *Le Tunnel*. Un récit autobiographique et poignant au camp de Mauthausen.

En fait, Hidalgo, lui aussi, est en plein tunnel. Il est dans le noir, au seuil d'une nuit blanche. Dès le lever du jour, il tourne en rond, commande un taxi et file, pour 8 heures, au rendez-vous de RTL qui, misant sur le décalage horaire, dialogue avec ses auditeurs. En fait, il est promu « rédacteur en chef » du Journal inattendu.

A Paris, l'après-midi du dimanche est bien avancé. Depuis le matin, *Le Journal du Dimanche* nourrit les gros titres des flashes d'information radio-télé. Sa manchette de première page claque comme un noir défi : « Hidalgo prêt à démissionner ». Toute la dernière page est consacrée au gâchis de Mar del Plata. Un autre titre – trompeur – donne le coup de pied de l'âne à Hidalgo : « Je ne commandais plus mon équipe », qui sentait la rébellion générale. Il fallait détailler l'article pour comprendre que notre sélectionneur avait été gêné à Mar del Plata par les installations. Condamné à suivre le match France-Italie au fond d'une fosse creusée pour les entraîneurs, en guise de banc de touche, Hidalgo en avait éprouvé certaines gênes à nous transmettre ses consignes. Rien de plus.

Quand il revient de Buenos Aires, les yeux rougis par la fatigue de sa nuit blanche, les nerfs relâchés et les traits creusés, Hidalgo mesure qu'il y a du dégât. Entre l'opinion française et l'équipe de France, le courant ne passe plus.

Nous découvrons à notre tour l'ampleur du malaise. On le devine par « Radio Hindu Club », le jeu des petites phrases complaisamment distillées par les reporters en quête de répliques spectaculaires. Auprès d'eux, Henri Patrelle sort de sa réverse d'intendant bonhomme. Il a pu joindre Paris par téléphone et connaît l'état de choc dans lequel nos supporters sont plongés. On lui a lu *Le Journal du Dimanche*. Patrelle se taille un franc succès en commentant, d'un air pénétré et sur un ton patelin, l'affirmation de première page : « Hidalgo, prêt à démissionner ».

« Ce titre n'est pas tout à fait exact, fait-il remarquer.

– C'est le terme “ démissionner ” qui vous choque ?

– Non, c'est le mot “ prêt ”.

– Vous voulez dire que...

– Oui. C'est comme si c'était fait... »

Avec le concours de Fernand Sastre, massif et solennel, malgré le pull-over décontracté, et de Jean Sadoul, vénérable président du groupement des clubs pros, dans un insolite survêtement aux trois bandes, Hidalgo flotte, mais s'efforce d'éviter la dérive.

Il se réfugie derrière les encouragements muets de sa femme Monique et des mots crève-cœur que les journalistes retranscrivent scrupuleusement à la conférence de presse du jour : « J'ai découvert un déchaînement, une mobilisation folle de l'opinion publique autour de l'équipe de France que j'ai tenté de protéger de mon mieux. Je m'aperçois que j'ai échoué parce que j'ai trop cru à la bonne foi des hommes. »

Les journalistes qui nous croisent sont trop heureux de nous confier leurs impressions quand ils arrivent à nous coincer. J'apprends ainsi, pêle-mêle, qu'Hidalgo « est à plat... vidé... qu'il est au bord du renoncement... qu'il veut prendre du recul... vivre sa vie... que quelque chose est cassé en lui »...

Cela, pour le plus sympa.

D'autres, moins amènes, en rajoutent sur son comportement. A Bathenay, ils affirment qu'Hidalgo a des mots sévères sur son compte. La preuve? Ce retour de l'échauffement où, jugeant une action, il aurait lâché dans un pâle sourire :

« Il a retrouvé le punch, Dominique...

– Bathenay?

– (Haussement d'épaules) : Mais non, Rocheteau! »

Certains insistent et jouent l'ambiguïté. Ils nous jurent qu'Hildalgo, selon les circonstances, parle un triple langage :

Avec les dirigeants : « Les joueurs et la presse m'ont trahi. »

Avec les joueurs : « La presse nous trahit. »

Avec la presse : « Les joueurs m'ont trahi... »

Ce climat envenimé nous conduit à notre tour à sortir de notre réserve, d'autant que les dirigeants de club, venus avec femmes et leçons de moralité plein les bagages, font le paon et mêlent leur grain de sel savant à la polémique. Nul, d'Hidalgo ou des joueurs, ne trouve évidemment grâce à leurs yeux critiques et blasés.

Dominique est ulcéré. Pressé de questions, il s'emporte et argumente : « Il faut réagir. Contre ceux qui font de l'argent sur notre dos : le public comprendra... Deuxièmement, je ne fais pas bande à part avec Platini. Troisièmement, j'espère qu'Hidalgo m'alignera devant l'Argentine. Sinon... » Enfin, sa botte secrète qui passera comme un coup de crampon sauvage :

« A quoi pensent les joueurs, à la Coupe du monde... ou à l'argent ?

– A faire une très bonne bonne Coupe du monde... Mais pas pour les beaux yeux de la Princesse. »

Quant à moi, galon oblige, j'en prends pour mon grade. L'ombre géante de Johann Cruijff, le héros hollandais de la précédente Coupe du monde, me poursuit comme un fantôme. Son souvenir m'est couramment opposé. Abusivement. J'explose : « Je ne suis pas Cruijff. Je n'ai jamais eu cette prétention. » Pour bien marquer ma personnalité et me démarquer de cette comparaison encombrante, je rappelle que je joue avec le numéro 15 dans cette Coupe du monde.

« Qu'est-ce que ça veut dire ? hasarde une voix.

– Que j'ai refusé le 14. C'était celui de Cruijff en Coupe du monde 1974 et dans son club d'Ajax. »

Les temps sont durs et les heures pesantes.

L'Hindu Club, que les plus caustiques n'appellent plus, par dérision, que « l'Hindu Club Méditerranée », est en ébullition.

Lundi 5 juin, veille de France-Argentine, conférence de presse rituelle et quotidienne. Hidalgo, très juge de paix et voulant apaiser les passions, fait passer à Henri Patrelle une petite feuille de papier pliée en quatre. On revient enfin à la Coupe du monde et aux préoccupations du terrain. Patrelle, ravi d'aimanter l'attention, prend tout son temps pour égrener la liste des élus : Bertrand-Demanes, Battiston, Lopez, Trésor, Bossis, Michel, Bathenay, Platini, Rocheteau, Lacombe, Six. Remplaçants : Baratelli, Bracci, Papi, Rouyer et Berdoll. Il y a quatre changements par rapport au France-Italie manqué : Janvion, Rouyer, Guillou et Dalger sortent, Bathenay, Lopez, Battiston et Rocheteau reviennent. L'équipe est sans surprise, avec, notamment, le retour attendu des deux Dominique.

Malgré l'approche du match – décisif – et la trêve des stylos, Hidalgo n'est pas quitte pour autant avec les micros...

Mardi 6 juin. 8 heures du matin encore. Hidalgo fait le tour des télés. Il participe aux « Dossiers de l'écran » qui tournent encore et toujours autour du mariage de raison entre le sport et l'argent. Il enchaîne avec la célèbre « Radioscopie » de Jacques Chancel. Hélas, impossible pour nous de la capter. On nous la racontera par le menu.

« Première question : Michel Hidalgo, un poids énorme pèse sur vos épaules... Avez-vous été trahi par vos joueurs ? »

Ceux qui ont assisté à la scène n'en reviennent pas. Ils voient Michel baisser la tête, son regard se voiler et ses yeux s'embuer de larmes. Ils sont tous stupéfaits. Chancel le premier qui n'a pas pour habitude de faire « craquer » ses invités en direct.

Bien sûr, Michel se reprendra presque instantanément et il passera son heure d'antenne à s'efforcer d'expliquer et de panser les blessures.

Nous retrouvons encore en lui, à l'heure de prendre le car, l'homme fragile des derniers jours. C'est sûr, quelque chose s'est brisé en lui. Je le trouve fraternel, presque pathétique. Mais l'heure n'est pas à s'attendrir...

« Platini... Platini... Donde estas, Platini? (où es-tu, Platini ?) *No te vemos* (on ne te voit pas). *Platini... Platini... Donde estas!... »*

Le public de River Plate où nous avons débouché au milieu d'un véritable carrousel automobile ne me lâche plus.

J'ai pourtant eu un coup de cœur spontané quand nous sommes entrés sur le terrain, peu avant 19 heures. Jamais encore, dans toute ma jeune carrière, je n'ai vu pareil spectacle que celui des *papelitos* (les petits papiers) déversés en cascades du haut des gradins, comme lors d'une grande parade new-yorkaise.

Spectacle grisant que ces millions de petits papiers planant tout autour du stade comme des flocons de neige.

Je n'ai encore jamais vu cela. Un stade si plein, si beau, avec tous ces drapeaux azur et blanc bordant les tribunes. Hymnes nationaux. Le public, très sport, applaudit *La Marseillaise*. Sympa. Mais l'heure n'est pas à l'esthétisme. Moins encore au romantisme ni à la plaisanterie, même si Raymond Kopa, sur le seuil des vestiaires, a cru bon de multiplier les bons mots. Il a donné son nom à une marque d'articles de sport. Il ironise : « Au lieu de discutailler les trois bandes à Mar del Plata, ils auraient mieux fait de chausser Kopa... »

Enfin le match. Un passeport pour l'avenir, ni baroud d'honneur ni sauve-qui-peut. J'y joins pêle-mêle le prestige et le moral... La morale aussi si l'on en croit les pères la pudeur.

19 h 15. Coup d'envoi sifflé par M. Dubach, un arbitre suisse.

Dès le premier ballon, je sens l'équipe soudée et volontaire. Gueules d'acier et muscles de fer.

20 h 1. On joue les arrêts de jeu avant la mi-temps. Luque tente une dernière percée au sein de notre défense. Trésor lui barre la route. Il s'élance de toute sa puissance, et, déséquilibré dans la lutte, touche le ballon du bras. Je fixe l'arbitre des yeux. Je m'attends à tout sur le terrain adverse et surtout en Coupe du monde. Ouf! M. Dubach laisse jouer... Il a vu que l'action n'était pas irrégulière. Il ne s'est pas laissé impressionner par l'illusion de la faute. Il connaît son règlement par cœur : on ne sanctionne pas le ballon qui va vers le bras, mais le bras qui va vers le ballon... Une loi élémentaire de l'arbitrage au premier degré. Mais voilà les Argentins qui courent vers lui. Dubach disparaît dans une mêlée de maillots azur et blanc où se bousculent, venus de l'arrière-garde, les défenseurs jusqu'au-boutistes : Olguin, Tarantini, Passarella... Il mouline des bras comme pour s'esquiver. Victoire, il s'échappe. Il a trouvé une porte de sortie au milieu des joueurs adverses qui l'accablent d'invectives intraduisibles, tandis que le tumulte se propage à travers les tribunes. M. Dubach s'est détaché du groupe. Il court. Il se dirige vers la ligne de touche, comme s'il voulait échapper à ses poursuivants. Va-t-il siffler la mi-temps et laisser reposer les esprits? Il arrive auprès de son juge de touche, le Canadien Winseman. Il lui parle, tandis que, du geste et du sifflet, il tient à distance, en respect, la nuée des Argentins acharnés à ses basques.

M. Winseman n'a pas l'air sûr de lui. Normal, il était à quarante mètres de la scène. Il a le drapeau bas et le geste impuissant. Je n'en reviens pas : c'est pas vrai? Dubach n'est tout de même pas en train de se laisser intimider. Il n'est tout de même pas en train de le consulter, rien que pour sauver les apparences? Eh bien, si! Le voilà qui, doigt pointé vers l'horizon blanc du point de penalty, s'incline devant la vox populi et nous condamne à la peine capitale d'un coup de pied assassin, comme aux jeux du cirque romain.

Je suis accablé.

Nous nous précipitons sur lui. Bathenay, Lopez, Michel, Lacombe, Six et moi. Il nous repousse.

Cette fois, il a l'œil féroce et le geste nerveux. Il porte la main à la poche de son maillot, brandissant la menace muette du carton jaune d'avertissement ou du rouge de l'expulsion.

Je ne regarde même pas Passarella poser son ballon sur le point fatidique, ni Bertrand-Demanes réfléchir à la parade impossible. Passarella frappe en force. Bertrand-Demanes est battu.

Nous rejoignons le vestiaire, à pas penauds, comptés, sonnés comme un boxeur frappé par un coup bas. Dans le vestiaire, pas un mot de trop. Quelques jurons seulement qui résonnent dans le béton et qui doivent tinter aux oreilles de ce Suisse en rupture de neutralité.

Hidalgo, dont la démission théorique n'est plus un secret, montre des yeux mouillés. Henri Michel, qui joue sa dernière chance en Coupe du monde, réconforte Bertrand-Demanes et serre les poings de rage. Tous, nous puisons dans cette infortune doublée d'une injustice criante des envies de revanche.

20 h 30. Un quart d'heure après la reprise, Battista voit Lacombe s'engager sur l'aile droite. Une passe précise en profondeur dans le dos des arrières argentins. Lacombe récupère. Un petit lob au-dessus du gardien Fillol, sorti de son but. Le ballon monte et semble se diriger en plein milieu de la cage vide. Mais non! Il rebondit sur la barre transversale. Revient en jeu. Nous sommes maudits!

Heureusement, Lacombe est encore là. Il récupère du gauche, arme son tir et, dans un réflexe, m'aperçoit dans une position plus favorable, sur sa gauche.

Du gauche, encore, je tire en force. Le silence glace River Plate. Un instant plus tôt, le stade résonnait de slogans joyeux. La fête vire à la déconvenue générale. Juste assez pour nous enhardir et retourner les lampions.

Une demi-heure passe ainsi. L'équipe en démonstration, c'est l'équipe de France; Rocheteau, combatif, est très accroché au ballon, Lacombe, hypermobile, est bien inspiré dans ses remises, Trésor, dominateur et sûr de sa force technique et physique, Bathenay, en retour de forme, Lopez, déterminé face à Luque et à Kempes, Henri Michel en raider insatiable font lever les applaudissements.

La foule nous témoigne des marques de respect. Elle multiplie, sur un air de sérénade rythmée au tambourin, des slogans riches d'admiration macho : « *Tienen huevos* » (voilà des hommes!) et c'est à peine exagéré de dire qu'elle souffre avec nous quand Bertrand-Demanes se fracasse le dos contre un poteau ou quand Didier Six, plus constant que jamais dans le jeu, fait l'étalage de tout son répertoire technique sur son aile, mais manque l'« inmarquable », un but tout fait préparé comme une offrande et qui aurait valeur de résurrection générale.

Il aurait au moins annulé celui de Luque marqué vingt minutes avant la fin et qui décidera de notre destin, de celui de l'équipe d'Argentine et, pour tout dire, de la Coupe du monde elle-même.

21 heures. Fin du match. Le Mundial est fini pour nous...

Avec Six et tous les autres, nous aurions pu sortir cette sélection déboussolée qui, trois semaines plus tard, transformera sa victoire totale en triomphe d'une équipe de vingt-cinq millions d'Argentins. Le rêve d'une nation devient réalité.

Les premiers journalistes qui réussissent à nous rejoindre dans le dédale des sous-sols interdits tombent comme des intrus, et nous les prenons comme des voyeurs. Après Mar del Plata, après l'affaire des chaussures, il y a pour beaucoup des lacets à passer autour de quelques cous à tordre...

Sans doute les journalistes ont-ils fait leur boulot. Mais nous, nous avons accompli notre devoir. Fors l'honneur. Nous sommes tombés tête haute. Il faut qu'à douze mille kilomètres de là les Français ne sortent pas de leur nuit blanche, leur nuit de veille, avec une nouvelle gueule de bois. Nous n'avons trahi personne et nous entendons le faire savoir.

Dans le car qui nous ramène, tassés sur notre rêve évanoui, tandis que Didier Six pleure notre infortune partagée, naît l'idée d'une conférence de presse dans laquelle les rôles seraient inversés.

C'est Michel, je crois, qui a lancé l'idée. Henri a toujours imaginé ce coup de théâtre qui donnerait aux acteurs la place des témoins et aux témoins la place des acteurs. Dans le vestiaire, après l'effort, quand nous nous promenons nus et que nous sommes happés par des reporters pressés, le carnet à la main et le stylo braqué, Henri a déjà eu la tentation de doucher quelques imaginations incendiaires avant de répondre aux interrogations savantes.

Cette fois, c'est pour demain, les douches en moins.

Mardi 7 juin. Dans les jardins de l'Hindu Club, joueurs et envoyés spéciaux se croisent en silence. Il y a de l'explication dans l'air...

La salle de conférences est pleine et l'atmosphère tendue quand Hidalgo prend la parole. Solennel, il donne le ton :

« Messieurs, je vous ai réunis à la demande des joueurs... »

Je lis quelques sourires goguenards dans la salle et je vois beaucoup de visages fermés. Deux clans : ceux qui « allument » et ceux qui, par tradition – les plus nombreux – calment le jeu. Tous sont attentifs.

Je suis un peu en retrait de l'estrade où Jean-Marc Guillou a pris place ; un pont d'observation idéal.

Hidalgo enchaîne :

« (...) Oui, des joueurs. Ils s'inquiètent. Ils veulent comprendre... De France, ils ont reçu des nouvelles désagréables. On leur a dit que des journaux avaient sonné l'heure de la curée... »

Il ne finit pas sa phrase.

Eugène Saccomano, d'Europe 1, rodé à l'exercice quotidien du micro tout terrain, dégaine le premier : « Et cette histoire des chaussures ? C'est du bidon ou quoi ? Et ces discussions de marchands de tapis à une heure d'un match capital ?... » Guillou lui coupe la parole et réplique sèchement. La polémique gagne le fond de la salle, où les « mauvais élèves » jouent groupés, comme les cancres de génie, à l'école, au fond de la classe. Il y a là le quarteron des reporters offensifs et « activistes » de *Foot 2*, le journal où l'on donne des coups sans avoir peur d'en prendre.

Parmi eux, Dominique Grimault, cheveu raide, moustache épaisse, œil noir qu'on devine scrutateur sous le verre épais des lunettes.

Le Journal du Dimanche, c'est lui.

« Hidalgo au bord de la démission », c'est lui.

« Hidalgo ne commandant plus son équipe », c'est encore le titre de son journal, qui barrait toute la dernière page...

Il a levé le doigt et déjà, d'autorité, un rien provocateur, il attaque : « Je sais que vous tournez tous autour de mon article. Eh bien, je vais vous dire ce que j'ai écrit... »

Et d'énumérer : « J'ai écrit ceci, j'ai écrit cela et encore ceci, et encore cela... »

Il fixe la tribune : « J'ai même dit qu'il y a un malaise Six en équipe de France... Et que Didier est en quarantaine... »

Six, de sa petite voix ouatée : « Quoi ? Comment ? Qui ?... »

Alors, Lopez, comme touché au cœur, interrompt Grimault, l'air scandalisé :

« Voyons, c'est ridicule. Qui a bien pu te dire une chose pareille?

– Mais c'est toi, Christian! »

Malaise général tempéré de rires étouffés... Un qui ne rit pas, en revanche, accablé depuis River Plate, c'est Six. Vexé, il quitte précipitamment la salle de conférences, en pleurs, suivi comme une flèche par Lopez décontenancé et protestant à grands cris de sa bonne foi; Grimault, qui, lui, n'a jamais manqué une occasion en or, se précipite sur leurs pas, trop heureux d'arbitrer le conflit en coulisses...

Cette sortie, digne du meilleur théâtre de boulevard, nous laisse perplexes et désarmés. Pour ma part, déjà détaché du match « pour rien » contre la Hongrie, où l'équipe de France atteindra des sommets dans la qualité de jeu et le fond du ridicule avec un maillot vert et blanc, short bleu, bas rouges, emprunté à Kimberley, un club de pêcheurs amateurs digne du championnat de division d'honneur régional, à cause d'une erreur d'intendance, je suis partagé entre des velléités d'insolence et des regrets amers. J'ai déjà la nostalgie de mes illusions perdues, aussi n'ai-je plus qu'une hâte : quitter l'Argentine, oublier Buenos Aires, effacer l'Hindu Club et gommer River Plate. La blessure est trop cruelle. Avec quelques joueurs, nous embarquons pour Rio... Et là, loin des obligations, des tempêtes et des batailles de coulisses, nous retrouvons nos candeurs et nos libertés. C'est la plage et les rouleaux dans lesquels nous plongeons, comme pour une grande purification. Mais la paix n'est pas encore pour demain. Des photographes rôdent et nous traquent. Il faut négocier : d'accord pour une séance de tennis-ballon sur le sable. Pas d'accord pour des photos trop désinvoltes, trop décontractées, qui pourraient être mal interprétées à Paris.

D'accord, pas d'accord. Parole d'honneur... Un jour, pourtant, je suis intrigué par un ronflement sourd, à peine perceptible, suivi d'un déclic. Je me redresse et je file pleine course, droit sur des fourrés. Je tombe nez à nez avec un photographe français. Un « copain »... C'est fini. Je ne lui parlerai plus...

De ce jour date ma phobie des photographes. Mais de Rio, je n'emporte pas, heureusement, que ce mauvais cliché perdu. Car c'est là que Laurent, notre fils, a été conçu...

La carte postale du bonheur.

9.

120 JOURS POUR UNE BALLE PERDUE

D'un mot sympa, en pleine fièvre boursière, Michel Hidalgo coupe court aux importuns :

« Platini, c'est comme le Concorde. Quand on possède un phénomène, on lui permet de voler à l'étranger! »

C'est avec le Concorde, phénoménal cigare volant, que, Coupe de France en poche, j'étais parti avec l'équipe de France à la conquête de la Coupe... du monde. Un aller euphorique pour un retour tristement anticipé.

Et c'est encore un défenseur acharné du Concorde (signe du ciel), Roger Rocher, président de l'AS Saint-Étienne, qui va désormais prendre la relève dans la course au transfert face à la concurrence étrangère.

Une longue histoire qui avait pourtant mal commencé entre Saint-Étienne et moi.

Août 1978. Nancy, tout auréolé de sa victoire en Coupe et fort de ses nouvelles recrues : Zénier (Metz), Pintenat (Sochaux) et... Merchadier (Saint-Étienne), débarque au stade Geoffroy-Guichard, où les nouveaux riches ont toujours l'air de parents pauvres. Saint-Étienne a trusté tous les titres nationaux depuis vingt ans. Depuis qu'il a conquis celui de vice-champion d'Europe en 1976, il incarne le football français de la tête aux pieds. Sans partage.

Sifflets de bienvenue pour Nancy...

Sifflets redoublés à l'appel de mon nom...

J'entre sur le terrain tête haute, mais je dois bientôt faire le gros dos, en attendant que l'orage passe. Cela tonne fort dans les « populaires » fanatisées du « chaudron vert ».

La *bronca* du public cache mal un double ressentiment : celui de voir une jeune vedette venir défier sans complexe les stars locales et celui de faire payer l'échec de l'équipe de France en Argentine à son meneur de jeu.

J'en ai vu d'autres.

Ce que je ne vois pas, en revanche, c'est la semelle de Christian Lopez. Nous nous disputons la même balle. Une balle de début de match. Une balle perdue et qui va sortir... Soudain, je boule à terre, un coup de poignard me traversant la jambe droite.

Lopez est aussi stupéfait que moi et ma douleur, flagrante, le glace. Tout de suite, il clame son innocence : « Je ne l'ai pas touché... Je ne l'ai pas touché... » Qu'importe, on ne va pas faire un constat, mais le pauvre a l'air complètement hagard et répète mécaniquement, comme s'il pouvait par cette formule magique gommer la minute de l'accident : « Je ne l'ai pas touché... Je ne l'ai pas touché... » C'est vrai. C'est moi, provoqué par les sifflets du stade, qui me suis jeté comme un kamikaze. J'ai revu cinq fois l'action au magnétoscope. Avec le recul, je suis persuadé à 99 p. 100 que je n'aurais jamais été me ruer sur cette balle que Lopez venait de récupérer.

Attroupement autour de moi.

Stupeur atterrée dans le stade qui rengorge ses quolibets, rengaine ses moqueries et met un mouchoir dessus.

A Saint-Étienne comme ailleurs, on a le chauvinisme bébête mais pas méchant. Sans les sifflets du début, évidemment, je n'aurais pas cherché l'impossible. Et voilà le résultat!

Neubert, Rouyer, Chebel sont les plus empressés à me prodiguer des conseils apaisants, comme un secours moral d'urgence. Mais c'est Bernard Bonnavia, le kiné, qui vient doucement me cueillir et me transporte sur la touche, dans ses bras, sous la moustache hérissée de M. Kitatdjian, l'arbitre.

La suite, je la vis dans un demi-brouillard. Je me retrouve sous les tribunes d'où se dressent des dizaines de silhouettes et de visages figés sur le passage du cortège des soigneurs et autres suiveurs.

Le reste, Michel Denisot l'a raconté mieux que je ne le ferai jamais. Denisot, l'un de mes rares confidents de la presse. Il a su gagner ma confiance, un jour d'hiver, en trottinant à mes côtés, dans la forêt de Haye, et en partageant avec les copains une escalope bolonaise à la pizzeria du coin. Sa gentillesse, sa compétence, son éducation m'avaient séduit. On a fait ami-ami, et ce soir, à l'heure du petit drame, il est déjà à mes côtés et il assiste, mi-témoin, mi-copain, à mes interrogations angoissées, aux affres de mon père, et au traitement de première urgence dans le réduit de la salle de soins. Il a tout enregistré, comme un film à suspense, et il l'a restitué, comme un court métrage où le pathétique le dispute à l'inquiétude vraie, dans *Foot 2*, un hebdo choc né dans l'euphorie de la qualification au Mundial argentin.

Denisot rapporte ainsi la scène : Il m'observe, couché sur la table d'intervention, le teint cireux, et, surtout, il m'entend : « Dis-moi la vérité, tout de suite... J'en ai pour six mois? Trois mois?... C'est cassé?.. Mais dis-le-moi franchement! »

Bernard Bonnavia, tendu, l'œil grave derrière ses lunettes, ne répond pas. Il tâte la cheville blessée, puis le genou : « Ouïe! Le genou aussi me fait mal, j'ai entendu un craquement. »

Platini est méconnaissable, le front perlé de sueur, les yeux cernés. Il les ferme une seconde; il a peur du verdict du praticien. Il relève la tête, fixe sa cheville droite, cherche à accrocher le regard du kiné pour y deviner la vérité de son mal.

Bonnavia évite son regard. Il baisse toujours le nez. Une rumeur assourdissante transperce les murs de béton des vestiaires. Il m'interroge comme si j'avais vu et me lance, avec une certitude vaine :

« On vient d'en prendre un deuxième?

– Oui, je crois. »

Il secoue la tête et, reprenant ses esprits, commande la manœuvre du soigneur : « Aïe! oui, là, plus bas. Ici, tu peux appuyer, je ne sens presque plus rien. De la glace. Mets de la glace! Mets-en sur mon genou! Là, oui, voilà... »

Bonnavia parle très gravement de l'écrasement probable de la malléole extérieure de la cheville droite. Un vilain coup dur. Pas un simple bobo. Le médecin de Saint-Étienne qui est là, lui aussi, essaie de se montrer rassurant. Il émet des doutes sur la blessure, comme s'il voulait tempérer l'inquiétude qui ronge Platini.

Il parle de faire une radio.

« Oui, dit Michel, mais le plus vite possible. J'ai froid. Regardez, j'ai la tremblote. »

Trente-sixième minute, nouvelle exclamation au-dessus de nos têtes, dans les gradins. Plus sourde, moins enthousiaste. C'est Curbelo qui vient de réduire la marque pour Nancy. Le speaker l'annonce. Je répète l'info, mais Michel ne m'écoute plus. Il est tout à sa douleur et ne songe déjà qu'à la suite.

La malléole écrasée, il connaît. Il a déjà eu ça, il y a cinq ans, lorsqu'il était junior, mais c'était à la jambe gauche cette fois. Il se souvient avec amertume des trois mois d'arrêt qui avaient suivi. Tout va très vite dans sa tête : trois mois d'arrêt égalent une croix sur le premier tour de Coupe des Coupes contre le Servette de Genève avec Nancy, la première participation de son club à une grande compétition européenne, celle qu'il a méritée après sa victoire en Coupe contre Nice, sur un but à lui, Michel... C'est aussi une croix sur France-Anderlecht, bien sûr, plus une autre sur France-Suède. Bref, plus de football avant l'hiver et le sentiment d'une injustice.

L'ambulance vient de se garer dans la cour d'honneur, là où l'AS Saint-Étienne a peint son blason et son palmarès garni comme un signe extérieur de richesse inégalé et déjà inégalable.

Direction, la clinique la plus proche.

Vite fait.

Platini murmure :

« Je suis peut-être foutu pour le foot. Ils ne veulent rien me dire.

– Ne crois pas ça, réplique Bonnavia. Surtout, ne noircis pas les choses, ne perds pas le moral. Attendons la radio. »

Stupeur : les radios passées à Saint-Etienne ne dévoilent rien : même pas une fracture!... Alors qu'à Nancy, à trois heures du matin, la vérité éclate : triple fracture de la malléole! Platini quitte Saint-Étienne avec un plâtre de marche. On lui en posera un autre à Nancy qu'il devra garder quarante-cinq jours. Suivra la rééducation. Platini rejouera dans deux ou trois mois. Le public l'aura un peu oublié et, de ce côté-là, ce sera tant mieux pour lui.

Et *Foot 2* de titrer ce terrible coup du sort d'une superbe envolée, façon série noire : « 120 jours pour une balle perdue. »

Cent vingt jours, c'est peu dans une carrière de dix ou quinze ans. C'est beaucoup sur une saison de neuf mois.

C'est éprouvant physiquement : douleur du choc, douleur postopératoire, douleur pendant la rééducation.

C'est pénible, moralement. Malgré le soutien affectif des siens, les petits soins de la famille, la visite des copains, les coups de téléphone des amis, on passe alternativement de l'impatience à l'accablement. Avec toujours cette question angoissante :

« Vais-je rejouer? »

Et cette autre, plus minante, plus obsédante encore :

« Retrouverai-je mon meilleur niveau? »

Là-dessus, les médecins, les kinés, les soigneurs, qui en ont vu d'autres et des pires, se montrent toujours rassurants. Admirables professionnels, ils sont rompus à l'exercice quotidien du malheur et rodés à l'inquiétude du patient.

Dans le fond, la raison nous pousse à les croire sur parole. Confiance à la qualification, donc, et à l'expérience. Mais il y a toujours un petit doute subjectif qui laisse à penser que la blessure peut présenter des complications insoupçonnées et que le cas ordinaire, traité avec diligence et vigilance, risque, sans raison, de se transformer en cas d'exception.

Il n'est pas de malade ou de blessé qui ne redoute de devenir le cobaye ou l'exception à présenter, comme un phénomène condamné par la science, dans les écoles de médecine. Non, je n'exagère pas. Les hôpitaux sont pleins de patients impatients... et qui se font, nuit et jour, des idées noires. Bien sûr, il est idiot de redouter le danger de rechute, mais c'est ainsi. La faiblesse physique atténue les forces morales.

Pour moi, le cauchemar n'aura duré qu'un automne. Dès ma sortie de clinique, j'ai passé une journée chez mes parents, une seule, puis Christèle, ma femme, m'a emmené chez les siens dans les Vosges. Au programme : repos, repos et repos...

Deux mois plus tard, je suis déplâtré. La radio est bonne, mais le professeur Hummer me fait peur. Il me dit : « Il faudra attendre pour savoir si tout est bien recollé. » Moi, je me croyais déjà guéri. J'ai bien été obligé de me plier à son tableau de marche. J'ai commencé par faire de la musculation à Bourbonne-les-Bains. Puis à Nancy, au club. Ensuite, j'ai posé le pied à terre, puis j'ai marché et enfin couru... J'ai même aussi fait marcher, si j'ose dire, le maire de la station. Il est médecin. Je lui montrais la jambe valide en lui faisant croire que, chez lui, j'avais fait de drôles de progrès. Il en était tout fier...

Remis sur pied, les béquilles renvoyées vers d'autres infortunés, je programme ma rentrée, le souffle et le rythme retrouvés à l'entraînement, quelques jours après la reprise.

Finalement, je dispute une demi-saison en tout. Et, l'air de rien, je marque douze buts en dix-neuf matches de championnat, trois en cinq matches de Coupe et je revêts deux fois la tunique bleu France. Pour un handicapé, ce n'est pas si mal.

C'est si peu négatif que, dès mars 1979, le feuilleton Platini reprend dans une surenchère de gros titres à travers toutes les gazettes de la France (et de l'Europe) du foot.

Passons sur *Tuttosport*, en Italie, qui prête à Sandro Mazzola cette confirmation abusive : « Platini à l'Inter ».

Ailleurs, c'est la ronde des « oui, mais... ».

Nancy : « Si Michel désire rester... ».

Bordeaux : « Si nous jouons une Coupe européenne... ».

Paris FC : « Si l'Inter ne peut pas... ».

L'Inter de Milan (Italie) : « S'il veut, on n'attend plus que lui... ».

Marseille : « Si on a les moyens... ».

Nantes : « Si notre sponsor... ».

Shalke 04 (Allemagne) : « Si Bonhof ne veut pas... ».

Nice : « Si nous restons en division 1... ».

Barcelone (Espagne) : « Si Muller le veut... ».

Wolverhampton (Angleterre) : « Si 500 000 livres suffisent... ».

Paris-SG : « Si c'est possible... ».

Saint-Étienne : « Si Michel dit oui... ».

Bref, avec des si, tout ce qui compte en France et en Europe spécule avec plus ou moins de bonne foi, plus ou moins d'intérêt, plus ou moins de conviction sur mon nom.

Cela donne même lieu à de fines plaisanteries. Ainsi, à Bordeaux, où le tamdem Claude Bez (président) et Didier Couécou (manager) n'engendre pas la mélancolie... Avec certaines complicités, ils font passer un article dans le journal *Sud-Ouest* annonçant ma venue aux Girondins. Mieux : ils se sont arrangés pour truquer une photo qui me montre entre les dirigeants bordelais... Aussitôt, Claude Cuny bondit sur la première plume venue et rédige en toute hâte une lettre recommandée au Groupement des clubs professionnels pour manifester son mécontentement et demander, éventuellement, des sanctions contre Bordeaux. Un détail : Cuny n'avait pas remarqué la date du journal *Sud-Ouest*. C'était le 1er avril...

La blague m'amuse, mais elle montre bien dans quelle impasse je me trouve. A ce moment-là, je ne sais plus où donner des pieds et de la tête. L'Italie, bien sûr, a ma préférence sentimentale. Tout môme, je voyais les clubs italiens dominer l'Europe et ça me faisait rêver. Pas seulement à cause de mes racines piémontaises, je me suis mis dans la tête qu'un jour j'irai jouer là-bas. Aujourd'hui, dans l'attente de la réouverture imminente des frontières, j'y pense toujours et pas seulement parce que la lire est à un taux intéressant. L'argent, certes, ce n'est pas négligeable, surtout lorsqu'on bâtit un plan de carrière que la condition physique oblige à prévoir sur une courte durée. C'est à cause de l'argent, et notamment du problème des impôts, que Kevin Keegan, le meneur de jeu de Liverpool, a été obligé de quitter l'Angleterre pour Hambourg. De fait, je me vois mal, malgré les appels du pied d'Arsenal ou de Tottenham, à Londres, prendre le ferry et traverser la Manche dans le sens opposé au chemin emprunté par Keegan.

Revenons à la France.

Non sans raison, Claude Cuny (encore) fait valoir que Nancy-Lorraine bénéficie d'une sorte de droit de préemption.

Rien à redire à cela. Ni à son rappel à l'ordre quand il fustige les chasseurs de têtes et de primes d'un très réglementaire : « Chaque année, il y a une période pour les mutations, et avant l'heure, c'est pas l'heure... »

Cela me permet de jouer la montre face aux professionnels de l'interview indiscrète.

Fidèle au personnage facétieux qu'ils ont bâti eux-mêmes en brossant mon portrait, je leur sers des répliques de circonstance qui leur permettent d'amuser le tapis.

Eux : – Et, à part Nancy, vous êtes prêt à aller partout ailleurs en France?

Moi : – De préférence dans un club où il y a des joueurs que j'aime, un public que j'aime, un stade que j'aime...

Eux : – Et, à part Nancy, il y en a combien?

Moi : – Dix-neuf!

Tête des interviewers qui piquent du nez sur leurs blocs-notes et rengainent vite fait leurs stylos...

Plus sérieusement, je coupe la poire en deux en concédant

que m'intéressent vraiment les quatre ou cinq clubs qui jouent le titre, plus les trois ou quatre autres qui luttent dans leur sillage et qui ont à la fois des moyens et des ambitions. Et, comme sur un ticket de PMU, mes interlocuteurs dressent, sans surprise, la liste des favoris et des outsiders. Défilent ainsi, dans le désordre, les noms de Strasbourg, Monaco, Bordeaux, Nantes, Paris-SG, Paris FC, Marseille, Nice et l'inévitable pur-sang de retour : Saint-Étienne !

A l'évocation des Verts, je sens qu'une flamme s'allume dans le regard des reporters les plus blasés. L'effet « Glasgow 76 » joue toujours. Cette vague de fond a fait des petits. Aujourd'hui, Saint-Étienne, c'est l'équipe de France bis. Elle compte quarante-quatre relais à travers le pays. Quarante-quatre bases vertes. Au total, le mouvement représente six mille adhérents. Six mille inconditionnels. L'ambition du président Rocher est de franchir la barre des dix mille. A l'image des grands clubs anglais – Liverpool, Manchester United –, il veut enraciner son club dans la France des profondeurs. Il y réussit d'ailleurs, si j'en juge par les sollicitations aussi désintéressées que pressantes visant à me faire choisir la tunique de gala du club français numéro 1.

D'abord, les lettres. Il en vient de partout. Et de partout, d'Aubenas à La Seyne-sur-Mer, d'Aurillac à Bagnols-sur-Cèze, de Colmar à Compiègne, c'est le même vœu dix fois prononcé : « Platini à Saint-Étienne ! » Des supporters de Nancy, même, me pressent de faire le « bon choix pour la France ».

Ensuite, il y a les amis de Saint-Étienne. Ils sont nombreux dans la presse à ce moment-là. On en compte à *L'Équipe*, bien sûr, encore que... mais surtout à la télé, dans les radios, au *Figaro*, au *Journal du Dimanche*, etc. Pas une interview d'après-match sans que, hors micro ou stylo recapuchonné, ils ne me pressent « off » de me décider à rallier l'escadron vert.

Toute cette effervescence, toute cette agitation bénévole mais un rien pesante, trouve sa pleine justification à travers le sondage-référendum à grand spectacle publié le 27 avril 1979 dans *Foot 2*. Plus que de longs discours ou de savantes exégèses, la « verte *connection* » bénéficie du secours imparable des chiffres.

En résumé : 94,07 % des lecteurs refusent mon départ pour l'étranger; 49,88 % veulent me voir sous le maillot fétiche du football français, celui de Saint-Étienne (contre 13,88 % à Nantes où Henri Michel, d'ailleurs, vient de faire savoir que je ne suis pas particulièrement attendu).

C'est plus qu'il n'en faut pour sortir Robert Herbin de sa piscine ou de son tennis et de ses rêveries wagnériennes. A Roger Rocher, qui assiste à notre première communication téléphonique, Herbin explique son approbation en ces termes : « Puisque 50 p. 100 des Français souhaitent que Platini vienne à Saint-Étienne, prenons-le. »

Il n'en faut pas plus au président Rocher pour décréter de son autorité morale, alors indiscutée :

« Platini fait partie du patrimoine sportif français. Il faut qu'il reste chez nous. Saint-Étienne s'y emploiera. »

Un mois plus tard, le 29 mai, Roger Rocher frète un avion privé et, flanqué de Pierre Garonnaire, son célèbre chasseur de têtes et de jambes, sonne à ma porte. Dans sa serviette noire, le contrat qui doit me lier aux Verts. Pour deux ans. Et pour l'Histoire.

10.

UN IMPAYABLE PRÉSIDENT...

Il est des fins de contrat comme des fins de règne. A Nancy, sorti du rang après avoir fait mes classes parmi les bleus, je ne suis qu'aspirant professionnel alors que j'ai contribué à qualifier l'équipe de France pour le Mundial... Visa pour l'Argentine!

C'est l'un des grands paradoxes du professionnalisme à la française, où le temps d'apprentissage est impérativement codifié, jalonné, mesuré, même si l'élève, sautant les catégories et les saisons, comme un surdoué, devient déjà un maître.

C'est ainsi que, donnant à Nancy son premier trophée national – et le premier titre de ma carrière –, le président Cuny me bat froid. Cela dure depuis le 1er février 1978. Trois mois et demi plus tôt.

Ce jour-là, prenant mon élan afin d'éviter les drames, j'avais annoncé calmement, mais officiellement, que je ne renouvellerais pas mon contrat avec le club. Contrat qui me liait dix-huit mois encore, ou presque, à Nancy. Une échéance lointaine que je tenais, en revanche, à respecter.

Colère froide de Claude Cuny qui crie à la trahison.

Il s'appuie alors sur ma tentation très réelle et connue de rester sous le même maillot, avec les mêmes copains, auprès des miens, dans le paysage et l'atmosphère familiers de mon enfance. Il croit enfin que la maison en voie de construction, à Velaine, payée par mes premiers revenus publicitaires et financée également par un prêt bancaire de 300 000 francs saura me retenir en Lorraine.

Je l'avais dit, en effet. Telle était mon intention. Et sans doute ne mesurais-je pas encore, ma réputation grandissant, que le moindre de mes propos prenait une ampleur démesurée.

Bon, changeant d'idée quant à mon avenir sportif, j'avais cru bien faire d'en informer discrètement mes dirigeants et cela, longtemps à l'avance. Dans les relations professionnelles, les préavis s'annoncent deux mois avant l'échéance. Moi, c'était un an et demi!

De plus, j'étais parfaitement libre, après six ans et bientôt sept de bons et loyaux services, de changer d'air et de voir du pays. Un contrat à durée déterminée est un contrat à durée déterminée. Il n'impose nulle prolongation à quiconque.

Vexé, c'est le club lui-même qui s'était chargé de rendre l'information publique, précisant que je ne reconduirais pas mon contrat « compte tenu des offres extérieures et étrangères qui m'étaient proposées »... On ne pouvait faire moins tapageur...

Tous les regards se tournèrent alors vers la Catalogne. Johann Cruijff, en effet, son inspirateur hollandais, trois fois champion d'Europe avec Ajax Amsterdam et finaliste de la Coupe du monde 1974, venait d'annoncer sa retraite prochaine. Un chiffre courait déjà les rédactions : 81 millions de pesetas (476 millions de centimes) pour celui – moi, disait-on – qui prendrait la relève...

Puis, le Real Madrid se manifeste.

Et Valence.

Nancy jouait à Marseille, en pleine polémique. Aussitôt, deux spectateurs très attentifs s'installèrent au premier rang de la tribune officielle : Costa Ramos, président de Valence, très *señor* et très seigneur, et son entraîneur, le Français Marcel Domingo.

Valence avait été le premier club à prendre contact avec Nancy pour mon éventuel transfert. Il s'était fait gentiment mais fermement éconduire par mes dirigeants. Cette fois, après le coup de théâtre de la veille, il est le premier à répondre présent. Il n'entend pas se faire griller.

Et Domingo de me faire savoir : « Si vous choisissez l'Espagne, pas question de signer ailleurs qu'à Valence. Nous sommes prêts à vous faire des contre-propositions par rapport aux autres offres qui vous seraient faites. »

On a beau avoir les pieds sur terre, se dire que le football est un jeu, qu'il faut s'y donner pleinement, sans arrière-pensées, reste que ce genre de négociation, esquissée entre deux portes et en pleine tempête interne du club, fait des dégâts dans la tête. J'ai toujours marqué jusque-là un certain désintéressement pour l'argent.

Nancy, la famille, les copains, la joie du jeu, cela seul comptait pour moi.

Pour la première fois, ce soir, à Marseille, je me trouve confronté à la roue de la fortune. Je ne veux pas y penser en rentrant sur le terrain pour conduire mon équipe à l'assaut de l'OM.

Pourtant, est-ce la réaction blessée de Claude Cuny?

L'enjeu d'un match important sur terrain adverse? Les mirages d'un transfert futur qui tourne à l'affaire d'État? Toujours est-il que je tarde à prendre mes marques. A aucun moment, bien que portant le numéro 9, je ne joue en pointe, en position d'avant-centre. Je distribue des ballons, certes, mais avec désinvolture, voire nonchalance. Bref, je ne suis pas moi-même.

Trésor marque pour Marseille.

Curbelo égalise pour nous et l'on se sépare, bons amis, sur un résultat nul qui n'épate personne et surtout pas les Espagnols. Domingo me juge très décontracté, un peu trop même. Heureusement pour ma cote, il corrige à la fois le tir : « Mais je n'ai pas attendu ce soir pour le juger. » Et Claude Cuny qui maugrée dans sa moustache : « Que Platini choisisse l'Espagne ou l'Italie, il faudra qu'il y joue autrement que ce soir... »

L'Italie justement.

L'actualité m'y propulse soudainement.

Dans quelques jours en effet, le 8 février, l'équipe de France joue à Naples un match de préparation au Mundial. La dernière victoire de la France contre la Squadra remonte à l'Antiquité, ou presque, c'est-à-dire aux jeux Olympiques de 1920 à Anvers!

Le rapprochement entre les dates, depuis l'annonce de ma décision, fait dire à certains oracles qu'il y a préméditation. A les entendre, Platini à Naples (avec la France), c'est déjà l'amorce d'un accord entre Platini et un grand club de Milan ou de Turin.

Du coup, « Platini à Naples », titre banal en la circonstance, mais riche de sous-entendus et d'arrière-pensées, passe pour un label d'exportation, et le Platini-footballeur devient désormais un Platini-objet (de surenchères).

A l'appui de leurs insinuations, les chasseurs d'informations, qui ramènent dans leur gibecière un lot non négligeable de désinformations, brandissent sous mon nez un véritable kiosque à revues étrangères : je fais toutes les « unes » des magazines de l'Europe latine, du *Don Balon* de Barcelone à *Bola* de Lisbonne, en passant par le célèbre *Guerin Sportivo* de Milan. Ce dernier, jouant sur l'ambiguïté du match Italie-France à Naples, crache cette manchette racoleuse, en lettres de feu :

« Arriva Platini ».

Inutile de dire que les conférences de presse, quotidiennes, au stage de l'équipe de France, à La Forestière, dans la forêt de Saint-Germain-en-Laye, tournent exclusivement autour de ma petite personne. C'est trop. Une telle sollicitude a quelque chose d'oppressant, et, aux sempiternelles questions sans réponse, je préfère les facéties rieuses de mes coéquipiers le soir, à table, où m'encadrent Jean-Marc Guillou et Marius Trésor. Depuis quinze jours d'ailleurs, des journalistes étrangers me pistent. Partout où Nancy se produit, j'en retrouve tapis dans les couloirs qui mènent aux vestiaires. A Nice, voilà quinze jours, où nous avons gagné 7 à 3 (!), il y avait trois Italiens et, à Marseille, dans le sillage de Marcel Domingo, trois envoyés spéciaux de la presse espagnole, dont l'ancien international et capitaine du FC Barcelone, Fuste, qui représentait l'hebdomadaire *Don Balon.*

C'est par eux, évidemment, que se transmettent, comme un mal contagieux, les échos qui aggravent le malaise. Le dernier en date : les confidences d'une « éminence grise » du *calcio. France-Football* les rapporte à la veille même du match de Naples, et les supporters français, qui débarquent par charters, les répandent aussitôt dans la ville et relancent ainsi la curiosité générale.

D'après le correspondant mystérieux de *France-Foot* : « Sandro Mazzola (ancien meneur de jeu de l'Inter de Milan et de la Squadra) et l'Inter démentiront jusqu'en mai tout contact avec Michel Platini pour ne pas contourner le règlement de la Fédération italienne. Mais tout fait croire qu'un accord de principe est réalisé entre notre supervedette et le club milanais. L'Inter a besoin d'un stratège tourné vers l'efficacité, ce qui n'est pas le cas de la Juventus. Son président, Ivanoe Fraizzoli, possède tous les moyens financiers. Il était prêt, par exemple, à payer un milliard et demi de lires (huit millions de francs) pour Novelli, la coqueluche de Pérouse. L'affaire lui a échappé en coulisses au profit du Milan AC. C'est pourquoi le *signor* Fraizzoli veut réussir un coup d'éclat à n'importe quel prix. Et Platini est l'homme idéal pour relancer son prestige. »

Voilà ce que dit un « témoin », admirablement « placé » au moment de la venue de l'équipe de France dans la péninsule.

Le brave homme de l'ombre n'a pas tort. J'ai signé, en effet, un précontrat avec l'Inter, mais il n'oublie qu'une chose : la Fédération italienne fait tout pour retarder jusqu'en 1981-1982 le retour des étrangers et, par conséquent, l'application de la loi sur la libre circulation des travailleurs dans le cadre du Marché commun.

L'Italie donc, qui semble déjà adopter le nom familier de Platini, n'est pas prête à accueillir, comme Bonifaci, hier, ou Schiaffino, le retour au bercail d'un supposé enfant prodige.

Cela n'empêche pas toutes les gazettes sportives de noircir allègrement des feuilles blanches.

A Naples, sur la porte de ma chambre où Michel Hidalgo, prétend-on, me tient à l'œil, un humoriste a épinglé un dessin du caricaturiste sportif Dero où l'on voit quatre voyageurs de commerce, la serviette frappée aux noms de Valence, Barcelone, Inter et Torino, emmitouflés dans de gros pardessus avec écharpes et le nez gelé. Ils font antichambre à la porte du cabinet du Dr Cuny.

L'émissaire de Barcelone interpelle celui de Torino :

« Grippe Victoria?

– Non, coqueluche de Nancy, comme vous! »

Je ris.

C'est la première fois que la caricature s'empare ainsi de moi. Et ce n'est pas fini. Après le dessin à grands traits, le poids des mots ciselés comme une galéjade de vacances. On la doit à Pierre Courtois qui, dans sa rubrique hebdomadaire « N'en croyez pas un mot », donne une version fort imagée de ma préparation napolitaine, sous le titre cérémonieux :

« Platini reçoit ».

Suit la plaisanterie à rallonge qui en dit d'ailleurs long sur les préoccupations des suiveurs-accompagnateurs des Bleus à Naples.

Courtois écrit :

« En cette veille de match Italie-France, Michel Hidalgo était inquiet. Michel Platini n'avait pas pu s'entraîner avec ses camarades, et le sélectionneur ignorait encore si le Nancéien serait libre le mercredi après-midi pour jouer contre les Transalpins.

« En vérité, depuis l'arrivée des tricolores à Naples, la chambre de Michel Platini ne désemplissait pas. Il avait commencé à jouer aux cartes avec Rouyer et ses camarades quand, au bout de cinq minutes, on le réclama à la réception.

« Quand il remonta une heure plus tard, il dit simplement à ses équipiers : " C'était le président de la Juventus. Nous devons nous revoir. Je regagne ma chambre, car d'autres visites sont annoncées. "

« Effectivement, peu après, le président du Milan AC demanda à voir Platini. Quand il ressortit, quelques témoins notèrent qu'il se frottait les mains. Mais peut-être était-ce de froid ?

« Au début de la soirée, le président du Cosmos de New York frappa à son tour à la porte de Michel. Il demeura deux heures en compagnie du joueur nancéien tant et si bien que ce dernier ne put descendre dîner avec ses camarades.

« Il était 22 heures quand Platini gagna enfin la salle à manger. Il était assis depuis cinq minutes quand on le demanda au téléphone. C'était le président de Barcelone qui sollicitait un rendez-vous pour le lendemain.

« Fronçant le sourcil, Michel Hidalgo dit :

" Ce cirque n'a que trop duré ! Si ça continue, je serai contraint de laisser Platini au repos.

– « Non, rassurez-vous, dit Platini. Demain, je n'ai accepté que dix-sept rendez-vous. De plus, j'ai tout fait pour être libre entre 15 heures et 16 h 45. Tout juste verrai-je le président du Bayern de Munich dix minutes, à la mi-temps d'Italie-France. "

« Il est bien certain que Michel Hidalgo craint que toutes ces tractations n'aient déconcentré Platini. S'il s'aperçoit que le Lorrain n'est pas dans le coup à Naples, il est probable qu'il le remplacera en seconde mi-temps par Henri Michel, lequel a fait savoir qu'il n'envisageait pas de quitter Nantes. Dans ce cas, on pense que Platini pourrait en profiter pour accorder un entretien le long de la touche au président de la Lazio de Rome.

« Tant que Platini n'aura pas dit clairement où il jouera au terme de son contrat avec Nancy, il va être assailli de propositions puisque, jusqu'ici, seuls les présidents de Rennes et du Red Star ont fait savoir que le transfert de Platini ne les intéressait pas ! »

Pour la petite histoire, Italie-France ramène les choses à leur juste valeur sportive. Nous réussissons un très équitable partage des buts (2-2). Et je marque, coup sur coup, deux coups francs sur deux coups de patte magiques : l'un dans la lucarne droite de Dino Zoff, l'autre dans le coin gauche. Et le tout à quarante-cinq secondes d'intervalle. Sûr que Zoff aura son mot à dire pour ma venue à Turin quand la Juventus, dont il défend les buts depuis toujours, me convoitera pour de bon, mais il ne me parlera jamais de ces coups francs. Ils étaient sans doute pour beaucoup quand, à la sortie du stade, à Naples, le public scanda mon nom.

Un qui ne se remet pas, en attendant, de mon succès croissant à la bourse mythique des transferts, c'est l'impayable M. Cuny. Impayable est bien le mot. Alors que les journaux croulent sous les gros titres et les francs lourds (on m'estime à six millions de francs), Cuny diminue brutalement mon salaire – je touche douze mille francs par mois – et le plafonne à six mille francs... Charte du footballeur professionnel oblige... J'étais plus ou moins considéré comme le meilleur joueur français et j'étais certainement le moins bien payé. Ce petit coup bas allait se retourner contre Cuny. Un joueur formé dans un club ne peut, en effet, être transféré ailleurs qu'en échange d'une indemnité de formation. Or, celle-ci est calculée sur les deux dernières années de salaire. En me diminuant arbitrairement, Cuny privait Nancy de la moitié de cette (grosse) prime. Plutôt mal vu, non? Mais il s'en est quand même bien tiré, puisque, sans que je sache vraiment pourquoi, il a reçu de Saint-Etienne trois fois l'indemnité de transfert : 1 200 000 francs, au lieu de 400 000 francs!

11.

L'AUTOGRAPHE QUI FAIT COURIR LA FRANCE

Ce n'est pas la première fois que je rencontre Roger Rocher, « président à vie », semble-t-il, alors de l'AS Saint-Étienne, club qu'il a mené avec une autorité sereine mais ferme, la pipe en bataille, à tous les triomphes depuis vingt ans.

Sept ans déjà de néo-professionnalisme m'ont amené à le croiser sur un certain nombre de terrains et plusieurs fois à Geoffroy-Guichard où Nancy, battu à l'ultime minute, s'est toujours bien comporté. Comme toutes les personnalités gâtées par le pouvoir, gonflées de volonté de puissance, il était guetté par la tentation du césarisme, mais nul n'y prenait garde, et les flatteurs qui l'entouraient nourrissaient secrètement plus d'un Brutus pour l'abattre le moment choisi.

Moi qui suis joueur, je suis évidemment de l'autre côté de la barrière. Je sais, mieux que quiconque, le rôle des uns et des autres dans la course au succès. Le président n'est pas sur le terrain, ne mouille pas le maillot, ne marque pas de but. Il ne dirige pas l'entraînement et n'élabore pas la tactique. Mais c'est lui qui donne les moyens financiers pour entreprendre, recruter, parfaire l'outil de travail.

Je n'ai pas attendu de savoir que *L'Équipe* avait élu Roger Rocher le « patron le plus sportif de France » pour comprendre qu'il était le champion de France des présidents de club. Un président qui se considère comme un P.-D.G. d'entreprise. Ce qu'il est, d'ailleurs, à la tête de la Société forézienne de Travaux publics. Il y emploie plus de six cents personnes recrutées sur une devise un rien paternaliste et qui prolonge les initiales de son entreprise – SFTP : « Sans faiblir, toujours progresser ».

Cela peut faire sourire, mais, à Saint-Étienne, le football, comme le travail, n'est pas une plaisanterie. D'où l'appellation contrôlée d'« usine verte » qui colle à l'équipe de Robert Herbin, plus encore qu'à celle de Jean Snella, jadis, ou d'Albert Batteux, naguère, les trois entraîneurs choisis en vingt ans, modèle exemplaire de stabilité dans la France des coupeurs de têtes.

Rocher n'a jamais protesté contre ce label qui sent la sueur et la besogne : « Oui, reconnaît-il, l'image s'impose d'elle-même, mais plutôt qu'une usine avec ses pesanteurs à la Zola, Saint-Étienne, c'est simplement une maison sérieuse. On dit souvent que les joueurs de mon club ont le visage fermé. C'est simplement qu'ils ne sont pas des rigolos. Ici, à Saint-Étienne, le football est une distraction du dimanche pour les spectateurs. Le reste de la semaine, c'est un métier exercé à plein temps par des professionnels consciencieux pour offrir une distraction réussie. »

Roger Rocher est ainsi, plein de principes et de professions de foi.

Au nom de ses principes, il a préféré exclure deux joueurs vedettes, Bosquier et Carnus, à sept journées de la conquête assurée du titre de champion de France 1970-1971. Motif : l'Olympique de Marseille avait fait signer un protocole d'accord à ces deux piliers de l'équipe d'Albert Batteux.

Un tel renvoi, sans précédent dans l'histoire du football français, avait suscité bien des émois et provoqué campagnes et polémiques. Moi, j'avais suivi cela de loin, vu mon âge, mais je me souviens encore des manchettes de journaux, des interviews sans fin, des enquêtes à répétition qui faisaient le sel des journalistes.

Joueur, je me serais sans doute solidarisé avec les deux bannis, d'autant que, s'ils avaient beaucoup reçu en lauriers et distinctions, ils avaient surtout beaucoup donné à la collectivité stéphanoise. Certains des titres fièrement peints au fronton de la tribune présidentielle du stade doivent beaucoup à ces grands serviteurs de la cause verte.

J'ai mieux compris, plus tard, la réaction d'orgueil de Roger Rocher, blessé dans son éthique sportive, en découvrant à retardement un article du grand écrivain Lucien Bodard qui avait, lui aussi, plongé sa plume de baroudeur tout terrain dans l'encre verte de ce cauchemar noir. Bodard se faisait historien et moraliste : « Le secret de Saint-Étienne est simple. Faire recher-

Mon premier ballon et, déjà, la moue face au photographe.

L'équipe de Joeuf, 1955-1956, au complet. Mon père, Aldo, tient fièrement un poupon boudeur dans ses bras : moi.

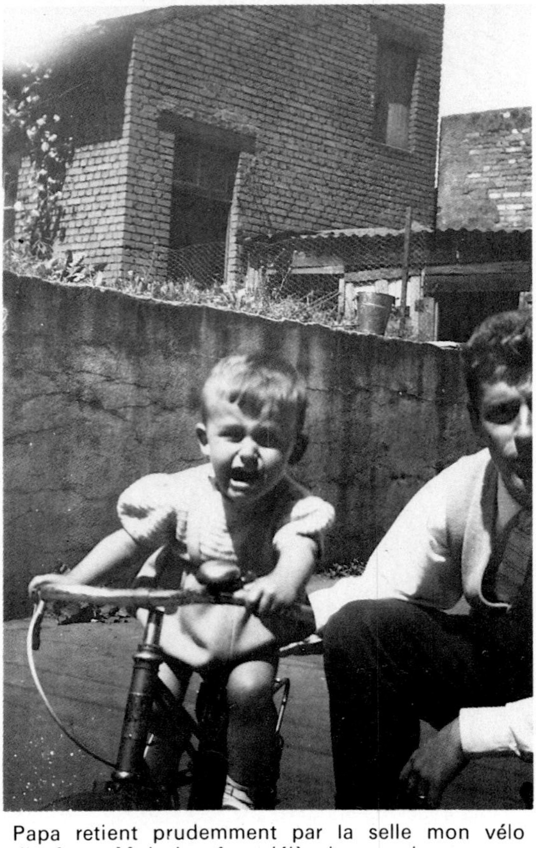

Papa retient prudemment par la selle mon vélo d'enfant. Moi, je rêve déjà de grands espaces. J'enrage d'être condamné au surplace.

Derrière les châteaux de sable, l'appel du large. Je suis tout sourire auprès de ma mère, Anna, virtuose au basket.

L'école des quatre jeudis, c'est l'école de football, à Joeuf. La plupart des gosses portent des noms italiens. Une mini « Squaddra ». Je suis au premier plan *(à dr.)* assis sur l'herbe.

Les minimes de l'AS Jœuf : d'excellents résultats, cette saison

D'agréables satisfactions sont apportées aux entraîneurs et aux dirigeants de la section football de l'ASJ par les équipes de jeunes engagées cette saison.

Dans le groupe 9 qui comprenait les clubs de Jarny, Homécourt, Conflans, Ste-Marie, Froidcul, Giraumont, Briey, les « cadets » ont terminé à la première place sans avoir connu la défaite : 12 victoires et 2 nuls pour 14 matches, 59 buts marqués contre 12 encaissés.

En challenge Holveck, 4 victoires sur 4 rencontres, 14 buts pour, 1 seul contre. Ils n'ont concédé qu'une seule défaite officielle cette saison, devant Moyeuvre, en coupe Bailly.

L'équipe « minimes » a imité son aînée en s'attribuant la première place du groupe 7, auquel participaient les clubs de Homécourt, Montois, Ste-Marie, Froidcul, Clouange, Rosselange, Amnéville, Amanvillers, Moyeuvre. 1 défaite, 2 nuls, 14 victoires pour 17 matches (une rencontre reste à disputer) avec un goal-average éloquent : 119 buts marqués, 12 encaissés.

Elle est qualifiée pour la demi-finale de la coupe Roussel qu'elle disputera samedi, à Jœuf, contre l'APM de Metz.

« Cadets » et « minimes » rencontreront à présent les champions des autres groupes pour désigner le champion de Lorraine de chaque catégorie.

Minime et cadet : l'AS Joeuf triomphe avec ses jeunes, dont je suis le capitaine *(à g.)*. L'attaque est déjà notre point fort : 119 buts marqués pour 12 encaissés ! Je rôde ma force de frappe... *(D.R.)*

Non, ce n'est pas le théâtre aux armées. C'est l'équipe de France militaire, dont je suis le comique troupier. Parmi nous, debout : Sahnoun, Rampillon, Bossis. Accroupi : Vezir. *Ci-dessous :* l'inévitable partie de cartes dans la chambrée. *(Cl. Agence S.A.M.)*

La douleur et la gloire. *En haut :* une grave blessure à la malléole, en août 1978, avec Nancy à Saint-Etienne. Trois mois plus tôt : le président Giscard d'Estaing me remet la Coupe de France. Le bain de la victoire dans la piscine du vestiaire, au Parc, où nous avons battu Nice avec autorité. *(Ph. Agence Presse-sports et* Le Républicain Lorrain.)

Fernand Sastre, président de la FFF, l'un des premiers à venir nous féliciter, Christèle et moi, le jour de notre mariage à Nancy, en décembre 1977. *(Cl.* Le Républicain Lorrain.)

Carton jaune brandi par M. Rainea, l'arbitre roumain, à Mar del Plata, face à l'Italie — le symbole du « Mundial » 1978, manqué en Argentine. *Ci-dessous :* cohabitation avec les Italiens à l'Hindu Club. Ici, Paolo Rossi.
(Cl. G. Schachmes, agence S.A.M.)

cher à travers la France entière les jeunes de talent. On les amène à Saint-Étienne, on les éduque sportivement et moralement. On en fait des champions et des hommes. S'ils répondent à nos espoirs, ils entrent dans notre équipe, ils passent professionnels, ils deviennent presque toujours internationaux. J'appelle cela l'esprit de club. En annonçant qu'ils allaient à Marseille avant la fin du championnat, Bosquier et Carnus ont rompu leur contrat moral avec nous. C'est pour cela que j'ai dû me montrer intransigeant. »

Tel est l'homme de la rigueur affichée et de l'intransigeance proclamée qui sonne à ma porte, en ce 29 mai.

Pour la première fois, je me retrouve face à face avec ce président de combat qui, m'a-t-on dit, n'hésite pas à « tomber la veste et à s'expliquer entre hommes » avec ceux qu'il soupçonne de vouloir nuire à son club. Le cheveu blanc, le nez légèrement busqué, des épaules carrées, un terrible accent du Forez, Rocher m'apparaît sûr de lui-même et fort de son pouvoir de conviction.

Entre ma femme, Christèle, et lui, un premier sujet de conversation en guise de hors-d'œuvre : les travaux publics. Comme Rocher, son père, en effet, est entrepreneur. Moi qui ne rêve que d'attaques et de grandes courses légères, me voici, pour un temps, condamné au béton. Christèle est entrée dans ma vie dix-huit mois plus tôt. Un cadeau d'Olivier Rouyer, grand amateur de spaghetti-parties. Un soir, à notre pizzeria, Le Capri, où nous avions notre table réservée après les matches, elle apparaît, blonde et menue, guidée par la sœur d'Olivier qui m'avait appelé au téléphone : « J'ai une amie que tu devrais connaître. » Christèle a ancré ses yeux bleus dans les miens, simplement, et nous avons trouvé mutuellement, sur un regard, notre port d'attache. J'ai compris tout de suite combien j'avais besoin d'elle.

Forcément, la pizza de bienvenue a été suivie de bien d'autres rencontres. Si bien que Christèle a suivi le chemin du stade, régulièrement, avec celui de la mairie, le 21 décembre 1977 où se pressait une foule d'amis. Michel Hidalgo était venu avec Fernand Sastre, le président de la Fédération. Ils avaient emmené Dominique Bathenay, mon meilleur copain de l'équipe de France, depuis un match joué en 1974 avec la sélection Espoirs, et son accueil simple et sympa, à la veille de France-Tchécoslovaquie.

L'air de rien, ce mariage, c'est un peu un cadeau de Thierry Roland.

Christèle et moi, on s'était connus le 30 novembre 1976. Un an après, le 21 décembre, on passait devant Henri Collot, ajdoint au maire de Nancy, celui qui m'avait récupéré au club, parmi les stagiaires, après l'incident du test médical négatif à Metz.

Entre-temps, j'avais posé mon sac chez Christèle. Discrètement. Et puis, Nancy tournant à plein régime, les reporters prenaient facilement le train gare de l'Est, à Paris. Les uns pour voir Nancy, certains pour me voir. Thierry nous aimait bien l'un et l'autre. Il était le bienvenu au stade Marcel-Picot.

Un jour, nous recevons Nantes. La superaffiche. Toute la presse est là. Thierry le premier. Nous gagnons 3-0. Je marque les trois buts. Je suis sur un nuage.

Le soir, chez Christèle, nous regardons la télévision tous les deux. La page des sports fait l'ouverture avec le match du jour. Je revois mes buts. Thierry, très en forme, croit bon d'en rajouter : « Eh bien, celui-ci, Michel l'a dédié à sa fiancée, la douce Christèle... »

Tête de Christèle. Et la mienne! Nous nous connaissions depuis cinq jours... On a surtout imaginé celle de nos parents. Les siens sont originaires de Bergame. On ne rigole pas avec le mariage en Italie. Aussitôt, on a pris date... Merci, Thierry! Je comprends mieux qu'à sept heures du matin ce jour-là, avec « la Rouille » qui était dans le même état pétillant, il ait pris la rue Saint-Jean à toute vitesse et à contresens!

Christèle n'a pas hésité à abandonner la licence de sciences économiques qu'elle visait. Mais dans les négociations acharnées du football-business, elle a vite trouvé, témoin réservé mais attentif, sa place naturelle de femme d'affaires.

Ce soir encore avec Roger Rocher, elle ne se contente pas, femme au foyer modèle, de servir les verres et de distribuer les amuse-gueule. Non. Elle écoute, elle enregistre, elle analyse. Elle sera pour beaucoup dans mon choix.

Les choses sérieuses se précisent quand Pierre Garonnaire entre en action. Garonnaire, c'est le champion de France des recruteurs. C'est à lui qu'on doit la jeune classe des « hussards verts » qui sont allés jusqu'en finale de la Coupe d'Europe des Clubs à Glasgow.

Garonnaire, c'est, avec Herbin, promu entraîneur à trente-deux ans parce qu'il avait deviné ses qualités, l'autre grande réussite, l'autre fierté de Roger Rocher, maître d'œuvre incomparable en management. C'est son art à lui de tirer le meilleur des hommes les plus capables, les plus compétents. Comprenant l'importance du recrutement, Rocher a fait de Garonnaire, devenu « Garo » pour les intimes, le premier sergent recruteur de club en France.

Plus d'un voyage victorieux de Coupe d'Europe a mûri dans les aller et retour du prospecteur de talents à travers la France.

Cela ne m'empêche pas, histoire de marquer un petit avantage psychologique (d'autant que je joue mon avenir à domicile), de plaisanter Garonnaire : « Vis-à-vis de moi, en tout cas, vous avez fait comme les copains. Vous m'avez manqué quand j'étais cadet. »

Vétéran de toutes les batailles de coulisses, Garonnaire est un homme à qui on ne la fait pas. Il a la repartie facile et l'art de contre-attaquer plein champ : « A moins que nous n'arrivions juste à temps pour cueillir le fruit mûr. » Un mot qui réjouirait le comptable de l'ASNL, lequel devra bientôt fixer au prix le plus juste, c'est-à-dire le plus fort, le montant de l'indemnité de formation à verser au club lorrain.

Si Garonnaire et Rocher arrivent au bon moment, d'autres ont déjà fait sonner le téléphone, à la maison, bien sûr, malgré l'obstacle théorique de la liste rouge, mais, le plus souvent, à l'hôtel, lors des déplacements de l'équipe.

Début mai, trois semaines plus tôt, par exemple, où Nancy se déplace à Nantes. Beaucoup guettent ma rencontre avec Robert Budzinski, manager-recruteur du club breton. Ils en seront quittes pour ravaler leurs pronostics clamés imprudemment aux vents de la Loire et de Neptune. « Bud » et moi jouerons l'indifférence polie en public : Salut. Salut... Ce qui n'empêchera pas mon interlocuteur nantais, deux jours plus tard, de passer par la Lorraine et de m'annoncer franco : « Nantes te veut. Ton salaire sera celui d'Henri Michel, soit environ six cent mille francs par an. De plus, Europe 1, notre sponsor, fera le reste : un geste appréciable en ta faveur. »

Je n'aurai guère plus de précision sur ce « geste appréciable » et le semi-veto d'Henri Michel, abrité derrière la reconduction du contrat de Gilles Rampillon, le numéro 10 du FC Nantes, m'aidera à décliner l'offre qui était surtout celle de Jean-Luc

Lagardère, le P.-D.G. d'Europe 1 (sponsor de Nantes) et de Matra.

C'est alors que Marseille se manifeste, moins discrètement que Nantes, bien sûr. En fait, dans la grande tradition de l'OM... Ce soir-là, justement, Nantes à qui je viens de renoncer est en visite sur le Vieux-Port. Match au sommet, en Coupe de France. Match retour à quitte ou double. L'équipe a quitté la fièvre de la Canebière et du boulevard Michelet. Loin du Stade-Vélodrome où les chasseurs de billets se disputent les bonnes places au marché noir, l'OM s'est replié au Moulin-de-Vernègues, à une quarantaine de kilomètres. Retraite idéale pour se mettre « au vert », ce gentil purgatoire de la haute compétition.

Là, avec une conviction ferme et communicative, Marius Trésor tient une véritable conférence d'avant-match. Aux joueurs réunis autour de lui, à l'heure de la collation, il tient un discours enflammé : « Nous devons battre Nantes. Nous devons absolument nous qualifier... »

Et, à la stupéfaction générale, il ajoute : « Avec les futures recettes que notre victoire en Coupe apportera, on pourra faire venir Platini. »

Je tiens l'histoire de Bernard Genestar, qui deviendra mon homme d'affaires quelques semaines après.

Marius donnait là la preuve qu'il n'est pas rancunier. Bien sûr, nous étions copains. L'équipe de France, cela forge des liens et des liens solides... Mais, quelques saisons plus tôt, je lui avais donné le tournis au cours d'un match joué à Marseille et gagné haut la main (4-1) par Nancy. J'avais marqué un but splendide. Peut-être de ceux que l'on qualifie d'« anthologie » dans les gros titres. L'un des plus beaux, en tout cas, pour moi, de toute ma carrière.

C'était en 1976. Sur un dégagement du gardien Gérard Migeon, Jean Fernandez et Georges Bereta se font des politesses au milieu du terrain. Je suis à cinq mètres d'eux. J'anticipe. J'intercepte le ballon et je fonce vers le but, à trente mètres, tous les défenseurs marseillais s'essoufflant sur mes talons. Reste Trésor, ultime et imposant rempart. Je ne me laisse pas impressionner; je feins la passe, tente et réussis un petit pont sur Marius. Ce geste technique est toujours un peu humiliant pour sa victime. Devant Marius, il était, en outre, un authentique exploit. A la sortie de ce dribble, je tire instantanément. La balle lobe Migeon qui s'était avancé pour fermer l'angle et se fiche très exactement dans la lucarne du but marseillais.

Nul n'avait oublié ce geste digne des soirées à grand spectacle chères à l'OM. Et moins encore Marius.

Et voici qu'aujourd'hui, relayant le vœu de Marius dans l'euphorie du succès de Marseille sur Nantes, Bernard Genestar se présente à moi pour mener les négociations au nom de l'OM. Il me faisait « pleurer » au téléphone en me racontant, la voix mouillée, que des vieux, attachés à leur « Ohème », montaient tous les jours déposer des cierges au pied de Notre-Dame-de-la-Garde et priaient pour que je vienne jouer au Stade-Vélodrome...

Je le revois, œil noir et rieur, le sourire standard, l'accent chantant sur une voix de soprano, débarquant à Nancy, flanqué de Marius Trésor, un bouquet dans les bras pour Christèle, et de Jules Zvunka, l'entraîneur à tout faire. Un dur au cœur tendre. Jules terminait sa carrière à mes débuts. Il était connu et aimé en Lorraine où il avait versé pas mal de sueur au service du FC Metz. Mais Marseille avait assuré la promotion de cet arrière à l'ancienne, stoppeur intraitable et ombrageux. L'OM l'avait couronné à la cour du roi Josip (Skoblar), avant qu'il n'en prenne définitivement la barre. Jules, donc, se présente à son tour, fort d'une alléchante proposition de huit cent mille francs par an, avec, en prime (la botte secrète de Genestar), un magasin d'articles de sport...

Je n'ai pas le temps de m'entraîner à marchander (le commerce, ça ne s'improvise pas) que Paris-Saint-Germain, qui court après son premier titre et sa crédibilité, fait sauter la banque.

Un million de francs!

« Et encore, me précise le très démonstratif Francis Borelli, qui a succédé en catastrophe au couturier Daniel Hechter, ce n'est qu'une base de négociation. Je peux aller au-delà. »

Le 29 mai, Borelli est avec son équipe à Strasbourg.

Le jour même, Rocher est chez moi à Volaine-en-Haye, là où je viens de faire construire ma maison.

Cent kilomètres les séparent.

Le 30 au matin, à l'heure des croissants, le téléphone sonne :

« C'est Francis Borelli. J'ai un avion à 9 h 20 pour Paris et je ne suis qu'à une heure de chez vous en voiture. Qu'est-ce que je fais?

– Venez! »

Je ferai un dernier tour de table avec le président du Paris-Saint-Germain new-look, riche d'ambitions et de projets pour son club, qu'il compare déjà à l'équipe londonienne d'Arsenal, au temps de sa splendeur. Borelli débarque avec un citronnier dans les bras. A propos d'Arsenal et de Londres, un dirigeant du Paris-SG me confie en quelle estime me tient la presse populaire du football en Angleterre. Personne, m'explique-t-il, n'a vraiment cru, là-bas, que je traverserais la Manche : « Les taxes et les impôts m'auraient tué... » Mais pour Tony Roche, rédacteur en chef de *Shoot*, ce n'est pas la seule raison. Tony, qui fait la pluie plus souvent que le beau temps, dans le Royaume-Uni du football, pratique l'humour tout terrain. Père français, mère irlandaise, il cultive même pour ses lecteurs des réserves d'humour noir. Il s'est penché publiquement sur mon cas dans la tribune de presse à Wembley et fait sensation devant ses confrères.

Une allumette à la main, il en frotte le soufre sur le boîtier et s'exclame : « Voici l'Argentin Ardiles. Un étranger, *very welcome,* qui embrase le public de Tottenham... »

Une autre allumette qu'il brise d'un coup sec : « Et voilà Platini, candidat à la Football league : début en août, fin de carrière à Noël à l'hôpital George-V... »

Il est vrai que Tony atténue sa prédiction par un très opportun : *« God save the king! »* qui m'encourage pour de vrai à demeurer dans notre bon royaume de France.

Paris, Saint-Étienne, Saint-Étienne, Paris?

Ceux qui parient pour les Verts trouvent un renfort inattendu à leur thèse à partir d'une rumeur incontrôlée venue de la Promenade des Anglais, à Nice. Rumeur qui allait jeter le trouble chez certains joueurs stéphanois, Bernard Lacombe en tête.

Écarté de l'équipe devant Angers, après le match du dernier espoir pour Saint-Étienne perdu à Bordeaux, Bernard apprend par un coup de téléphone amical et pas innocent que Saint-Étienne et Nice sont en pourparlers pour conclure un échange Repellini-Lacombe contre l'attaquant yougoslave Bjekovic.

Rumeur sans fondement, sans doute, mais qui soulève une certaine émotion chez les Verts. Tous solidaires, bien sûr, de Bernard. Cette solidarité réflexe, la rumeur courant les chemins, finit bientôt par m'englober. Encore une fois, on ne prête qu'aux riches. On chuchote dans les rédactions bien informées que je serais intervenu moi-même en faveur de Lacombe, posant en échange de ma venue au club forézien le maintien de son avant-centre pivot, un bon copain de l'équipe de France et un joueur précieux sur le plan tactique...

Voilà qui relance les partisans de « Platini à Saint-Étienne ». A tel point que, demeuré silencieux et réservé jusque-là (le devoir de réserve, cela existe aussi en football), je suis obligé de mettre officiellement les choses au point quant à mon avenir.

Je choisis l'Agence France-Presse pour répandre mes sentiments à travers une dépêche uniforme et concise. J'y laisse préciser que mon choix se limite désormais à trois clubs : le Bayern Munich, Nancy-Lorraine et Saint-Étienne. Je confirme avoir refusé successivement les offres de Nantes, Marseille et... du Paris-Saint-Germain. Ce qu'Eugène Saccomano, le reporter de poche d'Europe 1, qui ne laisse jamais échapper une balle au but, traduit immédiatement sur l'antenne par : « Saint-Étienne a plus de chances que les autres... »

En fait, j'étais décidé.

Au verdict populaire des sondés de *Foot 2*, à la tentation de redonner une raison d'y croire à la « France verte », en manque depuis Glasgow 76, s'impose l'argument décisif de la solidarité du club pilote. Solidarité sportive, solidarité morale, solidarité financière.

Là-bas, pas d'arriérés qui hypothèquent la trésorerie, comme à Marseille ou à Paris. Saint-Étienne, au contraire, offre des garanties durables.

De plus, l'équipe, distancée de peu en championnat pour le titre, est tout de même qualifiée pour une nouvelle croisade européenne.

En outre, nous sommes d'accord sur les conditions matérielles.

Je ne vais pas, ici, tricher avec les chiffres, d'autant qu'une ombre a plané sur les Verts quand, un an après mon départ pour la Juventus de Turin, éclata ce qu'on appela « le scandale de la caisse noire » de Saint-Étienne.

J'ai toujours plaidé non coupable dans cette affaire.

Aujourd'hui, je persiste et signe.

C'est vrai que j'ai demandé un million de francs par an. Jean-Claude Marjollet, le comptable du club, a sorti sa calculette, et nous avons fixé mon salaire mensuel à 83 300 francs, plus les primes.

J'avais beaucoup donné et peu reçu au cours de ces dernières années. J'avais donc, vu les sollicitations nombreuses et pressantes, quelques exigences à faire valoir.

Ce million, je le voulais net. C'est d'ailleurs la même somme qui avait été demandée à chaque club.

J'entendais donc que mes impôts soient payés par le club.

J'avais fait valoir à Rocher qu'en raison du comportement de Cuny à mon égard, depuis près de deux ans, il était gagnant sur le montant de l'indemnité de formation à verser à Nancy.

Rocher a discuté pour la forme.

Sur le fond, il était d'accord avec mon raisonnement. Il comprenait fort bien, après mes déboires passés, que je veuille une compensation.

Je l'ai laissé estimer l'indemnité qu'il verserait à Cuny, inférieure donc à ce que Nancy aurait pu encaisser.

Ensuite, nous nous sommes mis d'accord sur le règlement de mes impôts. Je payais à peu près 50 p. 100 de mes revenus au fisc. Tous les mois, admettait Rocher, je recevrais une enveloppe contenant à peu près les impôts à payer. Cette somme serait versée en liquide.

Je n'ai pas posé davantage de questions.

Nous étions d'accord, et c'était l'essentiel. Je pensais que cet argent était sans histoire et qu'il provenait d'une comptabilité transparente, comme on pouvait s'y attendre de la part d'un club aussi réputé que Saint-Étienne.

Je suis tombé de très haut lorsque je me suis retrouvé devant le juge d'instruction. Je connaissais le scandale du « Totonero » (les paris truqués sur les matches en Italie), mais j'ignorais tout d'une supposée caisse noire à Saint-Étienne.

Pour la petite histoire, en marge de cet accord financier (d'ailleurs en retrait par rapport aux ultimes relances de clubs concurrents, notamment étrangers), Roger Rocher l'a aussi emporté sur une botte secrète.

Le président de l'AS Saint-Étienne est revenu de lui-même sur une position de principe inconciliable avec mes ambitions de professionnel tout terrain : il me laisse négocier librement mes contrats publicitaires. Ce qu'il avait interdit à Dominique Rocheteau...

Justement, je suis couvert de sollicitations multiples : pantalons, pull-overs, ligne de *sportswear* « N° 10 » pour enfants; marques de chaussures, jeux de société, ballons et jus de fruits... Je suis le premier à faire chanter aux adolescents ce slogan rythmé : « Fruité, c'est plus musclé! »

Cette concession surprise de Roger Rocher emporte ma décision. Elle donne un happy end à la négociation perdue de Bernard Genestar pour l'OM (où les vieux dirigeants lui en ont voulu et l'ont exclu du comité directeur). C'est à partir de là que Bernard prend mes affaires en main...

Quand il quitte Nancy, Roger Rocher ne repart pas les mains vides. Dans sa serviette noire, au bas d'un contrat, il emporte l'autographe qui a fait courir la France...

12.

UN BLEU CHEZ LES VERTS

Voici donc le club dans lequel je débarque à l'été 1979.

Trois ans ont passé depuis Glasgow. Bathenay est parti. Larqué aussi. Et les frères Revelli. Et Synaeghel. Et Sarramagna. Et Merchadier... Néanmoins, Saint-Étienne s'est classé troisième et a décroché son visa pour la Coupe de l'UEFA. Une question de standing.

Trois ans, c'est déjà loin. Reste, entre les deux, pour alimenter la fidélité, une poignée de matches mémorables qui ont donné d'autres grands soirs à la télévision. D'abord, il y a eu le remake victorieux de Saint-Étienne-Eindhoven, puis la nuit rouge de Liverpool où, face au « kop », tribune guerrière des supporters « ultras » du club anglais, Dominique Bathenay planta un but comme une épée, et les Verts manquèrent, d'un rien, de créer la sensation de la saison 1977.

Quelques semaines après son heureuse qualification, Kevin Keegan emmènera les siens à Rome pour conquérir la Coupe d'Europe face aux Allemands de Moenchengladbach avec une facilité d'équipe en démonstration.

Et puis 1978, année de transition. Elle est marquée par les avatars tumultueux d'un double choc contre Manchester United gâché par les « hooligans » (déjà). La défaite débouchera sur des lendemains qui déchantent.

Bref, Saint-Étienne change.

Saint-Étienne n'est plus tout à fait Saint-Étienne.

Mais la France verte, ses mythes et son culte, tient toujours, fidélité oblige.

Il est vrai, malgré son repli provisoire sur les compétitions nationales, que l'ASSE est rompue aux joutes impitoyables et qu'elle a de beaux soirs devant elle. En France, elle exerce une domination psychologique naturelle et, pour tout dire, un authentique ascendant moral.

Battre Saint-Étienne est pour tout rival du jour un objectif suffisant pour le stimuler, attiser sa volonté de vaincre et lui rendre, le temps d'une revue de presse élogieuse, un peu de brio et de fierté.

Mais le péché d'orgueil conduit souvent à la faute. Toutes les équipes, parties la fleur aux crampons, dans des challenges de prestige contre la meilleure formation française, ont connu ces minutes d'exaltation collective où elles croyaient pouvoir terrasser l'invincible. Toutes ou presque ont subi la terrible pression de ce stade enchâssé dans son écrin de labeur, avec sa foule ardente, hurlant ses slogans à deux pas des joueurs et regonflant de la voix des favoris qui s'épuisaient sur le terrain. Alors, comme une vague de fond, la vague verte repartait en rouleaux et, dix minutes avant la fin, renversait tout sur son passage. J'ai connu cela deux fois avec Nancy. Deux fois nous avons craqué à l'ultime minute et subi l'impitoyable revers.

Osvaldo Piazza, par ses rushes ravageurs, est sans doute celui qui a le plus éteint de velléités adverses et tué d'illusions naissantes dans des cœurs, certes vaillants, mais combien candides.

J'arrive justement quand Osvaldo tourne les talons. Dans les vestiaires du stade Geoffroy-Guichard, on m'attribue d'ailleurs sa place et son placard.

J'arrive dans une équipe en pleine mutation. Herbin salue cette arrivée en ces termes : « J'attends de Platini improvisation et spontanéité. » Je ne suis pas long à comprendre, en effet, que c'est bien pour cela que l'on me fait venir. Il est évident que c'est pour jouer dans le style qui me caractérise et non pour faire le travail de récupérateur et de relayeur qui était celui de Bathenay et de Synaeghel.

J'arrive, en tout cas, au moment où l'AS Saint-Étienne est en train de parfaire son évolution technique et tactique.

Jeunesse, fougue et volonté farouche, tel était le schéma d'assaut d'une équipe qui avait enthousiasmé l'Europe.

Expérience, maturité et supériorité morale permettaient à

une équipe de transition de conserver son standing national. Elle avait bénéficié du transfert surprise de Bernard Lacombe, l'homme de toutes les fidélités lyonnaises. Ce dernier, habile technicien et remiseur d'exception, apportait déjà une note plus pondérée au schéma d'attaque des Verts porté sur le pressing, la vitesse d'exécution et l'exploit individuel.

Mon recrutement, semble-t-il, avait pour but d'accentuer cette évolution.

A moi de me fondre dans un ensemble cohérent où ma vision du jeu aurait pour effet d'alimenter en balles de but les trois lansquenets du front d'attaque : Rep, le Hollandais qui venait d'entretenir à Bastia sa gloire internationale, Rocheteau ou Zimako. Une « force de frappe » intimidante et pas seulement dissuasive.

Bref, des conditions de jeu idéales pour moi dans une équipe où les techniciens de qualité seront en majorité.

Des conditions et un entourage qui feront de moi l'« inspirateur éclairé ».

Mon premier match a lieu contre Lyon. Match amical pour se mettre en jambes... Il a lieu à Sainte-Sigolene, une localité champêtre sur la rive droite d'une rivière connue des pêcheurs du coin, le Lignon.

Notre venue a rassemblé sept mille personnes. C'est beaucoup pour une petite ville. Beaucoup, en fait, ont choisi ce mardi très ensoleillé pour délaisser le bureau, et les vacanciers de juillet, très nombreux dans les paysages apaisants et verdoyants de la Haute-Loire, ont fait nombre. Beaucoup aussi ont trouvé que quarante kilomètres n'étaient qu'un petit crochet et les Stéphanois garnissent abondamment les tribunes.

Tous sont curieux de juger le new-look des Verts.

Johnny Rep et moi sommes les plus entourés, ainsi qu'Ivan Curkovic qui a inauguré le stade et qui est un peu le parrain du club.

Tous ces supporters d'un jour, voire de toujours, guettent ma première touche de balle. Je les laisse un peu s'impatienter. Pendant quelques minutes, en effet, je cherche mes marques. Enfin, le ballon m'est offert. Je réponds à cette offrande par une frappe millimétrée, et Farison, monté en attaque, reçoit le ballon sur la poitrine à une vingtaine de mètres du but.

Zimako libère vraiment ce match de bienfaisance en marquant un premier but. Du rond central, je lance Johnny Rep qui s'en va entre deux Lyonnais, dribble, feinte et frappe. But! Saint-Étienne gagnera 4-1. Je serai très encouragé par le public, surtout lorsque je m'amuse à placer Rep ou Zimako sur orbite.

Mais les joueurs feront mieux. Je battrai le gardien De Rocco, d'un tir lifté de l'intérieur du droit, grâce à une passe en retrait de Bernard Lacombe, une passe cadeau. Bernard tenait à ce que je contresigne mon contrat d'un but à la Platini. Bien sûr, il est hors de question de me juger sur cet exercice de rentrée, d'autant que je suis loin d'afficher ma meilleure forme. En fait, je reviens tout juste de Rio de Janeiro où, un an après la Coupe du monde, j'ai passé un séjour plus décontracté après un sommet de gala à Buenos Aires.

J'avais retrouvé l'Argentine pour un match de démonstration. Elle célébrait le premier anniversaire de sa victoire en Coupe du monde. Avec la sélection du « reste du monde », nous l'avions battue (2-1).

Une victoire du « reste du monde » n'est pas chose courante. C'était son troisième succès seulement en quarante et un ans et neuf matches.

Ce fut une journée mémorable, et nous avons été jusqu'à porter en triomphe notre entraîneur, l'Italien Enzo Bearzot.

J'avais répondu tout de suite à l'invitation de Bearzot pour ce sommet de prestige qui m'associait pleinement au concert des « grands ».

Pleinement, c'est le cas de le dire...

Zico, le Brésilien, manquant à l'appel, j'ai failli jouer le match en entier alors que, vacancier en transit, au retour des Antilles, je ne me sentais pas dans ma meilleure forme. Au départ, il était convenu que je ne jouerais qu'une mi-temps.

Finalement, les choses s'arrangeant, c'est ce qui se passera. Malheureusement, pour le plaisir du jeu, j'ai joué la première. Dommage, la victoire s'est forgée en seconde, quand Bearzot aligna quatre attaquants.

Je m'attendais à un match amical, avec une réelle complicité mutuelle entre les deux équipes. Pas du tout, ce match ressembla fortement à un remake de finale de Coupe du monde, l'enjeu symbolique devenant une affaire d'hommes et d'honneur.

Il est vrai qu'on a donné une explication sérieuse au

comportement volontaire de notre sélection. Les heures précédant la rencontre avaient été tumultueuses, et beaucoup avaient élevé la voix sous les voûtes de l'hôtel Ballen, construit un an plus tôt pour le Mundial, et repaire des journalistes français. J'y faisais chambre commune avec Boniek, le Polonais de Lodz, qui deviendra plus tard mon meilleur ami à Turin et mon partenaire inspiré à la Juventus. Krol, le Hollandais, notre capitaine, avait sollicité l'arbitrage de Bearzot pour régler deux questions épineuses : d'une part, celle des primes individuelles (5 000 dollars) que les organisateurs ne semblaient pas disposés à payer tout de suite et, plus personnelle encore, l'attribution déplacée de tickets de « tribunes populaires » pour les membres de nos familles. Ainsi Christèle, ma femme, se serait-elle trouvée noyée parmi les « hinchas » (supporters extrémistes) de River Plate ou de Boca Juniors...

Ce mini-scandale explique, en partie, notre ardente détermination sur le terrain.

Sur le terrain, en effet, les Argentins ne nous firent aucun cadeau. Certains jouèrent même avec leurs mains... et leurs poings. Galvan s'occupa de mes chevilles puis de celles de Paolo Rossi, Tarantini provoqua Causio et Tardelli fut expulsé, injustement me semble-t-il, par l'arbitre israélien, M. Klein.

Il y avait sans doute des comptes à régler depuis le Mundial.

Néanmoins, ce petit séjour à Buenos Aires m'avait enchanté. J'avais gardé un souvenir excellent de la Coupe du monde malgré notre élimination prématurée. Argentine-France avait épaté le monde par sa qualité et par son intensité. Le public, qui faisait corps avec son équipe et qui célébrait ses succès dans la liesse, nous réservait de nouveau un accueil délirant.

Sur le terrain, évidemment, les choses n'étaient pas à mon avantage.

Bearzot m'avait confié un poste plutôt défensif dans un contexte de prudence générale.

Et le résultat final – Zico étant arrivé – s'est joué sans moi.

En France, on m'aurait trouvé mauvais.

Bearzot, heureusement, m'a jugé bon. Il allait même confier à l'envoyé spécial de *France-Football*, Jacques Étienne : « Si Platini jouait dans l'équipe d'Italie, j'en ferais un véritable demi organisateur. J'ai, devant, soulignait-il, des joueurs capables de bénéficier de ses ouvertures et de les transformer. »

De ce match de gala d'un niveau très supérieur à la moyenne, je retirais un certain nombre d'enseignements.

Pour la première fois, je me trouvais dans le jeu, sur le même plan que mes partenaires du jour. A Nancy, et même en équipe de France, ce n'était guère le cas. Le jeu reposait essentiellement sur moi. A Nancy, d'ailleurs, on jouait trop sur moi. Le poids de mes responsabilités m'était devenu insupportable. Il me paraissait, au fond, contraire à l'esprit d'équipe, à la solidarité de groupe.

Dans la nef de River Plate, ancrée sur les rives grisâtres du Rio de la Plata, je me suis vu confier une tâche de simple équipier. Pas de vedettariat pour un soir. Des joueurs solidaires où chacun a fait son boulot au service de la communauté. Le sort de ce match dépendait de tous et pas seulement d'un carré d'as.

C'est ce qui m'a plu.

J'en ai tiré une projection sur ce qui m'attendait probablement à Saint-Étienne. Compte tenu de la valeur individuelle de l'équipe, je décalquais déjà le schéma de Buenos Aires sur le jeu stéphanois.

Avantage supplémentaire pour moi : la plupart de mes futurs équipiers de club sont mes partenaires en équipe de France. D'où une intégration plus facile qu'avec des sélectionnés d'un jour, aussi titrés et galonnés soient-ils.

C'est dans cet esprit qu'avant d'aborder Lyon, pour le traditionnel match de rodage, j'ai retrouvé tous ceux qui comptaient sur moi au stade Geoffroy-Guichard. Retrouvailles allègres, joyeuses et chaleureuses. Aux anciens de l'équipée bleue du Mundial, j'ai tout de suite rapporté mon plein de souvenirs rafraîchis et nous avons partagé notre nostalgie commune et nos regrets d'avoir échoué alors que nous avions les moyens d'aller plus loin.

Tout de suite, j'ai senti qu'une grande équipe allait naître de notre rapprochement. La question qui revenait sans cesse était double : « Est-ce que Saint-Étienne va apporter plus à Platini ou, inversement, va-t-il donner une plus-value aux Verts ? »

Indiscutablement, les deux étaient liés. Les dirigeants stéphanois, qui possèdent leur équipe jusqu'au bout de la mémoire, n'avaient pas investi sur moi sans spéculer sur leur bonne fortune.

Dans ce contexte ambitieux, j'allais donner le maximum de moi-même, m'épanouir totalement, prendre mon plaisir et en donner aux autres, me sentir libre dans le jeu.

Deux ans de contrat. Deux ans pour réussir.

Et d'abord, renverser les barrières psychologiques. Vu d'ailleurs, il était de bon ton d'ironiser sur les travaux forcés de l'ASSE, appelée très symboliquement « l'usine verte ». Cette image se suffit à elle-même pour évoquer le football à la chaîne, l'entraînement à marche forcée et les cadences infernales. Un programme peu réjouissant.

De loin, il était bien vu de critiquer la rigueur et le sérieux des séances d'entraînement. Cette rigueur n'avait rien de surhumain. A Nancy, c'était aussi dur, et dans les autres clubs, je ne crois pas que l'on soit moins exigeant. La différence essentielle se situait au niveau des temps de repos et de récupération, moins importants à Saint-Étienne qu'à Nancy, et aussi au plan de l'intensité elle-même des séances.

De Saint-Étienne, on savait que l'esprit de dépassement de soi et la rage de vaincre étaient à la base de bien des succès.

On savait aussi que ces valeurs étaient également au menu des petits matches de préparation. Ce qui alimentait les boutades « musclées ». Peu avant de recruter Alain Merchadier pour renforcer la défense de Nancy, Claude Cuny avait eu un mot cinglant pour fustiger l'entraînement de Saint-Étienne. Merchadier s'étant cassé (deux fois) le nez, il avait lancé en petit comité : « L'ASSE et Robert Herbin peuvent se flatter d'être les champions de France pour les fractures du nez... »

Cela n'avait fait rire que lui.

Moi-même, j'apprends à rire (jaune) à mon tour. Pour mon premier entraînement chez les Verts, je heurte la tête de Pierre Repellini. Résultat : l'arcade ouverte... A un cheveu près, je ratais ma présentation au public. Heureusement, Sainte-Sigolene veillait sur moi.

13.

LA LEÇON EUROPÉENNE

Il me faut deux mois pour atteindre mon plein régime. C'est ainsi chaque saison. C'est une question de morphologie.

J'en préviens Herbin que j'appelle respectueusement « Monsieur ». Un personnage énigmatique pour moi, ce Herbin. Il a quarante ans. Peut-être quarante et un. Il est arrivé de Nice. C'était un junior. Il a fait une belle carrière à Saint-Étienne et en équipe de France. Rocher, son père spirituel, l'a bombardé entraîneur à trente-deux ans. Silhouette gracile, œil métallique et cheveu mousseux, il se veut volontiers secret. Cultivant les paradoxes, il est passé maître dans le clair-obscur. De ses lèvres pincées, il distribue paroles pieuses et silences entendus. Avec parcimonie. On le surnomme « le sphinx roux ». Il est gêné que je l'appelle « Monsieur ». Il me demande de l'aborder davantage « en sportif », et le « Monsieur » tombe de lui-même au profit d'un plus familier « Roby » quand nous croisons la raquette, à perte de loisirs, sur les courts de tennis des environs. Herbin fait équipe avec Christian Lopez, moi avec Jacques Santini qui partage avec moi deux particularités : il joue au milieu du terrain et me confirme son ascendance italienne. Ses parents étaient de San Archangelo, près de Rimini, capitale de l'Émilie-jolie-jolie... Régulièrement, il y passe des vacances. Il affiche d'ailleurs la nonchalance réputée des enfants de l'Adriatique. Santini, mon « cousin » d'Italie, devient mon premier copain.

J'ai le sentiment que deux entraînements par jour ne seraient pas de trop pour moi. Herbin – pardon, Roby – apprécie et me répond dans un sourire : « Tu auras de quoi satisfaire ton appétit au cours de la saison. »

Nous débutons à Bastia.

Un rude morceau.

Un exploit d'autant plus exemplaire qu'avec son maigre public et ses petits moyens Bastia paraît moins bien armé que ses concurrents. Cet éloignement, ce handicap géographique et financier ont forgé un esprit très particulier chez les insulaires qui rappelle le Cagliari de Gigi Riva, quand il faisait la loi sur tous les terrains d'Italie.

De la Sardaigne à la Corse, il n'y a qu'un bras de mer et la tête de Maure, frappée sur les emblèmes et les drapeaux, est bien la même.

C'est en Italie d'ailleurs, à Turin, contre le Torino, que Bastia a signé la plus belle page de son épopée.

Et c'est ma première photo officielle en championnat sous mon nouveau maillot. Une parure qui fait rêver la France.

On y remarque que je pince un peu les lèvres, comme crispé. Jean-Marie Elie, qui a remplacé Synaeghel dans l'entre-jeu, est à ma gauche. Zimako à ma droite, dans une position de coureur à pied dans les starting-blocks. On le dirait impatient de fuser. Et puis Larios et Rocheteau. Voilà pour le premier rang. Derrière, telle une garde prétorienne : Janvion, Johnny Rep, Farison, Santini, Lopez et Curkovic.

Mais, avant d'en arriver là, il avait fallu à notre chauffeur jouer du klaxon et du pare-chocs pour atteindre le chemin qui mène aux vestiaires. La foule en bloquait l'accès et les échoppes des marchands forains mordaient sur la route.

Ils étaient treize mille. Le petit stade Furiani semblait surpeuplé. L'atmosphère était lourde, presque électrique. Herbin eut le génie de la détendre en brandissant amicalement un gigantesque drapeau aux couleurs corses, frappé du slogan célèbre : « Forza Bastia ! » Allez Bastia !

La présence de nos trois anciens Bastiais atténuait les surenchères verbales des supporters les plus surexcités. L'après-midi déjà, Larios et Rep avaient reçu des copains, et Zimako sa belle-famille. On était un peu entre nous. Sympa.

D'ailleurs, à l'applaudimètre, Johnny Rep, qui, déjà, n'avait pas cessé de signer autographe sur autographe, obtenait autant de succès que Claude Papi, capitaine au long cours du Sporting Bastia. C'est tout dire...

Pour mes grands débuts stéphanois, j'allais jouer un match très solidaire et plein d'abnégation. Le Yougoslave Vucekovic, nouvel avant-centre de Bastia, s'illustra par deux placages virils contre moi, façon rugby, puis découvrit qu'il s'était trompé de match et de jeu. J'eus, d'ailleurs, plus souvent affaire à son compatriote Rajkovic, dont je croisais obligatoirement la route en pénétrant dans la zone de défense.

Autre duel acharné, celui que s'offrirent, pour fêter leurs retrouvailles musclées, Johnny Rep et Christian Orlanducci. Il y avait du contentieux dans l'air.

Rocheteau fut excellent, en seconde mi-temps surtout, tandis que Zimako, qui semblait jouer dans son jardin et y prendre bien du plaisir, créait le danger à chacun de ses départs. Celui de la soixante-cinquième minute allait faire mouche. Sur l'une de mes ouvertures, Elie déviait vers Zimako qui s'élançait de toute sa force athlétique et battait Pierrick Hiard, le gardien, d'un tir surpuissant.

Premier match, premier déplacement et première victoire.

La saison, rehaussée par mon premier rendez-vous en Coupe d'Europe, à la mi-septembre, était bien lancée. Car, face à une équipe survoltée comme Bastia, il faudra venir les chercher, les points, en Corse.

Entre le déplacement à Lodz, en Pologne, et notre retour de Corse, il y avait encore sept matches. Assez pour parfaire notre rodage et faciliter la cohésion.

Lille prouvait, en effet, que nous n'étions pas encore au point, nous arrachant un point mérité à Saint-Étienne.

Il ne fallait pas se laisser ainsi anesthésier par excès de confiance. Marseille était une étape importante. Nous nous posons à l'aéroport de Marignane dans les turbulences du mistral, semons le vent – victoire 5-3 (je marque mon premier but pour les Verts) – et récoltons la tempête... A une certaine époque, les visiteurs devaient se coucher à plat ventre pour éviter les pierres. Cette fois, c'est simplement un petit commando de voyous qui profite d'un feu rouge pour attaquer notre car. Toutes sirènes hurlantes, la police nous ouvre une sortie buissonnière. Nous quitterons Marseille par un sens interdit, la sortie des artistes... D'un bon mot : « Si c'est pour les arbitres, c'est derrière », en pleine avalanche de projectiles divers, j'obtiens un petit succès auprès de mes coéquipiers. Mon premier vrai succès d'estime parmi eux...

Dès lors, les succès allaient s'enchaîner : 2-1 devant Metz (mon deuxième but); 3-2 à Laval; 2-1 face à Sochaux; 2-0 à Brest; 4-2 enfin devant Nantes à Geoffroy-Guichard. Soit quinze points sur seize, un sans fautes ou presque.

La victoire sur Nantes est l'occasion pour moi de marquer mon troisième but.

Elle est surtout intéressante pour l'équipe qui a su remonter, solidairement, le petit mais néanmoins pénible handicap d'être menée à la marque. Nantes est alors considéré comme notre plus redoutable adversaire du moment. Le match est tout à fait remarquable. Il permet de tester nos ressources et notre volonté. Notre réaction aussi.

Je savais déjà que l'équipe avait en elle un potentiel physique et technique assez impressionnant. Tout cela s'exprimera à fond dans quelques semaines, voire quelques mois. Il faut du temps, de la patience et du travail pour se connaître parfaitement. De par mon rôle spécifique de distributeur, je dois m'adapter aux qualités de chacun afin de les placer dans les meilleures conditions pour conclure. Je ne suis pas encore au bout de mes peines.

Les supporters « associés » du club qui élisent le meilleur joueur du mois marquent leur impatience à mon égard. J'en veux pour preuve le dépouillement de leur premier vote. Sur cent soixante-deux bulletins, Johnny Rep (six buts déjà) obtient trente-neuf voix. Le second est Zimako (quatre buts) avec trente-trois voix. Viennent ensuite : Rocheteau (six buts aussi) avec vingt-quatre voix, suivi de Repellini et Larios, vingt et une voix.

Ces supporters privilégiés marquent leur exigence et ne m'attribuent que six voix.

Je médite ces chiffres qui me sont complaisamment rapportés en retrouvant Christèle et notre tout jeune fils Laurent dans notre appartement du cours Fauriel, à deux pas de Manufrance, la célèbre manufacture d'armes devenue, hélas, un chef-d'œuvre en péril.

Cet appartement, clair et spacieux, est voisin de celui du maire de Saint-Étienne, M. Sanguedolce, vieil habitué des scrutins et des joutes populaires. Vieux supporter aussi de l'ASSE.

Bien sûr, le mouvement d'humeur des « associés » n'est qu'une petite péripétie, vite gonflée par les amateurs de polémiques. Elle n'ouvre évidemment aucune crise de confiance, pas même un soupçon de défiance, mais tombe à point, comme un avertissement, pour me stimuler avant la Coupe d'Europe.

Heureusement, pour les plus impatients, le match réussi contre Nantes me permet de constater que la forme revient. Il est normal qu'elle ait un peu tardé. Depuis plus de quatre ans, je n'avais jamais pu souffler complètement. J'étais sursaturé de football. Successivement, j'ai participé aux jeux Olympiques de 1976 à Montréal, à la tournée de l'équipe de France 1977 en AmSud, au Mundial et, pendant les trêves hivernales, aux tournées de l'AS Nancy-Lorraine. L'air de rien, je compte déjà vingt et une sélections internationales.

Et voici, deux ans après les feux mal éteints de Manchester, le grand retour des Verts sur la scène européenne.

Celui-ci tombe le 19 septembre, au couchant du soleil polonais.

On sait peu de choses du football polonais. Sauf qu'il a bien réussi, naguère, à Saint-Étienne, vainqueur de Chorzow, et qu'il a bien réussi tout court en Coupe du monde avec des joueurs comme Lato, Szarmach, Deyna et surtout Boniek. Elle a manqué de peu sa qualification pour la finale de consolation, le Brésil, son dernier tombeur, battant l'Italie pour la troisième place.

Lodz, c'est d'abord Zbignew Boniek, authentique vedette de ce Mundial argentin. Nous nous sommes liés d'amitié, voilà tout juste deux mois, quand Enzo Bearzot, le directeur de l'équipe d'Italie, nous a rassemblés sous le maillot très envié de la sélection du « Reste du monde ».

Zbignew et moi, c'était encore tout frais, mais il était écrit que nous nous retrouverions plusieurs saisons de suite réunis, côte à côte, dans le même club, à la Juventus de Turin.

Évidemment, si l'heure est aux politesses, elle n'est pas à la sentimentalité. L'enjeu est trop grand. Trop fort.

Alors, Zbignew et moi, nous allons nous défier à distance. Lui pour Lodz, moi pour Saint-Étienne. Aujourd'hui, pas de cadeau, ainsi que me le répète Johnny Rep avec qui je partage une chambre. Johnny, très pro, à qui on ne la fait plus, s'est vite intégré à l'équipe de Saint-Étienne. Je l'en félicite. Tout sourire, il me réplique, l'air d'un vieux frère en veine de confidence : « J'ai pas mal navigué déjà. S'intégrer, ce n'est pas un problème. Il ne faut surtout pas rester dans son coin. Quand on est nouveau, il faut toujours faire le premier pas. C'est mon truc. Il n'y a pas de secret... »

Simple, Johnny, tout simple. Moi, je n'en suis pas encore à forcer ma nature pour avoir le contact. Ce dont je suis sûr, c'est qu'en guise de premier pas il vaut mieux avoir un bon coup de pied... Je suis impatient de marquer ma griffe par un but qualificatif. J'attends le match comme une délivrance.

Les premières actions sont polonaises. Nous répliquons en contre-attaques nerveuses. Je joue assez replié. Je suis le fer de lance de Zimako et de Rocheteau sur lesquels j'adresse bon nombre de passes en profondeur.

La défense de Lodz fait barrage des pieds... mais aussi des mains. C'est une pluie de coups francs. Une éclaircie dans l'orage : l'un de ces coups de pied de réparation, à vingt-cinq mètres, légèrement à gauche, va payer. Je frappe sèchement le ballon. Il est légèrement dévié par le mur adverse. Berzinski, le gardien, est battu. Tout le monde se précipite vers moi et m'enlace. C'est mon premier but en Coupe d'Europe. Le premier des Verts de la nouvelle génération. Trois cents inconditionnels des Verts, en manque d'épopée, étaient du voyage. Parmi ces fervents mangés par le virus, Bernard Pivot. Ils sont tous très motivés. Il vit mon but au milieu de la troupe des supporters dont, écrira-t-il plus tard, « la tribune se souleva d'un même mouvement, tout en bloc, à l'égal de la troupe de Maurice Béjart, dont on sait que les gestes sont parfaitement coordonnés ». Et Jean-Michel Larqué, qui fait ses débuts de téléreporter ce jour-là, jubile en connaisseur : « Des coups francs comme ça, on en redemande... »

Quelques instants avant la mi-temps, Johnny Rep est sur le point de doubler la mise, mais Zimako cafouille et manque une passe facile.

Dès la reprise, Lodz conduit le match avec vigueur. Normal, il est mené à la marque et mené sur son terrain. J'ai une pensée fulgurante pour les millions de téléspectateurs français qui partagent notre lutte et s'interrogent sur notre pouvoir de résistance. Je pense aussi à ceux, sceptiques, qui émettent des doutes sur mes propres possibilités physiques au niveau de la Coupe d'Europe dans une de ces batailles sans merci comme celles de Split ou de Kiev, hier, de Lodz aujourd'hui. Comme en équipe de France où j'ai prouvé dans les terribles rencontres de qualification que je pouvais m'élever au niveau d'un affrontement où la dimension physique prenait le pas sur l'aspect technique, je suis en train de rééditer cette preuve.

Je me sens bien. Trop bien peut-être. Tandis que l'équipe, un peu trop décontractée, sinon dilettante dans la première demi-heure, subit de plus en plus le match, je m'accroche à mon carré de terrain. Je suis intraitable, je me veux impassable. C'est si vrai que, emporté par la passion de défendre coûte que coûte, je joue à terre, ce qui est interdit par le règlement.

Coup de sifflet aigre de l'arbitre norvégien.

Boniek a compris. D'un signe, il fait enchaîner le mouvement aux siens au lieu d'exécuter le coup franc. C'est le but éclair signé Boniek. Ce match dans le match nous remet, Zbignew et moi, à égalité.

Mais, au-delà de notre duel physique et technique, il y a la victoire finale. Lodz la veut plus que nous et nous avons manqué notre chance en première mi-temps. La fin de match est toute à l'avantage des Polonais. Leur pressing est de plus en plus dur à supporter. Tous les arrières viennent prêter main-forte aux attaquants. L'un d'entre eux, le grand Kowenicki, monté sur le flanc droit, émerge soudain d'un paquet de joueurs.

Quelques minutes avant la fin, Curkovic encaisse son deuxième but.

Le score en restera là, heureusement. Nous ne méritions pas pire, mais Ivan, vexé par la défaite, maugrée contre l'état d'esprit trop décontracté, à ses yeux, de l'équipe.

Moi, je découvre la Coupe d'Europe. Je pense que si, avant le match, l'on nous avait proposé une aussi courte défaite sur un tel score (2-1) tout le monde aurait signé les yeux fermés.

Mais je dois reconnaître qu'Ivan a raison. Avec un peu plus de rigueur, nous pouvions prétendre à un meilleur résultat. Une impression que Robert Herbin traduit en ces termes : « D'accord pour la décontraction, mais pas pour le dilettantisme. »

La leçon est comprise.

Le 3 octobre, pour le match retour, nous la récitons par cœur pour Ivan et pour Roby. Saint-Étienne gagne 3-0. Et Rep, avec sa tête rieuse de pop star égarée, marque les trois buts en toute décontraction. Chapeau, Johnny, pour ce « hat trick » d'école de football...

Ce soir-là, c'est la fête du football à Saint-Étienne, comme à l'époque reine. Tous, nous nous sommes exprimés à fond dans un grand ballet offensif. Résultat : du beau football, des gestes techniques réussis et téméraires, une qualification retentissante. Enfin.

14.

L'ENFER A GEOFFROY-GUICHARD

Ainsi donc, preuves à l'appui, Saint-Étienne est de retour... Le message fait mouche et les vieilles amours populaires se réveillent. Des lettres de félicitations pleuvent.

Deux jours plus tard, dans le vestiaire, après l'entraînement, nous sommes tous occupés à répondre aux mille et une interviews express accordées dans l'euphorie du succès. Mais soudain, délaissant micros et stylos, nous entourons un petit transistor qui va délivrer notre sort au prochain tour.

Suspense garanti.

Le radioreporter passe d'abord en revue les candidats à la Coupe d'Europe des champions.

Strasbourg, qui vient de battre facilement les Norvégiens de Kristiansand, tombent sur le Dukla de Prague, un autre client...

Hambourg, Celtic de Glasgow, Nottingham Forest, Real Madrid, Dynamo Berlin et Ajax Amsterdam se disputent les autres matches vedettes.

Puis, c'est le tour des Vainqueurs de coupe.

Nantes est moyennement servi avec le Steana Bucarest. Il est vrai que les Nantais sortent d'un tour d'entraînement face aux modestes Nord-Irlandais de Cliftonville, terrassés 7-0 en Bretagne !

Là encore, c'est la revue d'effectifs des grands clubs appelés (avec Nantes qui ira en demi-finale) à s'affronter sans merci. Il y a là Arsenal, Barcelone, la Juventus de Turin et le FC Valence. Du beau monde encore...

Enfin, la voix du commentateur annonce la Coupe de l'UEFA. Celle qui réunit les clubs qui ont mérité les places d'honneur dans leur championnat respectif. Au départ, elle en réunit soixante-quatre. Un gros peloton.

Le silence s'établit soudainement.

La voix égrène les premiers chocs : M'gladbach-Inter Milan; Belgrade-Iéna; Grashoppers Zurich-Ipswich...

Elle annonce dans un débit froid et impersonnel : PSV Eindhoven... – tout le monde retient son souffle – contre Saint-Étienne!

Incroyable... mais vrai!

Pour la troisième fois en quatre ans, les Verts sont confrontés au successeur du grand Ajax Amsterdam.

Deux fois déjà, en quatre matches, les Verts ont gagné.

Saint-Étienne est la bête noire des Hollandais et de leur entraîneur, Kees Rijvers, un petit bout d'homme avec des lunettes cerclées et un air de professeur qui, comble d'ironie, fut une vedette stéphanoise dans les années cinquante.

Le sort est décidément friand en matière de facéties et de coups de théâtre. A l'évidence, ce qui arrive aux Verts du Forez et aux Rouges du Limbourg n'est pas banal.

Comme si cette énième confrontation franco-hollandaise devenait un classique obligatoire du programme.

J'en suis là de mes réflexions quand le devoir national fait de moi un rappelé de circonstance.

10 octobre. La France reçoit l'équipe de football des États-Unis dans un match à blanc, sans enjeu.

C'est la réplique d'une partie amicale jouée six mois plus tôt sur la pelouse synthétique du Giant's Stadium, dans le New Jersey, où se produit habituellement le New York Cosmos, et gagnée par la France sur une jambe : 6-0...

Il y a quinze ans, même pour un match comptant pour la qualification à la Coupe du monde, la France n'alignait que l'équipe Espoirs face aux Luxembourg.

Mais, en ce mercredi, pour un match sans importance, Michel Hidalgo a retenu tous ses élèves des classes supérieures.

Pourquoi cette mobilisation?

Par déférence et respect vis-à-vis d'un adversaire en apprentissage accéléré ou, plus simplement, pour lui donner la leçon et aligner de gros chiffres sur les palmarès?

L'ENFER A GEOFFROY-GUICHARD

A New York, en mai dernier, nous avions utilisé au maximum le gazon artificiel du stade pour offrir une exhibition de techniciens avertis.

Au Parc des Princes, sur une pelouse authentique, les Américains démontrent qu'ils n'ont guère progressé. Même la France n'impose son style que pendant une mi-temps, affichant un mélange de décontraction, de maîtrise collective et d'efficacité.

Nous avons commencé par observer ces grands gaillards qui couraient vite, touchaient fort et rataient souvent.

En cinq minutes, je marque le premier but, sur une passe de Bathenay.

Wagner, le Strasbourgeois, double la mise. Amisse, le Nantais, la triple, et nous voilà prêts à baisser le rideau.

D'ailleurs, la mi-temps va être sifflée. Il reste trois minutes. Mais les Américains se rebiffent. Vexés, ils en remettent à grands coups d'épaule et laissent traîner la jambe. Wagner est sorti sur une civière : entorse. On l'a transporté à l'hôpital voisin. C'est Gilbert Gress, l'entraîneur de Strasbourg, qui va être content d'apprendre la perte de son ailier droit avant d'affronter Prague!

« Clac! »

J'ai entendu « Clac! » Et je boule au sol. Bankov, un balaise qui porte le numéro 22, m'abandonne déjà à ma stupeur et à ma douleur.

C'est trop bête. Ce 22, il ne touchait pas la balle. Il passait son temps, l'air mauvais, à me regarder dans le blanc des yeux, à me défier, par bravade, du regard et du geste.

Je ne crois pas qu'il me voulait du bien. Il ne pensait qu'à me faire mal. Qu'a-t-il fait, ce type dans ce match? Il a envoyé deux balles en touche avant de me descendre! Et moi, j'en ai pour deux mois, c'est sûr... Et je rate Eindhoven! Bonnasse, je vais même pousser la confraternité jusqu'à écrire une lettre indulgente à la Fédération des États-Unis, afin d'éviter à Bankov la radiation dont il est menacé après l'agression contre moi.

Ça y est, le Dr Vrillac et le masseur, Jean-Paul Sereni, m'auscultent, le genou à terre, sous l'œil inquiet de Bathenay et de Lopez. Diagnostic : forte entorse du genou.

J'ai mal.

Mais j'ai surtout mal au cœur.

Je suis condamné à porter un plâtre pendant trois semaines...

Saint-Étienne joue à Eindhoven dans quinze jours. C'est foutu. Je ne connaîtrai pas la grande exaltation de marcher dans les pas des anciens, et je ne suis pas sûr d'être rétabli pour le match retour.

Joint par téléphone, dans sa maison de l'Étrat, Herbin est furieux. Il refuse de polémiquer mais annonce une franche explication avec Hidalgo. Il ne dort pas de la nuit. Moi non plus. Hidalgo, malin, prend les devants. Profitant du déplacement des Verts à Monaco, il se déplace au Vistaero, l'hôtel où notre équipe s'est installée, au-dessus de la baie.

Là, il est reçu par un comité d'accueil « musclé » : Roger Rocher, la pipe en bataille, Robert Herbin, l'œil glacé, et Pierre Garonnaire, le verbe toujours haut...

Hidalgo plaide son cas avec des mots simples : « A Strasbourg, on me siffle parce qu'on prétend que je n'aime pas les Alsaciens... A Monaco, on me reproche de ne pas sélectionner le gardien Ettori... Et maintenant, voilà qu'on cherche à m'opposer à Saint-Étienne, sous prétexte que Platini a été blessé au cours d'un match amical... » Hidalgo se retire en invoquant cet argument qui ne convainc personne : « D'ailleurs, il aurait aussi bien pu se blesser à l'entraînement. » Ce n'est pas faux, évidemment, mais ce n'est pas le jour ni le lieu de se retrancher derrière une fiction. Avec des si...

Et pendant ce temps-là, Kees Rijvers, qui ne gâche pas ses joueurs dans des matches bidon, claironne qu'il ne pense plus qu'à Saint-Étienne...

Rijvers, qui cherche à stimuler ses joueurs un peu abattus par le tirage au sort, a noté que, pour la première fois, le match aller contre Saint-Étienne se joue à Eindhoven... Il s'accroche à ce genre de petite superstition. Il la fait partager.

En tout cas, ce sont onze joueurs déterminés qui attendent les Verts de pied ferme. Les anciens surtout, comme le capitaine Van der Kuylen, le gardien Van Beveren ou les frères Van de Kerkhof. Ceux-là ont de méchantes frustrations qui, comme la vengeance, sont des plats qui se mangent froids.

Inévitablement, les retrouvailles sont tendues et musclées entre les Verts et les Rouges. J'ai fait le déplacement du stade Philips qui ressemble à un écrin rassurant. Mais ce joyau a des allures de traquenard. Les Hollandais nous réservent un accueil en forme de piège à loups. Au « chaudron vert » de Geoffroy-

Guichard, ils opposent son double rougeoyant. C'est le « chaudron rouge ».

Johnny Rep, « le frère ennemi », est sifflé plus qu'à son compte dès son premier ballon. Et sur le second, il reçoit les crampons de Valke dans la cuisse gauche, juste au-dessus du genou. Sur le troisième, deux défenseurs du PSV font obstruction devant lui, et Van Crooy l'expédie pour de bon chez le soigneur. Il revient, un emplâtre fraîchement posé sur sa cuisse endolorie, mais la leçon d'intimidation a porté : Johnny n'a plus qu'à lever les jambes et sauter à la corde.

Le match tourne à la guéguerre.

Dans ce climat détestable, qui respire la bagarre de rues, Saint-Étienne encaisse deux buts et Kees Rijvers, dans un petit sourire, laisse entendre que Saint-Étienne, c'est fini!

Il va regretter ses paroles et ses sous-entendus à peine voilés.

Drôle, ce retour contre PSV.

A Saint-Étienne, où l'orgueil blessé est une arme secrète, chacun se replie sur son dépit et digère jour après jour les apostrophes et les critiques qui sont le menu quotidien des censeurs de tribune.

Dur à avaler.

Peu d'équipes stéphanoises souffrent ainsi avec une amertume partagée dans l'échec. L'équipe de Larqué, sans doute, a connu cela au retour d'une expédition manquée à Kiev, trois ans plus tôt. Que de jugements expéditifs sur cette première manche perdue! Que d'images cruelles sur la grande dérive des Verts et « Curkovic à genoux »...

On connaît la réplique des Verts de l'époque. Cinglante!

Mais le rapprochement à faire, cette fois, concerne plutôt le cauchemar de Split.

Saint-Étienne se faisait encore les dents sur la Coupe d'Europe et les plus gros titres des journaux. C'était en 1974, cinq ans plus tôt, presque jour pour jour, et Saint-Étienne, trahi par le sifflet assassin de l'arbitre turc de service, avait perdu la tête. Mais pas son âme.

Là encore, réplique cinglante : 5-1! Le premier véritable exploit de Saint-Étienne.

Larqué, Piazza, Curkovic s'étaient juré d'avoir leur revanche.

Tous les jours, ils en parlaient.

Tous les soirs, ils y songeaient.

Toutes les nuits, ils en rêvaient.

Ils en avaient fait le célèbre serment : « Pour Split, ce sera l'enfer à Geoffroy-Guichard ! »

Cinq ans plus tard, nous rejoignons nos aînés dans la révolte et nous jurons que « pour PSV, ce sera l'enfer ».

Moi, je suis encore un invalide en convalescence accélérée. Ce qui me rend nerveux. Matin et soir, je suis livré aux mains des kinés. Je suis d'une humeur sombre que Christèle supporte avec une philosophie sereine à la maison.

Rocheteau, blessé lui aussi, est sans illusion quant à ses chances d'être rétabli pour le grand soir qui s'annonce. Nous nous croisons, lui, porté par ses béquilles, moi, traînant la jambe et le sourire en berne, et parlons toubibs et bobos. Heureusement pour moi, les nouvelles sont bonnes : je serai sur pied à l'heure H.

Des Pays-Bas, relayés par la « cinquième colonne » des ennemis de l'intérieur, nous parviennent les échos des déclarations goguenardes de Kees Rijvers. Il est sûr de lui, le petit professeur à lunettes, sûr de marquer son avantage psychologique par la force de ses petites phrases. Il n'a pas de mots assez durs pour se moquer de Johnny Rep, par exemple, qui passe pour la rose épineuse au pays des tulipes.

Rijvers en rajoute sur les infortunes supposées de son équipe. Il annonce une liste de blessés qui, comme par hasard, seront tous rétablis pour le déplacement à Saint-Étienne.

Comme les Yougoslaves de Split, assurés d'une quasi-invincibilité avec leurs trois buts d'avance, les Hollandais – qui en ont deux – débarquent pleins de suffisance, comme en pays conquis.

Ils flânent, jouent les touristes, font les magasins et traînent dans les salons de leur hôtel à la manière de vacanciers désœuvrés.

Ils font de l'intox.

Ils affichent une supériorité manifeste qui vire au complexe.

En fait, ils bluffent.

L'image la plus flagrante de ce comportement étudié est donnée par leur installation au stade. A peine déposent-ils leurs sacs dans le vestiaire, à droite, qu'ils partent en reconnaissance du terrain, petit commando nourrissant sa force collective dans le tumulte suscité par leur apparition.

Ils font de la provocation calculée, répondant aux sifflets par des applaudissements et des rires. Moqueurs, goguenards, ils montrent le public du doigt.

De la tribune, nous les observons, pas du tout intimidés par ce tour de piste qui ressemble à une mise en scène.

Mais l'heure est déjà à la concentration collective. Tout à l'heure, nous avons croisé de longues figures austères qui montaient à pas comptés les deux étages qui mènent à la tribune de presse. Pas des habitués de Geoffroy-Guichard, non, plutôt des extra-parachutés depuis leurs rédactions parisiennes pour soigner l'enterrement de première classe.

Ceux-là s'apprêtaient à dégainer leurs stylos pour nous clouer au pilori.

Saint-Étienne était dans le collimateur. Nous le savions, nous le sentions. C'est le lot des grands d'être livrés à la merci des petits.

Alors, Herbin a sorti le grand jeu. Avec des mots simples, il nous a résumé toute l'épopée des Verts, s'appuyant, au passage, sur un télégramme d'Osvaldo Piazza, plus fidèle que jamais : « Courage. Tout est possible. Souvenez-vous de Split et de Kiev. » Justement, il a insisté sur le souvenir grisant du match contre Kiev quand la forteresse soviétique avait fini par exploser devant le pilonnage de notre attaque.

Malin, il a plissé ses yeux délavés et lâché, comme un dopant moral, entre ses lèvres fines : « J'espère que vous avez noté avec quelle suffisance vos adversaires ont reconnu le terrain. Ils étaient comme en pays conquis. A vous de les déloger et, surtout, de les remettre en place... »

Chacun lut, dans son sourire, la mission qu'il attendait de nous.

Puis, Curkovic entra en piste. Bonne idée, en pareille circonstance, que d'écouter parler la sagesse et l'expérience. Il nous rassembla autour de lui, titulaires et remplaçants, et se lança d'une voix grave et d'un ton ferme :

« Ce soir, il n'existe qu'une solution pour nous qualifier, une seule : le pressing. Vous savez ce que cela veut dire : se battre sur tous les ballons, porter le danger chez l'adversaire, ne jamais relâcher son étreinte. Si l'un d'entre nous ne respecte pas les consignes, c'est la catastrophe. Soyons tous très solidaires. »

Il prouva immédiatement sa solidarité en allant trouver Thierry Oleksiak, dix-huit ans, fils de son père (ancien joueur de l'ASSE), le plus jeune avec Laurent Roussey et dont c'était le baptême du feu. Un gosse du club depuis les pupilles. Presque un pupille de la nation...

« Thierry, lui recommanda Ivan, pas question de paniquer. Ne te laisse pas influencer par l'enjeu. Joue ton match comme d'habitude. A fond. Si tu perds le ballon, ne t'affole pas. Replace-toi aussitôt devant Van der Kuylen. Tu vas marquer le meneur de jeu du PSV. C'est difficile. C'est aussi un honneur. On a tous confiance en toi. Celui-là, il faut l'empêcher de jouer. Compris, Thierry ? »

Thierry savait qu'il jouerait ce match.

Comme tous ses coéquipiers, il en avait eu la confirmation à 18 heures, cent vingt minutes seulement avant le coup d'envoi.

Herbin avait misé sur le secret. Il avait fait des mystères pour donner la composition de son équipe, même à ses plus proches amis et à ses habituels confidents de la presse.

Cela avait créé du suspense et augmenté la tension.

Rijvers ne goûtait pas la plaisanterie.

Nul, à part les copains, ne savait si j'allais vraiment jouer. Dehors, ça spéculait fort autour de mon nom. Un bookmaker aurait fait fortune.

En fait, absent des terrains depuis un mois, Herbin voulait que je joue une heure. Que je tienne une heure (j'ai dépassé ses pronostics d'un quart d'heure). Puis, je céderai ma place à Laurent Roussey, rescapé d'un chemin de croix chirurgical de quatorze mois ! Roussey, c'était la découverte de Pierre Garonnaire. Il l'avait recruté à l'âge de treize ans, faisant signer à ses parents un contrat d'engagement qui avait fait jaser dans les allées du pouvoir fédéral.

Il était couvé en attendant l'éclosion promise quand une sélection malencontreuse en équipe de France junior, une sélection de trop pour un match amical sans enjeu, comme un vulgaire France-États-Unis, allait lui coûter le genou et hypothéquer son avenir.

Quatorze mois d'un calvaire physique et moral.

Dans le vestiaire, j'étais allé le trouver à part : « Ne cours pas trop, ne te dépense pas trop. A dix-sept ans, et après plus d'un an de souffrance et de rééducation, tu n'as pas encore assez de réserves. Tu n'as pas le fond nécessaire pour pallier une telle inactivité. Compense par la technique. Pense à ton placement, toujours à ton placement. »

Avec sa bonne tête d'enfant bien élevé, « Lolo » m'avait répondu par un sourire qu'il m'avait compris.

D'autres ne souriaient pas.

C'était le cas de Johnny Rep qui ressassait ses souvenirs agités du match aller. Il tournait en rond, refaisait dix fois les gestes les plus élémentaires, comme le simple fait de lacer ses chaussures.

Johnny était d'ailleurs dans ses petits souliers. Le traitement de choc subi à Eindhoven l'avait marqué et le poursuivait encore. Il était aussi vexé par les commentaires d'une presse hollandaise partisane, empressée de lui faire payer sa condition d'exilé de luxe. On avait tous un mot sympa, ou un geste furtif, pour l'assurer qu'on comptait sur lui et l'encourager à prendre sa revanche.

Mais le plus remonté, c'était Larios.

Il l'était depuis son retour au vestiaire à Eindhoven. Là, en public, il avait eu des mots très durs : « Ces Hollandais, s'était-il exclamé rageur, ils ne perdent rien pour attendre. »

La rage ne le quittait pas.

A Strasbourg déjà, où Saint-Étienne avait été battu sur un but contestable, il s'était écrié, pensant déjà à l'échéance prochaine : « Attendez Eindhoven. On les aura ! »

Pour lui, qu'importait le but litigieux encaissé par Curkovic ! Ses pensées ne tournaient plus qu'autour du PSV. Même chose à Angers, où le match nul (3-3) passa pour une répétition générale.

Et c'est avec une indifférence glacée, qui respirait le lourd contentieux, que les deux équipes s'alignèrent sous le tunnel d'accès au vestiaire. Poignées de main esquissées, clins d'œil nerveux, nous nous frôlons sans nous voir.

C'est déjà l'engagement. Le temps que les Hollandais se placent, Larios, lancé par Jean-Marie Elie, ouvre le « bal des maudits ». 2′57″ : 1-0 !

Réengagement.

Longue balle en avant vers René Van de Kerkhov. Intervention énergique de Lopez qui passe à Curkovic. Sur le renvoi,

Valke, posté près de la ligne médiane, récupère. Le temps qu'il contrôle et je suis sur lui. Il tente de m'esquiver, mais c'est Rep qui croise sa route. Valke, pris en sandwich, capitule. Déjà, Rep sprinte sur trente mètres, redresse sa course, évite un défenseur du PSV, en met un deuxième « dans le vent », réussit un petit pont. J'accours. Rep tire, mais le ballon est contré. Il m'arrive sur le pied droit. Une frappe sèche et précise : mon tir foudroie Van Beveren. 3′42″ : 2-0!

Une nuée de maillots verts s'abat sur moi et m'enserre. Quand je me libère des étreintes, Van Beveren est toujours le genou à terre, comme un boxeur compté huit! Mais il y a déjà du K.-O. dans l'air.

Il arrive par Santini qui court sur vingt-cinq mètres avant de transmettre à Farison, monté sur l'aile gauche. Farison centre. Trois défenseurs du PSV se précipitent en même temps, déboussolés. Je fais obstacle au milieu d'une véritable herse de crampons. Le ballon est détourné sur Santini qui frappe du pied gauche. 4′52″ : 3-0!

Cent quarante-quatre secondes, seulement, séparent l'enchaînement de nos trois buts.

Le stade Geoffroy-Guichard, rescapé de toutes les tempêtes européennes, chavire.

L'Europe des transistors et des dépêches d'agence grésille de flashes spéciaux, d'informations éclair et de communiqués choc.

PSV a perdu toute sa superbe. Ses joueurs rentrent la tête dans les épaules. Face à nous, face au public qu'ils montraient du doigt, ils affichent une grosse honte. Mais la correction n'est pas terminée. Il y a du châtiment dans l'air.

A moins d'une heure de jeu, j'ajoute un coup franc de vingt-cinq mètres. Un exercice de style. La balle, très travaillée du pied droit, cloue Van Beveren à sa cage.

Je suis tellement euphorique que j'en oublie les conseils de prudence des médecins. Je sens à peine les crampes me rappeler que je relève d'une inactivité d'un mois. Il est temps de passer le relais à Laurent Roussey, cet autre convalescent miraculé.

Il entre à la soixante-quatorzième minute. Le public, qui a partagé des tribunes son chemin de croix, lui fait fête. Laurent marque son retour par un but. Le must.

Il reste une minute à jouer. PSV n'existe plus. Les « Hollandais volants » ont le profil bas. Et c'est Johnny Rep, ultime symbole de la revanche morale et mentale, qui tire la dernière balle, le coup de grâce.

Nous rentrons au vestiaire sur un nuage.

L'équipe de Rijvers a craqué devant la marée verte comme un polder des Pays-Bas.

Une lame de fond.

Dans ma nuit verte, je partage avec Christèle des rêves de conquêtes et d'invincibilité.

Pour la première fois, en quatre mois de recyclage accéléré, je me sens aspiré dans la légende de Saint-Étienne. Droit au cœur.

C'est la renaisance des Verts.

Et la naissance d'une équipe.

Toute médaille a son revers. Pour nous, c'est le 5 mars 1980. Après avoir sauté l'obstacle de Salonique – où Christèle avait fait le déplacement avec Pamela Santini et Viviane Repellini, ses copines de footing dirigées à Saint-Étienne par Mme Forissier, la femme du kiné –, nous rendons les armes face à M'gladbach qui détient le trophée tant convoité, la Coupe UEFA. Une vraie gifle (4-1) qui se termine par une boutade de tribune.

Ce soir-là, Georges Marchais et François Mitterrand sont de la déconvenue stéphanoise. Il est de bon ton pour les chasseurs de voix populaires de se montrer au perchoir d'assemblées populaires, là où le peuple, justement, commande de la voix. Marchais dira dans un rictus digne du « Bébête show » : « Lorsque François Mitterrand n'est pas là, lorsque je viens tout seul au stade Geoffroy-Guichard, on gagne ! »

Heureusement, nous les Verts, on n'a pas fini de gagner... Sans que les tribuns fassent de la surenchère de tribune.

15.

COUP DE BOURSE ET BOX-OFFICE

Dans les petits souliers des vedettes du football mondial, le père Noël dépose, fin 1979, une nouvelle en forme d'appel d'offres...

Elle vient d'Italie.

Pour une fois, les présidents exubérants et perpétuellement ennemis des clubs professionnels tombent d'accord à la quasi-unanimité. Quatorze sur seize (presque un plébiscite) réclament du sang neuf. Leur credo : « Ouvrez les frontières aux meilleurs étrangers. »

Ils ont profité d'une harangue télévisée du président de la Fédération, profil bas, mais verbe haut. Artemio Franchi s'est exclamé dans une interview : « On joue très mal. Notre football a perdu sa personnalité. Il souffre d'une dangereuse anémie. Et, de plus, il ne s'inspire d'aucun modèle, ni de la manière hollandaise ni de la facture sud-américaine. Dans les stades, il n'y a plus d'émotion ni de spectacle. Il faut changer les mentalités. »

Réplique immédiate des présidents et des techniciens, prompts à s'engouffrer dans la brèche : « Pour améliorer le spectacle, laissez-nous recruter ceux qui le font. L'étranger en est plus riche que nous. »

Et voici comment, quinze ans après avoir fermé ses portes aux souliers d'or et d'argent frontaliers, l'Italie se prépare à entamer son tour d'Europe (et du monde) du recrutement.

C'est assez pour déchaîner les spéculations. Avant même que le conseil de la Fédération, à Rome, entérine le vœu des présidents de club, les journaux sportifs s'arrachent les surenchères à coups de gros titres. De quoi rendre jalouses les gazettes boursières.

De Milan, le chroniqueur Ferrucio Berbenni établit « la » cote. Il décrète, un peu vite, que « l'Inter a fait la réservation de Platini ». Et il situe ma valeur à la huitième place de la « bourse du calcio ».

Pour lui, je vaux 1,5 milliard de lires (soit 7,5 millions de francs) à égalité avec Garry Birtles, l'avant-centre anglais, déniché pour une bouchée de pain par Brian Clough, un « fou génial » d'entraîneur, dans la banlieue de Nottingham.

Devant nous, ils sont six :

Krankl, l'avant-centre autrichien de Barcelone, Soulier d'or 1978, désigné par les experts européens du magazine *France-Football*. Sa cote : 1,8 milliard de lires (9 millions de francs).

Puis Simonsen, son coéquipier danois de Barcelone : 2,2 milliards de lires (11 millions de francs).

Juste devant lui (2,3 milliards de lires), Mario Kempes, grand triomphateur du Mundial argentin.

Ensuite, c'est l'échappée de Zico, patron des Cariocas de Flamengo et de l'équipe du Brésil. Ses fans le surnomment en toute modestie : « Le Pelé blanc ». L'Italie cote ce milieu de terrain à grand spectacle : 3 milliards de lires (15 millions de francs).

Elle en donne plus encore pour Maradona, que les autorités argentines gardent jalousement. Mais l'Espagne entend bien coiffer la lire italienne à coups de pesetas indexées sur le cours du dollar. Sa cote, en attendant, vue de Milan : 3,5 milliards de lires (17,5 millions de francs).

On pourrait croire que Maradona ferait sauter la banque. Eh bien, pas du tout. Le leader au box-office des transferts-fictions est un Italien 100 % : Paolo Rossi... Son passage à l'intersaison, du très discret Vicenza au modeste Pérouse, fait tourner les têtes. Pour un contrat de longue durée (destiné à être racheté par un monument du calcio), l'affaire s'est conclue autour de 5 milliards de lires (25 millions de francs)!

Sans doute, ce petit magot est-il pour beaucoup dans le vœu massif des responsables de club d'ouvrir les frontières. Tous estiment que l'arrivée d'étrangers de standing supérieur et reconnu ferait redescendre à de plus raisonnables proportions les transferts inter-clubs en Italie.

Cela me fait tout drôle de découvrir, noir sur blanc, dans une étude qui se veut alléchante pour le public, mais crédible, ma propre valeur derrière celle de Rossi, l'étalon-or, et celle de ses challengers.

Je vaux déjà mieux qu'un loto de gala. Bravo! Derrière moi, il y a des joueurs archititrés et galonnés comme Keegan, superstar de Liverpool puis de Hambourg et capitaine de l'équipe d'Angleterre, Rummenigge, vedette rayonnante du Bayern Munich et de la Bundesliga, ses compatriotes et coéquipiers Hansi Muller (Stuttgart), Dieter Muller (Cologne), Manfred Kaltz (Hambourg) et encore l'Argentin Passarella, champion du monde avec Kempes...

Sans le prendre avec un sérieux exagéré, ce classement international officieux m'amuse et me donne surtout une idée de l'estime en laquelle on me tient déjà sur l'autre versant des Alpes.

Et comme une nouvelle heureuse n'arrive jamais seule, c'est l'IFOP, le célèbre institut de sondages français, qui m'offre de très appréciables étrennes.

Son étude porte sur 1 757 interviews (c'est plus que le panel idéal) effectuées du 18 au 27 décembre 1979 auprès d'un échantillon représentatif de la population française âgée de quinze ans et plus. Les réponses sont données par des Français qui déclarent suivre régulièrement, ou assez souvent, le championnat de France.

Question unique, de type référendaire : « Sur l'année, quel a été, selon vous, le meilleur footballeur professionnel? »

Réponse massive, de type plébiscitaire : Premier, Michel Platini : 54 %. Un score à faire rêver un candidat aux élections présidentielles!

Le second est Henri Michel, enraciné au Football Club de Nantes (6 %); mais, pour confirmer la « passion verte », nous sommes quatre Stéphanois dans les cinq premiers : Lopez, Zimako et Rocheteau complétant ce tableau d'honneur pour collectionneurs de statistiques.

Bien sûr, ce sondage n'est qu'un jeu, et je ne lui accorde pas plus d'importance que « l'étude boursière » du journal milanais. Reste qu'elle suscite bon nombre de commentaires élogieux, à commencer par une très savante analyse d'Albert Batteux, qui passe pour être l'homme le plus complet du football français (joueur international, entraîneur du meilleur Stade de Reims et du Saint-Étienne des premiers exploits, puis de l'équipe de France). Il est, aujourd'hui, conférencier et écrivain.

Pour *Foot 2*, promoteur du sondage de l'IFOP, il ouvre sa mémoire et plonge dans ses archives. D'une plume riche et flatteuse, il entreprend une démonstration très fouillée et très argumentée sur les mérites comparés des créateurs, de Di Stefano à Johann Cruijff, qui ont marqué leur époque, en passant par Fritz Walter ou Meazza.

C'est la première fois que mon portrait rejoint dans l'Olympe des footballeurs internationaux la galerie des anciens.

Batteux, qui a parcouru tous les chemins du football français, sillonné l'Europe et le monde, évoque le souvenir des géants qui ont illuminé mon enfance : Di Stefano (« le meilleur équipier du monde »), Puskas (« il savait tout faire avec un seul pied »), Pelé (« le Roi, plus footballeur qu'artiste »), Kopa (« inégalable dans le dribble, avec une vision du jeu stupéfiante »). Puis, il passe en revue ceux que j'ai connus moi-même en haut de l'affiche : Cruijff (« le symbole du football triomphant »), Beckenbauer (« l'alliage de la puissance et de la finesse »), Keegan, enfin (« aussi rayonnant à Hambourg qu'à Liverpool »).

Batteux m'a bien connu au cours de son bref passage en tant que manager de Nancy. Claude Cuny, qui me couvait alors comme un botaniste penché sur ses jeunes pousses, lui avait dit, en guise de présentation : « Nous avons un jeune, il s'appelle Platini. Ce sera un super! »

Batteux connaissait mon père, Aldo. Il le connaissait par son frère qui avait été souvent son adversaire, balle au pied. Il s'intéressa donc à moi, le fils, d'autant plus que Roger Piantoni, qui avait été son élève génial à Reims, était devenu mon maître à Nancy et qu'il disait de moi : « Celui-là, c'est un footballeur debout », ce qui, dans sa bouche, voulait tout dire.

Piantoni-Platini, il y avait, pour Batteux, de la relève dans l'air...

Quelques années après Nancy, Albert Batteux, observateur fidèle, détaille avec chaleur les qualités qu'il me prête :

« Michel n'a probablement pas encore vécu le meilleur de son âge de footballeur. Ce que l'on peut dire, sans risque de se tromper, c'est qu'il est dans la lignée des " grands ". Lui aussi crée, invente et marque. Lui aussi est artiste et athlète, même si l'apparence est trompeuse à cet égard. Lui aussi possède déjà une riche panoplie, avec une pièce très rare : l'étendue de sa vision du jeu et son aptitude technique à en user. En ce qui me concerne, les passes à longue distance de Platini sont ce que j'ai vu de mieux. »

On a envie de dire : « Fermez le ban », tant le jugement a quelque chose d'une citation officielle à un ordre du mérite quelconque. Sans doute un tel éloge apparaîtra-t-il exagéré pour les puristes de la froideur et de la neutralité absolues. Moi-même, je me sens presque gêné de la restituer ici, dans ces pages. Si je le fais, c'est uniquement parce que j'atteins en ce moment, à Saint-Étienne, l'étape charnière de ma carrière. Celle qui, de joueur reconnu et considéré, doit me faire passer, bientôt, au rang de joueur convoité.

Il retire de toutes ces appréciations une satisfaction tranquille, et je fais mien ce conseil amical mais sévère de Raymond Kopa, le plus grand des Français des « sixties » :

« Un très grand joueur, me fait savoir Kopa, publiquement, par voie de presse, doit être capable sur dix rencontres de réussir six grands matches, trois bonnes parties et ne se permettre qu'une seule contre-performance ! »

J'attaque l'année 1980 sur la recommandation de ce grand frère exigeant.

Et comme je n'aime pas rester sur une énigme ou sur un malentendu, je fais savoir qu'un duel de générations, dans un face à face à la loyale, ne serait pas pour me déplaire.

La réponse m'arrive sous la forme d'un questionnaire en dix points, signé Raymond Kopa.

Son « oui, mais » à mon égard tient surtout au souvenir frustrant du Mundial, à demi gâché par l'équipe de France, en Argentine, dix-huit mois plus tôt. Lui aussi, comme tout notre public à l'été 1978, m'en attribue la responsabilité.

Kopa, qui m'avait tapoté la joue au fin fond de mon enfance (j'avais quatre ans) un jour de passage dans le café de famille à Jœuf, m'écrit, cette fois, avec la franchise qu'on lui connaît :

« Je vous aime beaucoup en tant que joueur, pour votre talent, votre style. Mais, en toute amitié, j'aimerais quand même vous adresser un reproche. Pourquoi ce manque de constance, de régularité, ces séries de matches en dents de scie ? En Argentine, vous m'avez dit que le Mundial était pour vous une fête.

D'accord, mais une Coupe du monde, ça se joue quand même. Or, j'ai le sentiment que vous ne l'avez pas vraiment jouée... »

Et Kopa de conclure par cette courte sentence : « Vous m'avez déçu. »

Moi, touché, mais sincère, j'y vais de ma réponse mi-candide, mi-navrée. Évidemment, face au seul Français vainqueur de la Coupe d'Europe des clubs champions (avec le Real Madrid) et au troisième de la Coupe du monde de Suède, je me sens petit garçon. Néanmoins, je décide de plaider non coupable. Avec mes mots simples, et mon raisonnement, simple lui aussi, je contre-attaque :

« J'ai peut-être péché là-bas, c'est vrai. Mais, pour nous, la vraie finale, c'était, en quelque sorte, le match de qualification contre la Bulgarie. Le reste venait un peu comme une récompense. On ne nous avait pas mis les points sur les “ i ”. En fait, nous ne sommes jamais entrés dans ce Mundial. Mais vous savez, à vingt-deux ans, c'est dur d'être conscient, réfléchi, toujours au maximum (...). Il ne faut pas non plus se cacher la vérité : je n'ai pas les qualités physiques d'un Dominique Bathenay. C'est peut-être aussi pour cela que j'ai manqué parfois de constance. Mais je pense avoir tout de même progressé en ce domaine. J'ai mûri. »

L'hiver 1980 est un peu cafardeux pour moi. Je passe alternativement de l'éloge au blâme, des félicitations aux reproches...

Coup de Bourse à Noël, coup d'éclat grâce à l'IFOP au premier de l'an, coup de cœur signé Batteux en janvier, mais aussi coup de griffe (amical) de Kopa en février, coup de semonce en mars, avec la défaite devant M'Gladbach et, maintenant, un coup bas...

Il vient d'un journal régional de Lyon, qui croit bon de claironner à la manière d'une exclusivité à sensation : « Platini gagne 160 000 francs par mois ». Et le scoop fait des petits, relayé par les agences de presse, les radios... la télé !

Justement, nous jouons à Paris. Le petit scandale tombe à point pour attiser les passions.

Le Parc des Princes, que 46 000 spectateurs ont envahi pour assister à Paris-Saint-Germain-Saint-Étienne (2-2), ne parle que de cette somme extravagante. Je suis sifflé dans les tribunes, discuté en coulisses.

Comme l'été dernier, quand j'ai posé mon sac à Saint-Étienne, je sens les regards se dérober sur mon passage. A l'époque, on m'avait pris pour une vedette dans le sens péjoratif du terme et l'on me regardait, précisément, à la dérobée... On ne m'avait pas tapé dans le dos du jour au lendemain.

Et voilà que, pour une indiscrétion déplacée, voire malveillante, je sens l'atmosphère tourner autour de moi et se dissoudre. Il y a de la suspicion dans l'air.

Roger Rocher le sent bien. Il anticipe aussitôt sur la dégradation possible des rapports entre joueurs et supporters. Il fond une mise au point très argumentée qu'il veut définitive :

« L'AS Saint-Étienne est étonnée et peinée des informations données par la presse et reprises par l'audiovisuel concernant le salaire de Michel Platini (160 000 francs par mois). Cette information est fausse. Elle ne peut que porter préjudice au joueur, à l'équipe et au club. C'est la raison pour laquelle l'ASSE, en accord avec ses joueurs, précise que le contrat qui les lie prévoit un salaire fixe de 60 000 francs par mois. A ce salaire s'ajoutent les différentes primes de présence, de résultats sportifs et les divers intéressements aux actions commerciales et publicitaires traitées par le club. Toutes ces primes sont accordées sans distinction à l'ensemble des joueurs professionnels du club. Le salaire fixe avancé dans ce communiqué découle d'un contrat déposé au Groupement de football professionnel pour homologation. La vérification est à la portée de tous. »

L'affaire fait grand bruit. Elle risque de laisser des traces. Après le coup bas, pour moi, c'est le coup de spleen.

Je m'en console en rencontrant Bernard Pivot, pour un « Apostrophes » récréatif. Son émission a fait entrer la littérature parmi les stars de la télévision. Grâce à Geneviève Dormann qui brosse son portrait dans *Vogue*, je sais à quoi il rêve entre deux chapitres. Elle écrit : « Le fantasme de Pivot consiste à enfiler un maillot orné du numéro 10. Celui de Platini. Celui du joueur de foot qui oriente le jeu et donne le ton à la partie. » Le rôle, en somme, que Bernard Pivot joue à « Apostrophes ».

Fatalement, un aveu aussi enthousiaste devait déboucher sur une rencontre officielle. Elle se fait sous l'œil rond et gourmand des caméras de l'émission « Fenêtre sur » où je balbutie mes débuts de téléspeaker. Le tournage est dirigé par Jean-Paul Jaude. Il a déjà tourné un court métrage sur Dominique Rocheteau dans son repaire de Saint-Héand, sur les collines du Forez, et chez ses parents, à Étaules, dans les parcs à huîtres charentais. Rocheteau, côté cour, a séduit un nouveau public, celui qui s'intéresse aux vedettes dans leur vie quotidienne. Jaude entend récidiver avec moi. Aller encore plus loin....

Pivot, sympa, revient donc sur l'anecdote du salaire livré en appât et tranche : « Il vaut mieux parler de son compte en buts que de son compte en banque. »

En me rendant visite chez moi, sur mon terrain, il prend aussi conscience que Christèle et moi vivons un peu cloîtrés, avec Laurent. Il a le sentiment que nous ne fréquentons personne en dehors des relations du club. C'est un peu vrai depuis notre installation.

Alors Pivot, croyant bien faire : « Platini a signé pour deux ans à Saint-Étienne. Chez lui, pas de tableaux sur les murs, pas de moquette sur le parquet. L'appartement est plus celui d'un homme qui passe que celui d'un homme qui reste. »

J'imagine la tête ahurie de Roger Rocher devant son petit écran. Pour un peu, Pivot, supporter inconditionnel de Saint-Étienne et familier de l'habit vert, m'aurait incité à changer de maillot...

16.

KOLOSSALE VICTOIRE A HAMBOURG

A la mi-temps du contrat qui me lie aux Verts, je suis toujours stéphanois. De raison. Mais le cœur y est quand même, bien que Nancy et les copains occupent toujours mes souvenirs.

L'arrivée de Battiston y est aussi pour beaucoup. Patrick et moi, nous sommes nés sous le même ciel. On a fait nos gammes sur le même tempo.

On s'est connus dans les tournois de Lorraine.

On a failli porter ensemble le maillot grenat du FC Metz.

Ensemble, on a disputé les jeux Olympiques à Montréal.

Ensemble, on s'est retrouvés dans la sélection de Michel Hidalgo.

Et nous voici, ensemble, sous les couleurs stéphanoises que lui a vantées si souvent Christian Synaeghel, vétéran des grandes campagnes et, désormais, maître à jouer dans l'entre-jeu messin.

Notre amitié s'est vraiment scellée, en mai dernier, au rassemblement de l'équipe de France avant le départ pour Moscou. A Jouy-en-Josas, aux portes de la vallée de Chevreuse, nous sommes installés dans un vaste complexe hôtelier qui sent l'usine à séminaires pour cadres dynamiques revus et corrigés par Lauzier dans ses « Tranches de vie ».

L'intendant des Bleus fait la distribution des clefs. Battiston se retrouve avec moi. Le hasard a bien fait les choses.

Et c'est là, entre nous, qu'on a parlé transfert. La veille, il avait marqué deux buts dans un match capital gagné 5-2 sur le

Paris-Saint-Germain. C'était l'avant-dernière journée de championnat et la dernière apparition de Patrick sous le maillot messin.

Joueur de devoir, enraciné dans sa Lorraine, il n'est pas resté les deux pieds dans le même sabot pour sauver son club menacé de relégation.

Il restait dix minutes à jouer.

Metz et Paris-SG étaient encore à égalité (1-1), lorsque le match explosa.

Patrick était encore tout chose en me racontant le final éblouissant : « Alors Synaeghel a marqué : 2-1 pour nous à la 80e minute... Je me suis dit : Maintenant, il faut appuyer, y aller à fond. Alors, je suis monté de l'arrière, je suis allé batailler dans la défense adverse. Et j'ai marqué! A 3-1, c'était gagné. On ne se laisse pas remonter deux buts en sept minutes... Le public était déchaîné. Ça gueulait de partout. Et plus encore quand Fernandez, d'une déviation, a marqué contre son camp... Encore cinq minutes et nous menions 4 à 1 cette fois. Pourtant, on en voulait encore. On avait faim de buts, une vraie fringale après les frustrations de la saison. On a continué à attaquer. Trop vite, trop enthousiastes... On s'est fait prendre en contre : 4-2. La bavure... Pas grave... J'ai continué à foncer et, sur l'engagement, je me suis retrouvé dans la surface pour achever le boulot. 5-2! Là-dessus, l'arbitre a sifflé la fin. J'étais tellement euphorique que j'aurais pu enchaîner un autre match. Et j'ai réalisé qu'on scandait mon nom. On m'a réclamé un tour d'honneur. J'avais l'impression de chavirer. Alors là, mon vieux, eh bien, j'ai craqué. Oui, j'ai chialé, comme lorsque j'étais môme à Talange. »

Battiston était encore tout retourné d'avoir reçu l'hommage unanime de son public. Et pourtant, il le quittait. Il allait me rejoindre à Saint-Étienne avec la conviction que ce club est pour tout joueur une sorte d'Académie française.

Nous terminions la saison péniblement.

Moi aussi, comme Patrick, je pourrais lui décrire en détail les cinq buts marqués lors de notre dernier match. Le hic, c'est que ces cinq buts ont été marqués par notre adversaire... Bordeaux.

Cette lourde défaite a eu pour conséquence de nous décrocher définitivement du sillage du FC Nantes, sacré champion.

Pas de Coupe d'Europe pour Saint-Étienne cette année, donc, mais tout de même une qualification à la Coupe UEFA méritée par notre solide deuxième place. Mieux qu'un lot de consolation...

C'est suffisant pour combler les ambitions de Patrick qui, à vingt-trois ans, court toujours à la recherche de son premier titre. Patrick d'ailleurs, impatient de nous rejoindre sous l'uniforme de la verte espérance, me charge illico de lui trouver un appartement sympa à Saint-Étienne. Christèle s'empresse aussitôt d'entreprendre la tournée des agences et d'éplucher les petites annonces. A moins que le nôtre se libérant bientôt... Christèle, en effet, a trouvé pour nous une très jolie maison à louer, avec jardin, sur les hauteurs de l'Etrat, aux portes de la ville. En attendant d'emménager et de laisser la place à Patrick, cours Fauriel, celui-ci s'installe provisoirement dans le studio de Collery, un stagiaire sur le départ, juste un étage au-dessous de notre appartement.

Et la nouvelle saison recommence déjà avec son cycle infernal de matches au couteau qu'il faut gagner dès les premiers chocs.

Pas le loisir d'apprécier à plein les retombées d'un séjour de trois semaines à la Martinique avec Christèle. De vraies vacances, enfin. Laurent (dix-huit mois) était resté chez ses grands-parents. Des vacances d'amoureux.

Reprise difficile pour moi donc, comme toujours. Je ne suis pas un percheron, mais je ne suis pas non plus un pur-sang. Il me faut du temps pour reprendre mes marques.

A Bordeaux, par exemple, où nous débutons par un pied de nez du calendrier, je suis complètement en dehors du coup. Saint-Étienne tout entier passe à côté du match : 0-3! Comme en mai dernier, la Gironde ne nous réussit pas.

Je me rattrape du bout du crampon contre Nice, au stade Geoffroy-Guichard. Ce soir-là, mystère, je rate tous mes coups francs. Sauf un : le dernier. Il est vrai qu'il était capital et qu'il nous assurait la victoire (3-2). Bjekovic, le Niçois, était furieux. Il accusait l'arbitre de nous avoir accordé cet ultime coup de pied de réparation : « Il voulait voir Platini marquer son but! » Il est vrai que j'aurais été impardonnable de le manquer, parce que cela se passait de mon côté favori.

Mon côté, c'est face au but, mais un peu sur la gauche, à vingt mètres... Là, je frappe du droit, le ballon contourne le mur et, normalement, va se ficher sous la barre. C'est ce qui s'est passé contre Nice. Rey, le gardien, n'y a vu que du feu.

En principe, j'aurais dû le battre une seconde fois, sur penalty. C'est une spécialité que je domine parce que, là encore, c'est un exercice de style. Manque de chance, ce peno. Au moment où je m'avance, Battiston, croyant bien faire, me glisse à l'oreille: « Je connais bien Rey. Quand il jouait à Metz, il plongeait toujours sur sa droite. » Je tire le ballon sur sa gauche, mais Rey plonge à gauche et bloque le ballon. Merci, Patrick...

Je le « chambre » gentiment pendant toute la soirée au restaurant, mais c'est Christèle, dans son clair sourire, qui a le mot de la fin : « Dis donc, le penalty, tu l'as tiré trop doucement, non? »

Désarmant...

Nous sommes surtout désarmés dès le match suivant à Bastia (défaite 2-1). Un match assez pénible d'ailleurs.

L'arbitre, M. Vautrot, résidait dans notre hôtel. Il expulsa Marchioni, auteur de charges répétées sur Paganelli, notre benjamin, notre poulbot. Un tout fou, tout flamme. Après coup, je prendrai Paganelli à part pour lui expliquer comment parer aux agressions en évitant de trop garder le ballon. A chaque démarrage, Laurent se faisait sécher. C'est toujours à quarante mètres du but que l'on prend le plus de coups parce qu'il n'y a pas de danger pour l'adversaire. Ce soir, Paganelli, meurtri par les crampons, a pu mesurer qu'il y a danger à jouer dans cette zone...

M. Vautrot a l'air satisfait de son match. C'est vrai que sortir le carton rouge à Bastia, dans l'atmosphère électrique de Furiani, n'est pas à la portée du premier arbitre venu.

Mais il ne se vante pas du but qu'il nous a refusé en fin de match pour un hors-jeu imaginaire. Jean-François Larios, ulcéré par cette injustice, n'hésite pas à lui rafraîchir la mémoire. Le « coupable », en fait, est son assesseur, un certain Kohler qui justifie la nôtre!...

Une vieille connaissance, ce Kohler... L'an passé déjà, à Strasbourg, il avait accordé un but aux Alsaciens, bien que Curkovic eût bloqué le ballon sur la ligne.

Ivan, blessé dans son amour-propre, en avait rendu son brassard de capitaine!

Kohler ou pas, nous rentrons bredouilles de Corse.

Une défaite de trop.

Deux échecs en trois matches, Saint-Étienne n'est plus Saint-Étienne, et le public commence à gronder.

Il a raison, ce public.

L'an dernier déjà, après la sortie sans gloire devant M'gladbach, nous avions noté la baisse de forme du douzième homme des Verts, celui qui, des tribunes, fait trembler les visiteurs de marque.

Or les Niçois, récemment, sont venus le narguer. Pas bon pour nous, tout ça... C'est Nancy qui, le premier, va payer notre mobilisation. Je passe sur le match et sur la victoire (4-1) pour n'en retenir que son rôle de révélateur.

Claude Cuny, toujours amer, m'avait gratifié d'un anodin « bonjour, bonsoir » à la croisée des vestiaires. Eh bien, le bonjour, il l'a eu. Et de tout Saint-Étienne retrouvé... Dès lors, les victoires vont s'enchaîner, la Coupe européenne tombant au bon moment pour les sublimer, tandis que Curkovic, puisque j'évoquais sa retraite de capitaine, annonce qu'il se retire définitivement.

Avec Curkovic, c'est toute une page du grand livre vert qui se tourne.

Split, c'était lui, pour beaucoup. Kiev aussi. Et surtout Eindhoven, sur le chemin triomphal de Glasgow. Un maître gardien, qui régnait sur sa défense avec une autorité naturelle et des allures de grand aristocrate. Il part sur un palmarès exemplaire de quatre cent soixante matches, au service de Saint-Étienne, et plus de mille deux cents dans toute sa carrière.

Bien sûr, Ivan ne plie pas bagage. Lui aussi a su s'ancrer dans le paysage stéphanois. Sa sagesse, sa philosophie en font un conseiller d'exception auprès de Robert Herbin et un entraîneur sur mesure pour le gardien de la relève, Castaneda, et pour Dugalic, l'autre Yougoslave qui était déjà sa doublure.

Ivan n'ajoutera pas son nom au livre des records de la saison 1980-1981.

Lui qui a tout connu déjà et tant donné passera à côté de trois d'entre eux.

Les deux premiers sont anecdotiques, certes, ils ne méritent pas de figurer dans un mémorial, mais impossible, pour la petite histoire, celle qui, pierre après pierre, bâtit les grandes légendes, de les laisser seulement croupir au fond des livres de comptes et de statistiques. Il s'agit de nos deux victoires contre les Finlandais de Kuopio.

Deux cartons de fête foraine : 7-0, à l'aller, le 17 septembre! 7-0, au retour, le 1er octobre!

En fait, deux matches d'entraînement qui permettent à Gardon – un bon copain dont j'ai facilité l'intégration – et à Battiston, nos « bleus » chez les « verts », de marquer leur territoire et d'asseoir leur autorité. Excellent donc pour accélérer l'adaptation des nouveaux venus, asseoir une défense en rodage et permettre ainsi aux attaquants de jouer l'esprit libre.

Contre les Écossais de Saint-Mirren, au jeu rugueux, nous franchirons l'étape suivante : celle qui consiste à s'aguerrir avant le grand choc.

Il vient le 26 novembre 1980.

Dans toute ma carrière, cette date a quelque chose de magique. Plus encore que, douze mois plus tôt, cette nuit du 7 novembre où le PSV Eindhoven vola en éclats à Saint-Étienne.

Saint-Étienne joue à Hambourg.

Hambourg, c'est la plus grande ville d'Allemagne du Nord. Un autre port à filles et à frites, à marins et à chansons, comme Amsterdam.

Un autre Ajax.

Cruijff n'a pas joué à Hambourg, mais le souvenir de Keegan est toujours vivace. L'Anglais a fait du champion d'Allemagne un champion d'Europe.

Dans la Caravelle qui nous conduit de Saint-Etienne à Hambourg, Christian Lopez me taquine gentiment :

« A quoi tu penses, Michel?

– A rien.

– Menteur. »

Il a raison, Christian. Il sait que je n'ai pas digéré le verdict de Jupp Derwall, directeur technique de l'équipe d'Allemagne, qui, six jours plus tôt, à Hanovre, a pulvérisé l'équipe de France (4-1) dont j'étais le capitaine.

D'autres Stéphanois ont joué ce match maudit qui a permis à certains d'ironiser : « La leçon d'allemand! »

Moqueur, Derwall, le cheveu blanc, les lunettes cerclées, l'air d'un autre Kees Rijvers, m'a décoché le coup de pied de l'âne :

« Platini? C'est un général qui conduit ses troupes au combat et les surveille de l'arrière, aux jumelles. »

Dur, dur... Trop dur.

En arrivant à Hambourg, je ressasse cette petite phrase assassine.

Je ne suis pas seul à mûrir ma revanche. Tout Saint-Étienne veut faire payer à Hambourg l'affront subi un an plus tôt devant M'gladbach à Geoffroy-Guichard.

Plus facile à dire qu'à faire.

Saint-Étienne reste sur une défaite pitoyable en Coupe, face à Tours, une équipe de division 2. Hambourg, en Coupe également, vient d'écrabouiller 11-0 (onze!) son modeste challenger du jour.

L'équipe est traumatisée.

D'abord Johnny, qui a déjà connu quelques états d'âme et traîné ses crampons comme un fardeau, est habité par le doute. L'an passé, il disait s'ennuyer à Saint-Étienne. Physiquement, il était bien mais il avait la tête ailleurs. C'est peut-être pour chasser ses idées noires qu'il a fait un bout d'essai dans la chanson.

Johnny n'a pas été retenu pour la sélection des Pays-Bas...

Et cela lui manque. Heureusement qu'un bon ange veille sur lui. C'est Pierre Garonnaire. Le soir, un peu moins de vingt-quatre heures avant d'affronter Hambourg, nous sommes tous réunis dans le salon particulier du motel, près de l'aéroport. Nous terminons de dîner. Soudain, les lumières s'éteignent. Et dans le noir, superbe, trônant au milieu d'un gâteau de foire-exposition, vingt-neuf bougies étincellent.

Chœur des joueurs, mis dans la confidence par Garonnaire : « *Happy birthday, Johnny!* » Et Johnny, tout chose, obligé de souffler – d'un coup – les vingt-neuf bougies de son anniversaire...

Touché, il fait un serment sous nos applaudissements : « Demain, c'est juré, je sors le grand match! »

Un geste, un mot ont suffi pour créer l'ambiance.

Nous nous couchons apaisés, mais pas rassurés pour autant.

Personne ne donne cher, en ville ni en France d'ailleurs, de nos moindres chances de succès. Thierry Roland nous joue à 1-1, pour l'honneur, Bernard Pivot rêve d'une victoire pour la gloire à 2-1.

L'après-midi, avec Lopez et Castaneda, nous nous replions dans une chambre pour nous mesurer dans une providentielle belote, histoire d'oublier l'échéance qui va bientôt sonner.

Castaneda, lui, panique au moment de boucler son sac. Il a perdu ses maillots. Peut-être un « rat d'hôtel », plus sûrement un collectionneur fétichiste... Il se précipite sur le téléphone, appelle la réception, exige un taxi dans la minute, et Garonnaire alerté se lance à la recherche d'un magasin d'articles de sport. Christian Lopez l'accompagne. L'un rapportera de son expédition en catastrophe un maillot sur mesure, l'autre un magnifique brassard de capitaine très couleur locale, marqué de ce mot autoritaire : « *Spielführer* ». Autrement dit... capitaine.

Brassard « allemand » au bras, Christian Lopez ouvre le défilé de notre équipe. Le « Volkparkstadion », immense vaisseau de soixante mille places, rugit. En croisant Castaneda, Curkovic, son maître et conseiller, lui jette un clin d'œil d'encouragement. Depuis deux jours, « Curko » materne « Casta ». Il lui a mis du Hrubesch, le géant de l'attaque, plein la tête. Et du Kaltz, cet autre géant, de l'arrière cette fois. Hrubesch-Kaltz, Kaltz-Hrubesch, Castaneda en a la tête farcie... Curkovic lui a répété qu'il n'avait aucun complexe à faire. Il lui a confié : « Avant d'affronter Gerd Muller, la terreur des années soixante-dix au Bayern Munich et en équipe d'Allemagne, je dormais avec sa photo. Je l'ai rencontré cinq fois. Il ne m'a pas marqué un seul but! »

Le reste, ce n'est plus aujourd'hui qu'un grand coup de tonnerre dans le ciel d'Europe.

Non, je ne raconterai pas le match – d'autres l'ont fait cent fois –, mais je dirai que notre victoire, 5-0, a fait vaciller tout le football allemand, avec ses stratégies carrées et ses kolossales certitudes.

J'ai marqué deux buts et sonné le glas.

J'ai joué sur un nuage et propulsé Saint-Étienne parmi les étoiles.

Le soir, c'est vrai, dans l'euphorie du vestiaire transformé en coulisses de l'exploit, je n'ai pas résisté à la volupté des micros tendus comme des perches... J'en ai profité pour renvoyer au piquet le petit prof de Hanovre, Jupp Derwall.

« Dites bien au sélectionneur allemand que cette fois j'avais laissé mes jumelles à la maison... (Un temps :) Et que je suis d'accord pour renforcer son équipe. »

17.

CATASTROPHE A IPSWICH

On nous jette des fleurs, par brassées, depuis Hambourg. C'est d'abord la sœur de Robert Herbin qui, de Nice, nous adresse le premier bouquet. Elle révèle en exclusivité au chasseur d'informations d'*ASSE Actualités*, le bulletin du club, qu'à la veille du match en Allemagne elle a trouvé onze (pour les onze joueurs) trèfles à quatre feuilles...

On sait ce qu'il advint.

Des fleurs, on en sera couverts à Tahiti.

Saint-Étienne, en effet, a été choisi comme ambassadeur du football métropolitain dans le cadre d'un vaste plan de propagande qui doit permettre à l'ASSE de visiter, au cours des prochaines années, la plupart des départements et territoires d'outre-mer.

Janvion rêve de nous servir de guide en Martinique. Et Zimako, notre Canaque loyal et tricolore, de nous faire partager la coutume dans son village de brousse en Nouvelle-Calédonie. Moi, je m'évade déjà vers les Tuamotu, les îles Marquises ou Clipperton...

Quelques heures avant d'embarquer sur les traces de Gauguin, Brel et Moitessier, je me plonge dans les récits d'exotisme marin d'Henri de Monfreid, tandis qu'Herbin, ramené à des réalités honorifiques, reçoit une lettre lui signifiant qu'il est élu personnalité de l'année 1980, au même titre que le tennisman suédois Bjorn Borg. En dix ans, cent cinquante personnalités de tous horizons (Robert Hossein, Jean-Louis Barrault et Madeleine Renaud, Yves Montand, Pierre Cardin, etc.) ont été distinguées par l'association.

A Saint-Étienne, chacun se sent un peu honoré à travers son entraîneur. Comme sur le terrain, où le buteur marque pour l'équipe, la gloire des salons se partage en communauté solidaire.

Trente-quatre heures de voyage!

Je débarque à Papeete avec de tout petits yeux. Roger Rocher, président jusque dans sa chemise hawaiienne (pardon, polynésienne), est déjà au pied de la passerelle. Il distribue lui-même des colliers de fleurs rituels. J'hérite, en prime, d'une couronne. Fort heureusement, il est vite secondé par des vahinés aussi volcaniques que l'archipel. Chacun à notre tour, Roby en tête, nous subissons la sensuelle et incontournable épreuve du *tamouré* avant de reprendre des forces autour du grand *tamara* (repas tahitien).

Zimako est presque dans son jardin calédonien quand le haut-commissaire nous fait visiter celui de sa résidence. Nous inaugurons ainsi une série d'obligations protocolaires beaucoup plus agréables sous le soleil mythique du Pacifique que sous les sunlights artificiels des mairies de province ou ceux des palais nationaux, Élysée compris.

Là, nous jouons même les élus du peuple. A l'Assemblée territoriale, chaque joueur prend, en effet, la place d'un député polynésien, tandis que Roger Rocher, qui multiplie les discours de remerciement, occupe celle du... président.

Nous sommes également reçus à l'AS Fei-Pi, le plus ancien club de football de Polynésie, puis à l'AS Vénus, dont le jeune président, Émile Vernandon, hérite d'une supercoupe en souvenir de notre visite.

La légende des Verts est tout entière restituée dans la vitrine d'un magasin du centre-ville, ce qui rappelle l'atmosphère des plus beaux jours de la Coupe d'Europe... à Saint-Étienne même!

L'accueil est à ce point réglé que l'amiral Choupin, commandant de la flotte française en Polynésie, n'hésite pas à mettre un de ses bateaux à notre disposition pour une excursion sur l'île de Moréa.

Enfin le grand match vient.

Match de gala pimenté par la présence d'Ivan Curkovic dans les buts de l'équipe tahitienne... Après la présentation des équipes, Ivan, déjà tout à son nouveau rôle, se précipite sur Jean

Castaneda et lui passe d'autorité, autour du cou, un collier de fleurs en guise de vœux.

Il faut croire que la chance était au rendez-vous de l'offrande symbolique... Castaneda n'encaissera aucun but, tandis que je battrai « Curko », permettant à Christian Lopez de se voir remettre une magnifique coupe sculptée dans la masse d'un arbre local. Un objet d'art. Véritable.

Cette parenthèse paradisiaque entre deux continents ne nous fait pas oublier les obligations protocolaires et moins touristiques qui nous attendent au retour.

La trêve est à peine achevée que nous voici immédiatement replongés dans le cycle infernal championnat-Coupe de France-Coupe du monde.

Il ne reste que quatorze matches pour l'attribution du titre de champion auquel Nantes semble solidement « accro ».

Encore une fois, la lutte se réduit à nos deux clubs et tout pourrait bien se jouer le 12 mai à Nantes...

A cela s'ajoute la Coupe de France qui électrise les passions et, par le système des défis en deux manches, rend les joueurs fébriles.

Reste l'équipe de France. Elle est engagée dans un programme ardu et ardent de matches qualificatifs au sein d'un groupe où la Belgique et les Pays-Bas se disputent avec une frénésie de frères ennemis leur ticket pour Madrid.

Enfin, la Coupe d'Europe.

Le tirage au sort pourrait offrir aux Français un déchirant Sochaux-Saint-Étienne. Inconvénient : laisser un Français sur deux au tapis. Avantage : en placer un, en tout cas, en demi-finale.

Il n'en est rien, et, si Sochaux doit se déplacer à Zurich, nous sommes invités à recevoir les Anglais d'Ipswich, un très gros morceau avec de vraies vedettes telles que Cooper, Thijssen, Butcher, Wark et Muhren.

Johnny Rep connaît bien ses compatriotes, les Hollandais Thijssen et Muhren, ce dernier surtout. Il était remplaçant dans le grand Ajax Amsterdam, à l'époque où Johnny brillait en attaque. Son frère, lui, était alors l'un des grands noms d'Ajax. Mais Johnny nous prévient : le petit dernier est encore plus fort que son frère. Plus vif, plus travailleur, avec une frappe de balle encore plus puissante...

Ipswich est une petite ville située au bord de la mer, au nord-est de Londres. Il y a beaucoup de similitudes entre les Verts et les « Superblues » (les superbleus). Le club est dirigé fermement par un gentleman-brasseur, Patrick Cobbold. Mais c'est une affaire de famille dont il est en quelque sorte le quatrième héritier. Cette continuité a permis à Ipswich de miser sur une politique suivie et cohérente. Comme à Saint-Étienne où Roger Rocher, en avril prochain, va bientôt fêter ses vingt ans de présidence.

L'entraîneur, c'est Bobby Robson, ancien international et autre pilier du club, façon Herbin. Il est là depuis dix ans et il vient de resigner pour... douze ans!

Autre analogie le parcours d'Ipswich en Coupe européenne : vainqueur de Salonique, vainqueur des Bohemians de Prague, vainqueur de Lodz. Deux équipes sur trois que nous avons déjà rencontrées et éliminées.

Leaders du championnat d'Angleterre, qualifiés en Coupe et naturellement en Coupe UEFA, les joueurs d'Ipswich suivent donc une route parallèle à la nôtre.

Ils poussent même la délicatesse, avant de s'embarquer pour Geoffroy-Guichard, de battre Coventry, ville qui est justement jumelée avec Saint-Étienne...

Un mauvais présage.

En consultant les archives, Herbin remarque qu'Ipswich a toujours joué les matches aller à domicile. C'est là qu'il a frappé : 5-1 devant Salonique, 3-0 devant Prague, 5-0 devant Lodz! Mais il a toujours été mis en difficulté à l'extérieur.

A nous donc, commande Herbin, de faire la différence sur notre terrain.

Et c'est la catastrophe!

Incroyable! Inexplicable! Imparable!

L'ambiance était la même que d'habitude.

Le moral était le même.

La motivation aussi.

Et puis, l'accident.

Le même scénario qu'à Hambourg, mais, cette fois, les bleus d'Ipswich dans le rôle des Verts.

On a pris quatre buts. On n'en a rendu qu'un!

« Les Verts massacrés », titra (ou exulta) un quotidien.

« Bye bye, les Verts », nous gratifia un hebdo en guise d'épitaphe.

Des années plus tard, il m'est impossible d'avancer une excuse.

Pourtant, tout avait bien commencé avec, en un quart d'heure, le but de Johnny Rep. L'égalisation de Mariner n'aurait pas dû dérégler notre belle mécanique. A la mi-temps, le score n'était encore que de 1-1. Certes, nous nous sentions frustrés, révoltés même par le second but refusé à Johnny pour un prétendu hors-jeu et pour une main volontaire non sifflée dans la surface de réparation d'Ipswich.

Avec un rien de chance, nous aurions dû mener 3 à 1 à ce moment-là. Et le match aurait tourné différemment. Au contraire, c'est Ipswich, euphorique, qui s'enhardit, tente et réussit tout. Dès la reprise, Muhren, contre qui Johnny nous avait mis en garde tout à l'heure encore dans le vestiaire, marque pour Ipswich. Mariner double sa mise à l'heure de jeu et Wark nous achève dix minutes avant la fin!

C'est la consternation à Saint-Étienne.

Mais, comme toujours, nous sommes impatients de réagir. Nous nous vengeons sur Monaco, quelques jours plus tard, d'un très cinglant 5-1! Mais ce n'est pas cela qui nous fera défiler à Ipswich, place Cornhill, là où les superbleus paradèrent, voici trois ans, pour y avoir ramené leur première Coupe d'Angleterre.

Là aussi où, en d'autres siècles, on y brûlait les martyrs... En la circonstance, nous sommes bel et bien carbonisés.

Pour le déplacement (de pure forme) en Angleterre, la sœur d'Herbin ne cherchera même pas de trèfles à quatre feuilles...

De cette défaite datent peut-être les prémices de la chute future de Saint-Étienne, aggravée par de sordides déballages financiers, d'implacables querelles de personnes et de pitoyables règlements de compte.

Après Ipswich, quelque chose s'est cassé. Roger Rocher lui-même n'était plus à l'abri des critiques. Il n'était plus le président hors d'atteinte qui exerçait un pouvoir indiscuté.

Le premier signe d'agacement à son encontre avait été provoqué par une affaire très secondaire : l'émission de télévision « L'invité du dimanche », diffusée par FR3.

Nous avions enregistré une séquence de cette émission dès notre retour de Tahiti. D'autres séquences, moins sportives, avaient été tournées précédemment au stade Geoffroy-Guichard, avec un pianiste célèbre et une chorale.

Eh bien, le résultat n'avait pas plu. Des critiques s'étaient élevées, ouvertement, en raison justement des scènes de variétés.

Roger Rocher avait dû réagir sèchement à ces critiques venues de l'intérieur du club. Nul ne s'y serait risqué précédemment, s'il n'était en train de devenir vulnérable...

Ses projets, ses ambitions étaient aussi de plus en plus tournés en dérision. Que ce soit celui d'agrandissement du stade avec sa cité sportive, comme au Real Madrid ou à la Juventus de Turin, à l'idée de créer autour de l'ASSE une grande famille sportive avec les clubs en vue de la région. Rocher disait que Valence, Roanne ou Le Puy constitueraient des satellites naturels de l'ASSE. On lui répondait qu'il était dans la lune...

Mais le pire était venu quand il a annoncé son intention de nommer un manager général qui serait le trait d'union entre le président et l'entraîneur.

Après notre élimination par Ipswich, l'exemple des clubs anglais frappait son imagination. Il rêvait d'un homme d'une certaine stature, rompu à tous les rouages d'un club pro. Il lui prédisait des pouvoirs élargis qui soulageraient le président.

Beaucoup d'entre nous imaginions déjà qu'il songeait à Curkovic.

Mais à la place de qui? Herbin? Garonnaire? Les deux?

L'un et l'autre, en tout cas, ont commencé à prendre leurs distances avec Rocher.

Et pourtant, Rocher fêtait cette saison-là ses vingt ans de présidence.

Vingt ans!

Il avait présenté ses joueurs à de Gaulle, Giscard et Pompidou. Avec Rocher, c'est une bonne part de l'histoire de la Ve République, côté sport, qui défilait, d'autant qu'il s'apprêtait à aborder l'alternance avec Mitterrand à l'Élysée.

Il avait tenu des discours publics du balcon de l'Hôtel de Ville, tel un orateur romain.

Il avait descendu les Champs-Élysées, acclamé par une foule de cent mille personnes, l'apothéose lors de la défaite de Glasgow...

Cet homme avait connu tous les honneurs à son rang. Il s'était formé au régime des ouvriers. « Avant de commander, il faut que tu apprennes ton métier à la base », lui avait ordonné son père. Et, à seize ans, il était descendu à la mine.

Cela l'avait, disait le *Mêmorial vert*, aidé à se dresser devant la difficulté. Cet homme aimait diriger, animer, bâtir. Mais sans doute en faisait-il trop.

Sans doute, commençait-il à lasser.

Il rêvait d'un dixième titre de champion pour son club, et pour couronner ses vingt ans de présidence, nous allions le lui offrir au dernier jour, en battant Bordeaux et en coiffant Nantes. Un final mené au sprint : trois victoires consécutives pour les trois derniers matches, dont deux à l'extérieur.

Nous aurions même pu lui donner la Coupe. Hélas, quatre ans après son épopée européenne, Bastia reprenait goût à la compétition internationale de la manière la plus indiscutable : en nous battant en finale de la Coupe de France.

Roger Rocher n'épingla pas François Mitterrand à son très prestigieux palmarès présidentiel...

Moi, j'avoue avoir beaucoup hésité avant de resigner pour un an.

Je ne voulais, en aucun cas, m'engager pour plus d'un an avec Saint-Étienne.

Entre Roger Rocher et moi, il y avait aussi des malentendus. Je m'étais senti obligé de disputer le match retour contre Ipswich. En fait, j'étais blessé. Mais Rocher avait insisté. Je n'aurais pas dû jouer en Angleterre, ce qui m'avait valu de manquer Pays-Bas-France à Rotterdam.

Rocher expliquait : « Michel doit d'abord penser au club qui l'emploie. »

Entre nous, le courant était plutôt alternatif. Rocher tenait à ce que je resigne pour deux ans. Il alternait conseils et petites réprimandes. Il soulignait que j'avais déjà joué seize matches de Coupe d'Europe, ce qui, continuant dans le contexte de Saint-Étienne, devrait me permettre d'atteindre ma plénitude. Il estimait que son club était le creuset idéal pour me forger le caractère et devenir un vrai leader. Il jalousait un peu mon rendement avec l'équipe de France où, selon lui, je prenais davantage les matches à mon compte. Je répliquais à tous ses arguments. Je ne lui en voulais pas d'insister, car il le faisait, en toute bonne foi, dans ce qu'il croyait être notre intérêt commun. Mais, au fond, je sentais bien que l'intérêt de ma carrière passerait tôt ou tard, et surtout le plus tôt possible, par un grand club étranger.

Dès avril, Barcelone avait relancé la ronde des grands clubs européens. Puis Naples. Mais c'est d'Arsenal que me venaient les meilleures propositions.

Je ne me sentais pas encore tout à fait mûr pour tenter le grand saut.

C'est à la veille du déplacement de Nantes, le 12 mai, que je me résignai à rester un an de plus. Je sortais d'une petite convalescence de trois semaines après avoir été blessé à... Nancy. J'avais eu le temps, avec Christèle, de réfléchir, en échappant au tourbillon des matches à répétition et des emplois du temps trop serrés.

Reste que, sans trop savoir pourquoi, je devinais un certain essoufflement à Saint-Étienne et des conflits larvés qui sentaient bien la fin de règne, tandis que dans la ville, avec les menaces qui pesaient sur l'avenir de Manufrance, le climat social, si longtemps préservé par la réussite sportive (et économique) des Verts, commençait à virer à... l'alerte rouge.

Cette question ne me laissait pas indifférent, loin de là. Tout le monde est concerné lorsqu'il s'agit de l'emploi. Moi-même, originaire de Lorraine, une région durement touchée, je sais ce que veut dire une usine qui ferme et qui renvoie des familles démunies à un avenir sans espoir.

En Lorraine, j'éprouve une réaction sentimentale. A Saint-Étienne aussi, même si ce n'est pas mon pays.

Ce n'est pas parce que je suis footballeur que je ne suis pas concerné.

Mi-figue, mi-raisin, mi-fugue, mi-raison, je m'offre trois semaines de vraies vacances : huit jours en Corse, d'abord, dans la baie d'Ajaccio, et dix jours au Brésil, à Rio, dans les bagages du Variétés Club de France, une équipe d'artistes et de pros arrivés au couchant de leur carrière et relancés par Jacques Vendroux.

N'étant pas arrivé à l'âge où l'on compte les points de retraite, je reçois un télégramme furieux de Roger Rocher (avec double à la Fédération et au Groupement des clubs) m'interdisant de prêter mon concours amical à l'équipe du Variétés. Pour Rocher, un pas de trop en chaussures à crampons du côté de Maracana et c'est la rupture de contrat...

Christèle, bien sûr, m'accompagnera à Rio où nous rafraîchissons nos souvenirs de l'après-Mundial 1978 : bains et bronzing. Je me venge en compensant ma privation de football par des parties acharnées au football-volley sur le sable blanc de Copacabana. Ma technique me permet de marquer des points qui mettent plus d'un Brésilien à genoux. Enfin, et surtout, je bénéficie de la présence de Patrick Proisy, finaliste à Roland-Garros en 1971 et beau-frère de Yannick Noah, pour prendre des cours de perfectionnement accélérés au tennis.

Privé de terrain, mais pas de tribune, je profite du privilège d'être à Rio pour suivre trois matches du championnat carioca. Je vois jouer Flamengo deux fois et Zico « flamber » dans son maillot cerclé rouge et noir. Je note qu'il bénéficie d'une assez grande liberté de marquage et de manœuvre, ce qui lui permet de briller en permanence. Nous nous retrouverons peut-être dans un an, en Espagne, au Mundial...

En attendant, c'est l'équipe de France qui m'appelle pour un match de reprise sans enjeu face à Stuttgart.

18.

LES SIFFLETS DU PARC

C'est un match d'été joué comme un devoir de vacances. Un match pour rien. Un match pour rire, comme disent les potaches dans la cour de l'école, à la récré.

Et pourtant, le public fait semblant d'y croire. Il est venu nombreux : quarante mille spectateurs. Et le Parc des Princes gronde d'impatience devant notre incapacité à le satisfaire. A lui en donner pour son argent.

Il est 22 heures ce soir-là. Une nuit d'août qui s'annonçait bien douce et bien bleue et qui vire au noir.

On joue depuis soixante-trois minutes.

Et Stuttgart, venu en sparring-partner, j'allais dire en faire-valoir, mène par trois buts à un sur notre terrain. Comme toujours, depuis que le football m'a hissé au rang fragile de vedette, je suis un peu la tête d'affiche. Je deviens soudain la tête de Turc.

On me siffle.

On crie : « Platini dehors! »

On hurle : « Platini à la porte! »

C'est trop. Alors, je tourne la tête vers le banc de touche où les remplaçants, en survêtement bleu pâle, font tapisserie autour d'Hidalgo, en attendant d'entrer dans la danse. Et je cours à leur rencontre. Le premier, Tigana a compris. Puis Battiston. Ils s'avancent vers moi, me jettent, en vrac, des mots de réconfort, tandis que, rendant mon brassard de capitaine à la dérobée, je file, tête basse, vers le vestiaire. Bathenay, descendu des tribunes, m'y rejoint le premier, comme un frère.

Le Parc des Princes n'est plus qu'un immense tumulte. Un tonnerre de quarante mille sifflets frondeurs et vengeurs. Ma tête explose sous les reproches. Je reprends mon calme dans le bain chaud du vestiaire et retrouve mes esprits sous la douche froide.

Une demi-heure a passé.

Enfin, un brouhaha de coulisses, familier, augmenté par la résonance des murs de brique et voici, en désordre, le maillot trempé de sueur et des éclairs de colère dans les yeux, toute la petite troupe de l'équipe de France après la capitulation.

Rude épreuve que ce match perdu.

Une autre épreuve m'attend : la conférence de presse, rituelle, avec ces journalistes qui font ami-ami et patte de velours, avant de dégainer les stylos et de sortir les griffes.

Ma parade : répondre à des questions bâtardes par des faux-fuyants. « Oui, je suis déçu... Oui, le public a le droit de siffler... Non, je n'ai pas été bon... Oui, j'aurai ma revanche... Non, ça ne tardera pas », etc.

En fait, pour la galerie, j'avais décidé de baisser le rideau. Peu expansif par nature dans la victoire, je ne voulais pas montrer d'états d'âme dans la défaite et, surtout, face à l'hostilité générale. Pourtant, ces trente minutes de solitude entre les murs ocre du vestiaire avaient bien été les plus dures de ma carrière. Seuls, comme dans un film d'horreur avec arrêt sur l'image, me revenaient en guise de consolation les regards fraternels de Tigana et Battiston, celui de chien battu d'Hidalgo et celui de mon père, moins abattu mais non moins peiné pour moi. Je lui avouerai un peu plus tard ma tentation de faire front dans la tempête : « J'ai tout encaissé, sinon j'aurais répliqué par un bras d'honneur. »

A la vérité, j'admets très bien la critique. Je comprends qu'un joueur soit sifflé. Voire hué. Mais pas jusqu'à l'obliger à s'expulser soi-même...

Sans doute la « révélation » volontairement exagérée de mon traitement mensuel à travers certains échos habilement distillés dans la presse a-t-elle suscité chez les plus démunis un début de fronde anti-platinienne.

Pour la énième fois en quelques mois, je suis tenu de rendre des comptes. D'expliquer que mes revenus extra-sportifs n'ont rien à voir avec mon salaire mensuel.

Je dois tout étaler.

Justifier pourquoi j'ai prêté mon nom à une boisson fruitée, un baby-foot, des chaussettes et des bonbons. Quatre beaux contrats. Mais le plus beau, dû à Bernard Genestar, qui remplit parfaitement son rôle d'homme d'affaires, c'est la collection de prêt-à-porter pour enfants de six à seize ans : jeans, blousons, sweat-shirts, le tout portant une nouvelle griffe, « 10 Platini ». Je travaille sérieusement à cette collection supervisée par Daniel Hechter. Depuis le début de ma carrière internationale, je souhaite créer ma marque, comme le tennisman René Lacoste. Cela ne fait pas que des heureux. De même, le choix de Bernard Genestar m'attire, déjà, les sarcasmes de ceux qui n'ont jamais rien créé. Le football, du moins ses autorités fédérales, a vu d'un mauvais œil l'arrivée d'un producteur de spectacles. C'est Genestar qui a monté les premiers galas de Claude François, Coluche, Thierry Le Luron et Michel Sardou. Ils n'étaient pas des vedettes encore. Depuis la frontière italienne jusqu'à la frontière espagnole, il a toutes les arènes et théâtres de verdure dans la poche. Entre lui et moi, le contact est passé tout de suite. Mais lorsque le petit monde du football a réalisé qu'il conseillait près d'une dizaine de joueurs pros : Marius Trésor, Didier Six, Jean Petit, Delio Onnis, Albert Emon, Bernard Gardon, etc., sans oublier Yannick Noah et Didier Pironi, les gros pardessus de la « Fédé » se sont émus. Il a dû s'expliquer avec eux, profitant de l'atmosphère détendue d'un réveillon providentiel à la Guadeloupe. Ils avaient peur de lui. Ils l'imaginaient déjà en train de transférer tous ces joueurs. Il a dû s'expliquer. Préciser que son influence se bornait surtout à les aider à rédiger leurs contrats. Mais là où il les a tués, c'est lorsqu'il m'a comparé à Johnny Hallyday. Il leur a dit : « Il n'y a pas de différence entre Platini et Johnny. Ce sont deux superstars. Ce que je sais, c'est que David, le fils de Johnny, a des posters de Platini dans sa chambre... alors qu'il n'a pas une seule photo de son père... »

Cette approche extra-sportive m'a valu évidemment des désagréments et des jalousies.

C'est ainsi que s'est dessiné le courant anti-Platini qui a explosé en véritable déferlante dans le naufrage de l'équipe de France, face à Stuttgart, au Parc des Princes.

On a parlé au public de mes gains « fabuleux ». Fatalement, le public n'a pas accepté de me voir jouer en « gagne-petit » même si j'étais d'abord et avant tout en méforme.

Reste que je n'ai pas digéré les manifestations tapageuses en ce jour. Le couperet de Paris m'a marqué la nuque.

Le soir, je suis rentré à Saint-Étienne par l'avion du club. Nous avons atterri à une heure du matin à l'aéroport de Bouthéon. Là, j'ai partagé une bouteille de champagne avec un de mes coéquipiers. Comme des débutants, on a ri, on a essayé d'oublier. Et puis, je suis rentré chez moi.

Le téléphone n'arrêtait pas de sonner.

Je suis sur la liste rouge. Ce n'était que des amis, au moins des familiers.

Je n'ai pas voulu décrocher.

J'ai fait le mort.

2 heures du matin... Je suis toujours seul. Je tourne en rond.

Christèle et mes enfants, Laurent et Marine, sont en vacances à La Baule.

Pas question de les réveiller si tard.

Je décide enfin de me coucher.

Pourquoi le lit est-il si vaste?

Pourquoi suis-je si seul?

Pourquoi m'a-t-on sifflé si fort?

Je ne dors pas.

J'attends le lever du jour.

Le matin, enfin, les yeux piquants, en manque de sommeil et d'amitié, je me précipite sur le téléphone.

J'appelle La Baule.

Christèle est tout affolée. Elle a déjà écouté les commentaires à la radio. Elle sait tout. Elle a des mots pleins d'amour et meuble les blancs sur la ligne avec des phrases d'encouragement.

Elle veut rentrer. Me rejoindre au plus tôt. Malgré mon accablement, je lui demande de ne pas interrompre ses vacances, d'attendre vingt-quatre heures... Je la rappellerai... Je ne la laisserai pas sans nouvelles.

Chez moi, je suis toujours seul. J'ai décidé de me couper des autres et du monde. Pas de radio. Pas de télé. Pas de journaux. Je passe et repasse un vieux Louis de Funès au magnétoscope. Dans ma tête se bousculent les images du « replay » de la soixante-troisième minute de France-Stuttgart.

Enfin, Battiston vient me rejoindre.

Il sonne à la porte.

Je puise la force de sourire en me ressourçant dans son bon sourire.

Il m'entraîne à Saint-Héand dans la petite auberge dont Dominique Rocheteau a fait son Q.G. de montagne des années durant. Nous dînons tous les deux. Sans témoins.

Je commence enfin à récupérer. Je sens monter en moi le désir très fort de retrouver les miens.

Alors, je prends une décision folle.

A la veille d'un nouveau match à Lens, où la France m'attend au tournant, je bondis au volant de ma Range Rover, direction la Bretagne. Malgré les centaines de kilomètres, malgré la fatigue physique et l'abattement moral, la route est bleue. Comme un coin de ciel.

Quand, dans l'après-midi du jeudi, je me gare, de nouveau, devant l'entrée de notre maison, Christèle, Marine et Laurent m'accompagnent.

Le téléphone sonne toujours.

Pour la première fois depuis trois jours, je réponds. C'est Nancy. Mes parents m'apprennent qu'ils sont couverts d'encouragements.

C'est vrai. Au stade Geoffroy-Guichard, ma boîte aux lettres déborde de télégrammes de soutien : « Tiens bon, Michel. A Paris, ils n'ont rien compris. »

A Lens, le vendredi, nous gagnons 5-2. L'efficacité et la manière. Je sors enfin du trou.

Place à Saint-Étienne et à la Coupe d'Europe. La vraie. Celle des champions. Je l'aborde avec joie et fierté puisque c'est l'épreuve la plus prestigieuse du continent.

Manque de chance : comme deux et deux font quatre, il faut trente-deux équipes pour organiser les seizièmes de finale programmées les 16 et 30 septembre.

Or, nous sommes trente-trois, l'Albanie émergeant de dizaines d'années d'obscurantisme médiéval, ajoutant son élu au bal des champions...

Trente-trois, cela signifie qu'il y a une équipe de trop...

Qu'à cela ne tienne, l'UEFA a tout prévu : deux équipes désignées par tirage au sort amuseront le tapis en lever de rideau de l'épreuve.

Un amuse-gueule corsé.

En principe, nous n'avons qu'une chance sur seize (et demie) d'être désigné... Eh bien, cela ne rate pas.

Contrairement au loto où l'on multiplie les mises dans l'espoir de décrocher un prix de consolation, Saint-Étienne touche le gros lot du premier coup à Zurich.

Autre lauréat malchanceux : Dynamo Berlin.

Premiers sortis de l'urne brandie par... un Français, M. Jacques Georges, président de l'Union européenne, nous sommes obligés de recevoir en premier les Allemands de l'Est.

Or, Saint-Étienne boite : Gardon (opération du genou), le Danois Nielsen (claquage), Larios (pubalgie), Castaneda (rupture du ligament croisé du genou)... Le 26 août, Herbin aligne une équipe de fortune renforcée par les juniors Millot, Zanon et Primard.

Match nul, assez décevant (1-1), la victoire nous échappant quand un de mes tirs (82e minute) s'écrase sur la barre.

Six jours plus tard (c'est très court), nous voici à Berlin... Au pied du mur. Mais nous ne pourrons le franchir.

La déception est immense.

Trois mois après les premières piques entre dirigeants, gommées par le titre de champion, les petites phrases grinçantes sont de retour :

« Je vais mettre les points sur les " i " auprès de Rocher ! » s'exclame Herbin qui abandonne sciemment son devoir de réserve.

« Cette élimination nous coûte quatre millions de francs », se lamente le président.

On est loin de la dernière poignée de main, franche et massive, entre un Rocher radieux et un Herbin déridé, voilà quelques semaines dans les salons de l'hôtel Crillon à Paris... Saint-Étienne y fêtait, pour la galerie, son dixième titre de champion.

Dès lors, la saison va se dessiner comme une nouvelle course-poursuite vers une autre terre promise (un onzième titre). Nous l'abandonnerons d'un point à Monaco malgré mes vingt-deux buts (troisième au classement des buteurs derrière Onnis et Szarmach).

Cette année-là, ma dernière saison chez les Verts se termine par l'annonce spectaculaire de mon transfert à la Juventus de Turin, mettant un point final à toutes les spéculations. Elle accentuera jusqu'à la déchirure, jusqu'au divorce, l'incompréhension grandissante entre Herbin et Rocher. Ce dernier n'est plus le président tout-puissant de la Société forézienne de Travaux publics. Il a plus ou moins passé la main et, mieux qu'une compensation, il est devenu le président permanent du club. Il est là le premier. Il quitte le stade le dernier. Présence omniprésente donc, obsédante presque. Herbin et Garonnaire, qui faisaient depuis toujours la pluie et le beau temps dans leur tanière de Geoffroy-Guichard, trouvent cette présence encombrante, d'autant que Rocher, méticuleux et tatillon à l'extrême, se mêle quotidiennement de leur petite vie. Il conseille, corrige, conteste. Bref, l'ami historique, le président paternaliste, agit désormais en patron. Il devient irritable. Puis intraitable. Entre les trois hommes, bientôt, le courant ne passe plus. La « Sainte-Trinité verte », mythifiée par les textes sacrés, se dilue. C'est la crise de confiance. Nette. Indiscutable. Il y a des mots. Ou alors des silences pesants, lourds de sous-entendus. Il y a des clins d'œil à la dérobée ou des regards fuyants. Herbin, « le sphinx », fait le masque, Garonnaire, le matou matois, fait le gros dos. Rocher, la pipe froide, donne le change, mais la crise couve.

Elle culmine en mars quand des bruits de coulisses filtrent et font enfler la rumeur.

Rocher a réuni son comité directeur. Au menu, il exige la tête de Herbin et de Garonnaire qui, selon lui, donnent un « mauvais exemple dans tout le club ».

L'offensive est brutale. La décision se veut sans appel.

C'est dans ces turbulences que nous tentons de mener une double carrière de front en coupe et en championnat. En fait, nous courons à la double désillusion.

Battus en Coupe d'Europe.

Battus en championnat.

Battus en Coupe de France... En finale, certes, mais battus quand même...

L'affaire connaît son épilogue le 15 mai 1982 au Parc des Princes, neuf mois après la soirée des sifflets. Un somptueux gâteau. La finale idéale face à Paris-Saint-Germain qui joue dans son jardin, certes, mais celui-ci est aussi un peu le nôtre. Saint-Étienne a toujours rameuté la grande foule à Paris. Et l'on se retrouve entre gens de connaissance, avec Rocheteau et Bathenay dans le camp d'en face...

J'étais un peu blessé.

Le soigneur devait me poser un emplâtre sur la cuisse droite.

Nous avons traîné au vestiaire. Résultat : je suis sorti le dernier, en queue de peloton des joueurs, presque en dehors des délais. Je suis apparu sur le terrain au moment de la présentation des équipes et je me suis calé entre Gardon et Rep juste à temps pour la poignée de main du président de la République, François Mitterrand, et du maire de Paris, Jacques Chirac.

Certains, on me l'a dit plus tard, ont voulu voir dans ce petit retard une entrée personnelle qui ressemblait à la sortie des artistes... Ma dernière pour un club français.

J'ai passé la première mi-temps, seul, en pointe, à guerroyer contre des adversaires très regroupés en défense et à guetter un ballon exploitable! En vain.

La seconde période m'a permis de marquer d'un tir instantané et de remettre les équipes à égalité un quart d'heure avant la fin. Un journaliste qui suivait mes faits et gestes à la jumelle ce soir-là, chrono en main, a noté que je n'avais touché le ballon que neuf fois, et pendant vingt-six secondes seulement, au cours de ces quarante-cinq minutes. Juste assez pour marquer le but qui nous projetait vers la prolongation.

J'allais doubler la mise, dix minutes seulement après la reprise. Et, tranquillement mais sûrement, au milieu des vivats et des clameurs, Saint-Étienne semblait s'acheminer vers la victoire.

Quatre ans après Nancy à la veille du Mundial argentin, je partais, à la veille du Mundial espagnol, à la conquête de ma seconde Coupe de France.

Mais seul le football réserve des renversements de situation instantanés. Mieux que des coups de théâtre. Parce que là, au moins, il n'y a pas de scénario. Rien n'est écrit, rien n'est prévu. Rien, d'ailleurs, n'est prévisible.

Il restait dix secondes à jouer. Et, déjà, le service du protocole s'animait dans le carré présidentiel.

Près du tunnel, sous la tribune, des policiers en survêtement préparaient les barrières métalliques.

Visiblement, les Parisiens n'y croyaient plus depuis mon but. Je le lisais sur leurs visages. Ce sont des choses qui se devinent. Néanmoins, poussés par une foule extasiée et survoltée, ils continuaient de jouer leur dernière et infime chance à fond.

Ils avaient raison.

Une échappée de Surjak sur le côté droit, une balle placée par

Rocheteau en pleine surface, et celui-ci nous refait le coup de Kiev.

A 2-2, le Parc des Princes bascule dans une certaine folie. Des hordes de gosses envahissent la pelouse et slalonent entre les joueurs, nous donnant au passage accolades frénétiques ou ruades sauvages. Il faut se replier, en hâte, vers notre banc, notre havre.

« On ne tirera pas les penalties tant que le terrain ne sera pas dégagé », hurlent les haut-parleurs.

La police, à qui on ne la fait pas d'habitude, mettra une demi-heure à libérer le terrain.

C'est beaucoup.

C'est trop.

L'air de rien, nous sommes un peu déconcentrés.

Je croyais quitter Saint-Étienne sur l'offrande finale d'un but victorieux. Or, tout est à recommencer. Avec le pot qui l'a conduit jusqu'aux penalties, il n'y a aucune raison pour que Paris ne gagne pas.

La séance commence.

Bathenay l'ouvre. Son tir passe à côté. Mais, déjà, M. Vautrot, l'arbitre, se précipite : à refaire... Castaneda a bougé. Bathenay marque. Puis c'est Zanon, pour nous. Même scénario (tir à côté), même motif (Baratelli a bougé), même punition : Zanon frappe à nouveau et marque...

Tous les Parisiens vont marquer leur série de cinq. Fernandez tire le dernier. J'ai le temps de lui glisser : « Fais-moi plaisir, Luis..., manque-le. » Luis me fusille du regard avant d'exécuter Castaneda.

A 5-5, on repart pour un tour. Personne, chez nous, n'est volontaire pour ce quitte ou double. Finalement, Christian Lopez se dévoue... et Baratelli repousse. Pilorget, lui, s'avance déjà, pour Paris... Castaneda est battu. Et nous, K.-O. debout.

Moi, particulièrement.

On attendait beaucoup de moi à Saint-Étienne. Or, nous n'avons obtenu qu'un titre de champion en trois ans et deux finales de Coupe, perdues toutes les deux. C'est trop peu.

Je suis un peu navré, à l'heure de troquer mon maillot vert pour la tunique de gala de la prestigieuse Juventus, de ne pas avoir donné davantage à Saint-Étienne.

Malgré tout, je ne suis pas fâché de quitter le club. Son avenir me paraît déjà totalement phagocyté par l'évolution du conflit Herbin-Rocher. On sait comment les choses finiront. Les querelles de personnes, les amours blessées ou trahies débouchent sur des déchirures inguérissables. Elles se terminent parfois dans le drame. Saint-Étienne a connu une éclipse presque mortelle. Herbin, l'exil provisoire et sans gloire, Garonnaire, une retraite anticipée, et Rocher, l'humiliation de la prison. Il a payé au tarif le plus fort les débordements de sa passion, le prix de sa caisse noire.

Moi-même, ainsi que dix de mes coéquipiers, j'en ai aussi payé les dividendes. Je n'oublierai jamais ces voyages sans gloire entre Turin et Lyon, sous l'objectif inquisiteur des *paparazzi* aux aguets. Je devais alors répondre aux convocations d'un juge d'instruction qui voulait toujours en savoir plus sur ce jeu financier occulte dont Rocher avait fixé les règles...

Plus le temps passait, plus les inculpés parlaient, plus les charges s'accumulaient.

Il a fini par comprendre que nous aurions préféré honorer notre contrat en pleine lumière, sans dessous de table, mais que nous aurions été trop bêtes de jouer les pères la pudeur quand le père du régiment et ses officiers d'intendance jouaient eux-mêmes les impudiques en multipliant les jackpots clandestins.

Le juge a découvert avec une curiosité très aiguisée les pratiques et les mœurs d'un football pro dévoyé. Il a fini par trouver aux hommes de troupe, capitaine compris, des circonstances atténuantes. Maigre consolation pour une verte campagne terminée sur une page noire.

Tous comptes faits (parlons-en), je préfère encore en rendre au public, comme au Parc, sous les sifflets et sans défense, plutôt qu'au magistrat instructeur avec le secours d'un avocat...

19

VOL PRIVÉ. DIRECTION TURIN

Et voilà qu'à vingt-sept ans la Juve me choisissait... L'intérêt que me portait le Calcio ne datait pas d'avril 1982. Cela remontait, en fait, au match que j'avais joué dans l'équipe du « Reste du monde » contre celle d'Argentine, championne du monde 1978 chez elle. Outre le sélectionneur de la Squadra azzura, Enzo Bearzot, et Boniek, mon futur comparse à la Juve, l'équipe accueillait les Italiens Cabrini, Tardelli, Causio et Paolo Rossi.

Au terme du match, il fut demandé à tous mes partenaires ce qu'ils pensaient de moi. Le gardien brésilien Leao parla de mon regard; Zico, le « Pelé blanc », de ma technique très complète; pour Krol, j'étais capable d'actions déterminantes; Kaltz, l'Allemand de Hambourg, lui, hochait la tête, « comprenant que le Bayern ait fait l'impossible » pour obtenir mon concours; Asensi, l'Espagnol, souligna mon sens de la décontraction. Mais l'avis le plus « analytique », le plus intéressé peut-être, fut celui de Paolo Rossi. Il dit en substance : « Il me plairait beaucoup de jouer aux côtés de Platini, dont on parle souvent dans le Calcio... »

Ainsi, mon histoire d'amour avec le Calcio ne datait pas d'hier.

C'est cette année-là, quelques mois plus tard, en décembre, que j'avais été coté à la bourse italienne des meilleurs joueurs de foot du moment au monde. Honneur dont je n'étais pas peu fier, même si, à l'époque, je ne figurais pas encore tout en haut du tableau.

Cette note correspondait à une réalité, puisque, déjà, l'Inter de Milan et la Juve me courtisaient à mots peu couverts. Et puis, avouons-le, Platini, ça rime mieux avec Cabrini ou Rossi qu'avec Dalglish!

En refusant l'offre de Terry Neill, le manager d'Arsenal, au profit de celle de la Juventus, je laissais plus parler mon cœur que mon porte-monnaie. Avec mes origines italiennes, je pensais qu'il serait plus facile pour moi de m'intégrer à la Juve que dans le *team* d'Arsenal. De plus, les dirigeants turinois me donnaient la possibilité de construire le jeu, alors que, dans ce domaine, côté britannique, les clauses restaient imprécises. Revers de la médaille : en acceptant un poste de choix, de chef d'orchestre, je m'exposais particulièrement aux crampons transalpins, et à un marquage serré, spécialité des défenseurs du Calcio. A moi de m'habituer à avoir un « garde du corps » sur le dos à chaque match, pendant quatre-vingt-dix minutes. On s'habitue à tout...

En montant dans la limousine mise à notre disposition par Agnelli, le patron de la Fiat et de la Juve, j'ai imaginé ce que cela avait dû être pour des pilotes de formule 1 tels Clay Reggazoni, Niki Lauda ou René Arnoux, lors de leur première rencontre avec l'âme de la *scuderia* Ferrari, Enzo Ferrari, « il Commendatore ».

Tout comme l'écurie de courses frappée à l'emblème du cheval noir, la Juventus signifie quelque chose dans l'histoire du football et du sport. Au panthéon des grandes équipes européennes, la Grande Dame de Turin figure sur la plus haute marche du podium, aux côtés du Real Madrid, du Bayern de Munich et du FC Liverpool.

Ces pensées traversaient mon esprit émerveillé tandis que les rues de Turin défilaient derrière les vitres fumées de la limousine.

C'est Gianpietro Boniperti, le directeur du club, qui conduit. Je sors de sept heures de discussion et je suis plus vanné qu'après un match de Coupe d'Europe. A l'arrière, entre Bernard Genestar et Philippe Piat, l'ancien pro de Sochaux, le chauffeur est confortablement installé. Boniperti a tenu à prendre le volant. Probablement pour se relaxer.

Philippe, venu au titre de l'Union nationale des footballeurs professionnels, me fait remarquer en cours de route que le chauffeur porte un *holster* à la ceinture. Chauffeur particulier d'Agnelli, il est armé en permanence, devant s'avérer capable, en cas de tentative d'enlèvement de l'un des hommes les plus « chers » de la Péninsule, de se métamorphoser en garde du corps accompli. Plus tard, en voulant baisser la vitre de mon côté, j'ai compris que la portière était blindée. Ça m'a fait un choc. Le petit-fils de Francesco Platini, émigré piémontais, revenait aux sources de son pays, retrouvait ses racines, traité mieux qu'un ministre ou qu'une star hollywoodienne.

En bouclant ma ceinture dans le petit avion privé qui nous attendait sur l'aéroport de Caselle, j'ai fait le vide dans ma tête. A quoi pouvais-je bien penser? A Christèle, ma femme? A mes enfants? A mon père? Non. Si mes pensées devaient aller à quelqu'un, c'était bien à Francesco, mon grand-père. Francesco Platini, petit maçon travailleur et courageux quittant son pays pour venir chercher du travail en Lorraine. Francesco Platini qui, à force de sueur, à force de se serrer la ceinture aussi, n'a peut-être pas fait fortune mais s'est ouvert son propre eldorado : le Café des Sportifs. Là, aux murs, Francesco, enfant du Piémont, accrochait des photos du Calcio, de part et d'autre du fanion de l'AS Jœuf... C'est pour toi, Francesco, que je suis fier de moi; que je suis fier de revenir en vedette dans ton pays.

En sept heures, ce vendredi, ma vie aura basculé. Au matin pourtant, en quittant Saint-Étienne, les jeux n'étaient pas faits, la balle restait au centre du terrain. Même si, depuis le mercredi 28 avril, Boniperti se faisait pressant, prétextant la clôture imminente – « plus que deux jours pour vous décider! » – des engagements de joueurs étrangers en Italie. C'est pourquoi, ce vendredi, il décide de nous fréter un avion particulier. La Juve, club le plus prestigieux d'Italie, est aussi le plus fortuné. Et, dans ce match implacable dont j'étais l'enjeu, le vivant trophée, elle était prête à sortir le grand jeu pour battre Arsenal, le PSG et Saint-Étienne, qui, malgré ma lassitude et mon désir de m'imposer à l'étranger, essayait de me retenir.

Paris m'intéressait. Le PSG m'avait fait des offres mirobolantes, et on parlait même d'organiser une collecte auprès des supporters! Séduisant, mais un peu tiré par les cheveux. Idem pour Bordeaux.

Restaient donc en lice Arsenal, de Londres, et la Juventus de Turin. Les Anglais tirèrent les premiers. Au lendemain de France-Pérou, ils me donnèrent rendez-vous dans un hôtel de Saint-Étienne. Ils vinrent à quatre : sympas, distingués, bref, des

Anglais. Notre entrevue dura trois heures. Au moment de me serrer la main, juste après qu'ils eurent fait leur proposition, ils me posèrent la question de confiance... « Une chance sur deux », fut ma réponse. C'était vrai. J'irais soit à Londres, soit à Turin.

Depuis plusieurs mois, la presse ragotait sec, affirmant que, Platini au PSG, c'était « fait ». Ainsi, au fil des journaux, je pus apprendre avec un certain amusement que je venais d'acheter un appartement à Neuilly et un autre avenue Foch. Ailleurs, on prétendait qu'un photographe m'avait « surpris » portant le maillot du PSG. Michel Platini, qui était en contact plus fréquent avec lui-même, savait bien qu'il n'en était rien. Ce serait Londres ou Turin, et le score entre les deux clubs était toujours nul, malgré l'avertissement de Boniperti à Genestar, juste avant France-Pérou, à Paris : « Vendredi soir, la date limite des transferts pour les joueurs étrangers en Italie expire. Vous connaissez mes propositions. Vous avez quarante-huit heures pour vous décider... »

Vendredi matin, 7 h 45. Je monte dans ma Range Rover. J'ai rendez-vous à 8 heures avec Genestar et Piat à Lyon-Satolas. Bernard, qui arrive de Marseille, a affrété un petit Cessna, en accord avec les dirigeants de Turin. Il m'attend au bar. Je suis un peu en retard. Autour d'un café, nous attendons que le pilote, qui s'y voit contraint, modifie son plan de vol pour Turin. Enfin, ça y est! Nous nous installons dans le petit avion quatre places.

Le voyage va durer cinquante minutes. Je suis assis à côté de Bernard. Philippe Piat est derrière nous. Il sort des dossiers. Il est inquiet à propos de la réglementation abusive que risque de nous imposer l'Union européenne de football. Elle « protège » les clubs quittés contre les transferts de joueurs à l'étranger.

– Tu vas devoir verser un dédit à Saint-Etienne, même si tu es en fin de contrat. Et cette somme peut atteindre 2 millions de francs suisses! 6 millions de nos francs!

– Dans mon cas, il n'en sera pas question. Il y a trois ans, quand je suis arrivé à Saint-Étienne, j'ai introduit une clause particulière dans mon contrat, limitant cette somme à 1 280 000 francs. Dans la mesure où passait la loi de l'UEFA.

Au-dessus des Alpes, le paysage est somptueux. Le Cessna semble frôler les cimes majestueuses qui jaillissent vers le ciel sans nuages. Nous volons à vue.

Nous atterrissons à Turin, sur la piste de Caselle, vers 10 heures. Roberto, un ami italien de Bernard, nous accueille à l'aéroport, derrière le poste de police. Il nous entraîne vers sa voiture et fonce sur l'autoroute qui mène à la ville. Il nous conduit à la Sisport, la cité sportive de la Fiat où nous attend le Signor Boniperti, président de la Juventus, que je ne connais pas encore.

Bernard Genestar et lui sont déjà de vieilles connaissances. Le 23 février dernier, juste avant le match France-Italie préparatoire au Mundial, ils s'étaient rencontrés à Paris, pour préparer le terrain...

A l'époque, Bernard avait un appartement, rue Molitor, près du Parc des Princes. Il était en interview prolongée avec un journaliste de « Télé-Foot 1 » quand Boniperti, flanqué de son très fidèle Barettini, ami et conseiller, sonna à la porte trop tôt. Tête de Bernard, surpris par ce léger contretemps et très embarrassé par la rencontre accidentelle du reporter et du président de la Juve... Des semaines de tractations confidentielles amorcées par un coup de téléphone entre Édouard Seidler, alors directeur de la rédaction de *L'Équipe,* et le tout-puissant Agnelli, commandatore de la Fiat et de la Juve, risquaient d'être révélées au grand jour... Trop tôt encore.

Coup de chance : sur l'instant, le journaliste ne reconnaît pas le visiteur. A Bernard, qui se presse de le raccompagner vers la sortie, il avoue tout de même, avec une conviction molle : « C'est bizarre, ce type, j'ai l'impression de le connaître... » Bernard, faussement rassurant : « Mais non, mais non... C'est un homme d'affaires... » Même pas un mensonge.

Une demi-heure plus tard, tandis que Genestar et Boniperti sont en pleine discussion, nouvelle alerte. Le reporter est de retour!... Fausse alerte, cependant : il vient simplement rechercher une caméra portative oubliée par un de ses opérateurs. Bernard s'empresse de la lui rendre et de nouveau, sur le palier, une esquisse de dialogue de sourds : « Bizarre, mais ton type, là... j'ai vraiment l'impression de l'avoir déjà vu... – Mais non, mais non... »

Quand la vérité éclatera, Bernard encaissera le poids d'une colère volcanique dont les feux sont toujours mal éteints.

N'empêche. C'est ce jour-là, sans témoin, que les choses ont avancé vraiment. Négociation âpre, ainsi que me l'a rapporté

Bernard, hachée par des allées et venues affairées. Tous les quarts d'heure, Boniperti sortait du bureau pour téléphoner en Italie et rendre compte des tractations à Agnelli. Tous les quarts d'heure, pendant ces intermèdes financiers, Bernard m'appelait à l'hôtel Valbièvre, d'où nous partirions quelques heures plus tard pour jouer France-Italie.

Agnelli, Boniperti, Genestar et moi, nous étions pratiquement en duplex, dans un « multifoot » acharné, avec pour seul but un transfert digne des mille et une nocturnes...

Finalement, la discussion gagne en rigueur et en efficacité. Il est 13 heures. Les grandes lignes sont tracées. On se reverra dans quelques semaines à Turin. Ce soir, après France-Italie, c'est un peu tôt. D'ailleurs, vu l'heure, Boniperti juge préférable de repartir pour le Piémont. Il remercie, mais décline l'invitation de Bernard d'assister à ses côtés au match. Il le suivra en direct, chez lui, sur Télé-Monte-Carlo italien. En attendant, il accepte la perspective d'un agréable déjeuner au Sully d'Auteuil.

Le hasard, encore, a bien fait les choses. Entre l'appartement de Bernard et le restaurant, les murs sont couverts d'affiches à mon effigie. C'est la campagne publicitaire d'Europe 1, avec laquelle je viens de signer un contrat.

Boniperti n'en revient pas. Il ne réalise pas tout de suite qu'il s'agit de la publicité d'une chaîne de radio. A Bernard, qui feint de ne rien voir, il confie : « Je ne croyais pas que Michel était une telle vedette! »

Le soir, Boniperti est devant sa télé, fidèle à notre rendez-vous à distance. Le reste est connu.

La France bat l'Italie pour la première fois depuis soixante-deux ans! Le match est d'un très haut niveau. J'ai la chance d'y réussir à peu près tout ce que j'entreprends. Et je marque le premier but à Zoff. Cette nuit-là, j'ai de la magie dans les pieds et la tête au-dessus des nuages. Je plane...

Boniperti, lui, décolle de son fauteuil. Il se jette sur le téléphone et appelle Genestar après minuit : « C'était fantastique. Je vous attends. Venez bientôt... »

Et nous voici, dans le matin d'un froid printemps piémontais, à la porte de son bureau. Là, battant la semelle dans le hall de la Sisport, deux avocats venus de Milan nous attendent. Une surprise signée Genestar... Elle a pour effet de provoquer une grosse colère du Signor Boniperti, pas du tout préparé à voir débarquer chez lui pareille délégation. Bernard n'a pas le temps de faire les présentations que Boniperti, dans une cascade verbale ininterrompue, renvoie les importuns. Et les Milanais, la tête dans les épaules, reprennent le chemin de Milan! Philippe Piat lui-même est invité à faire antichambre en attendant le moment de discuter l'indemnité de transfert à verser à Saint-Étienne.

Nous restons seuls, Bernard et moi.

J'observe Boniperti, petit, nerveux, le sourire un peu figé, mais toujours avenant.

Aux côtés de l'ancien joueur international devenu dirigeant tout-puissant derrière le « monument » Agnelli, se trouvent Jiuliano, secrétaire général de la Juventus, austère et renfermé, quelque chose d'un fonctionnaire, et, bien sûr, Barettini, l'homme des premiers contacts parisiens, plus expansif et volontiers démonstratif.

Double choc : je présumais que Boniperti, comme tous les Piémontais, parlerait un français courant et lui, même présomption déçue, m'imaginait, déjà, sur la foi de mes origines familiales, déclamant un italien allègre et parfaitement maîtrisé... Or, lui bafouille un vague espéranto aux accents gaulois et moi un volapük à la sauce milanaise. Je tombe de haut, pensant que j'avais l'italien dans le sang.

Finalement, la conversation démarre, pour de bon, en anglais. Une aubaine : depuis des mois, je m'escrimais à apprendre la langue de Kevin Keegan (et de Shakespeare) au cas où Arsenal...

Les préliminaires de février dernier se révèlent utiles. En quelques phrases clés, nous réglons le contrat personnel. Nous tombons rapidement d'accord sur les chiffres : 400 millions de lires (2 millions de francs) pour la première année; 440 millions de lires (10 % de plus) pour la deuxième.

Un obstacle, toutefois : je dois obtenir de la Juventus la permission de disputer les matches officiels de l'équipe de France. Cet accord est indispensable pour obtenir la lettre de sortie de la Fédération française de football. Pour la première fois, je vois Boniperti se renfrogner. En effet, entre août 1982 et juin 1984, période qui coïncide avec mes deux saisons à la Juve, la France ne joue aucun match officiel. Elle organise le Championnat d'Europe des nations 1984. Sa sélection nationale est donc qualifiée d'office et ne disputera, en attendant, que des rencontres amicales de préparation. Boniperti joue à fond sur les mots. Il répugne à me rendre disponible pour les convocations de Michel Hidalgo.

Nous en sommes là de ses réticences affirmées quand, soudain, Boniperti se lève. Il nous demande de l'excuser. Jiuliano et Barettini prennent son pas. Il est midi. Entre Bernard et moi, les paris s'engagent. Moi je mise sur l'escapade spaghetti, lui pour une consultation auprès d'Agnelli.

J'ai une petite faim. Le matin même, en embarquant à Satolas, je me voyais déjà devant une bonne table piémontaise : au choix, *vitello tomato* ou escalope à l'albaise, arrosé d'un verre de Barolo, le vin du cru. En fait, on nous apporte des plateaux garnis de simples sandwiches!

Philippe Piat, qui commence à trouver le temps long, est invité à nous rejoindre pour protéger ce repas de compensation. On blague entre nous. On est assez décontractés malgré la menace de la fermeture des transferts qui tombe dans quelques heures.

Enfin, Boniperti et ses deux conseillers reviennent. Il est 14 heures. Profitant de la présence de Piat parmi nous, nous passons tout de suite à la question la plus épineuse : l'indemnité de transfert à verser à Saint-Étienne, ce qui justifie la présence du président du Syndicat des joueurs.

Là, les choses commencent à se gâter.

Boniperti se montre intransigeant. D'un ton sans réplique, il insiste pour que ce soit moi qui paye la fameuse indemnité.

Je refuse.

Il me rétorque : « Notre accord est fonction de votre liberté totale par rapport à votre ancien club. »

Piat se retranche derrière des arguments juridiques que Boniperti prend pour des arguties.

Le ton monte.

Boniperti perd toute chaleur, toute affabilité.

Piat aussi.

Moi, je regarde par la fenêtre... Dehors, je vois les jardins ordonnés et les piscines de la célèbre cité sportive. Un calme Renaissance semble y régner. Pas comme ici!

Jiuliano, l'avocat et conseiller financier du club, paraît de loin le plus intraitable. Il sort sa botte secrète : « Je vais prendre conseil auprès de M. Franchi, le président de l'Union européenne de football. »

Malin, puisque Franchi ne risque pas de désavouer un règlement qu'il a inspiré et auquel il a mis lui-même la dernière main. L'affaire commence à sentir le statu quo. Jiuliano, de cet air las et madré que savent si bien prendre certains Italiens, répète pour nous décontenancer : « Eh bien, le transfert ne se réalisera pas. Dans ces conditions, ce n'est pas possible... »

Alors, je prends les choses en main. Je me lève, bien décidé à agir. A sortir de l'impasse. Je prends le téléphone et j'appelle directement le président Rocher, à Saint-Étienne.

– Président, c'est Michel Platini. Je pense que Herbin a dû vous prévenir : Je suis en italie. Je suis parvenu à un accord avec les dirigeants de la Juve, mais il me faut votre autorisation de sortie. J'aimerais que nous discutions du montant de l'indemnité prévue par l'UEFA...

– Pourquoi? Il n'y a pas à discuter, Michel.

– Si, dans la mesure où la Fédération française, elle, ne l'exige pas...

– Écoute, il n'y a pas à discuter. Tu nous paies ce qui est indiqué dans ton contrat, point à la ligne.

Je raccroche. De guerre lasse, je suis prêt à céder, d'autant que Jiuliano suggère que la Juventus pourrait m'avancer la somme et la retenir sur mon salaire. Sinon, répète-t-il comme une mélopée : « le transfert ne se fera pas, il ne se fera pas... ».

Finalement, c'est moi qui trouve la solution. Saisissant la suggestion de Jiuliano, je l'adopte et retourne la situation : « Voilà, vous payez ce que l'Union européenne accorde à Saint-Étienne et vous récupérez la même somme du futur club qui m'enrôlera à l'issue de mes deux saisons à la Juventus... » (Je ne savais pas encore que j'allais resigner à la Juve.) Boniperti, séduit par mon sens des affaires, sourit. Il accepte.

Je dicte moi-même le modèle du télex qu'il convient d'adresser sur-le-champ à l'AS Saint-Étienne : « L'ASSE donne accord pour le transfert de Platini pour la somme totale et définitive de 1 280 000 francs. » Il est 15 h 30.

Une demi-heure plus tard, le secrétaire de la Juve entre dans la pièce où nous nous tenons, écoutant religieusement voler les mouches. Il brandit le télex retour. Le président Rocher a donné son accord. Au passage, il a ajouté la mention : « indemnité de promotion », conformément au libellé exact du règlement de l'UEFA.

Aussitôt, la tension descend d'un cran. Je me sens rassuré. Tout à coup le téléphone sonne. C'est Eugène Saccomano, d'Europe 1.

– Ah! tu es bien dans le bureau de Boniperti! OK Michel, et merci, je tiens mon scoop!...

Je suis sidéré. Il m'a débusqué alors même que la presse italienne n'était pas au courant de ma venue à Turin. Il m'a localisé grâce au « Téléphone rouge », l'émission des auditeurs qui s'improvisent enquêteurs sur Europe 1 contre une prime de 500 francs. Il a dû remonter jusqu'au changement de notre plan de vol. Sacré pisteur!

J'appelle Christèle à la maison : « Ne t'inquiète pas. Tout va bien, nous sommes tombés d'accord. »

Je la sens lointaine, énigmatique, à peine concernée. J'apprendrai, plus tard, qu'à côté d'elle, dans le salon, se trouvent Claude Bez et Didier Couécou. Le président de Bordeaux et son directeur sportif ont débarqué à l'improviste. Ils sont venus pour jouer leur va-tout et me convaincre de les suivre en Gironde. Christèle est dans ses petits souliers. Elle feint d'ignorer où je suis et ruse avec eux, à perte d'heures, histoire de gagner du temps.

A Turin, moi je m'apprête à parapher enfin le contrat, lorsque surgit une deuxième fois l'obstacle de l'équipe de France...

L'équipe de France... Défendre les couleurs de son pays est probablement le vœu le plus cher de chaque joueur professionnel. Plus qu'un vœu même, un rêve. Et ce rêve, vous y tenez dur comme fer, surtout quand vous savez que vous allez jouer dans un club étranger. Là, à Turin, plus qu'à Saint-Étienne ou à Nancy, je vais avoir à revendiquer mon appartenance à l'équipe de France. Car jamais je n'ai oublié que, sous quelque maillot que je porte, il y avait, me tenant chaud au cœur, celui des Bleus.

En tant que capitaine de l'équipe de France, en tant que commandant suprême des troupes footballistiques de ma patrie, je lui accorde toutes les priorités. Je suis fier de mes 34 sélections, de mes 20 buts et de mon brassard de capitaine. Je suis fier de la servir. Entre elle et moi, c'est une affaire sentimentale.

« Nous voulons bien vous accorder trois permissions par an, mais uniquement pour les matches officiels.

– Non, je veux être totalement libre afin de pouvoir répondre à toutes les convocations de mon coach, Michel Hidalgo. »

Genestar me soutient à fond. De nouveau, le ton monte d'un cran. Jusqu'à ce que Bernard, brusquement, lance : « Écoutez, si vous voulez garder l'Irlandais Brady, Michel est prêt à renoncer. Nous pouvons très bien rentrer en France. »

Après quelques secondes d'un silence à couper au couteau, Boniperti se fend d'un large sourire et nous donne son accord. Bernard me tend son stylo doré et j'estampille tous les exemplaires du contrat, me sentant délivré au fur et à mesure des pages signées. Boniperti ne peut réprimer un soupir de soulagement.

« Vous savez, si Giuliano vous a mené la vie dure, ce n'était pas pour vous contrarier, mais pour faire son travail. C'est un vrai professionnel... Mais, maintenant, c'est fini. Vous prendrez bien un verre? Jus d'orange? Soda?

– Non, président, champagne! »

Tandis que nous trinquons à l'*asti spumante*, Bez et Couécou ont quitté Saint-Etienne. Ils roulent vers Bordeaux. Bredouilles, un rien dépités. 19 heures; un flash spécial à la radio : « Platini à la Juve. » Beaux joueurs, ils appellent Christèle d'une station-service : « Bravo! On ne vous en veut pas. Et qu'il gagne la Coupe d'Europe. » Moi, je songe à mon rêve que j'ai pu préserver : ainsi donc, je reste complètement au service de l'équipe de France. Deux Coupes du monde se présentent, l'une, immédiate, l'autre, à l'horizon de quatre années... 1982, 1986 : deux Mundial. Et jamais je n'aurais pu penser à quel point ma détermination à tenir sur la clause de mon entière disponibilité à l'équipe de France allait être primordiale. Prémonitoire presque : comme si, humant l'avenir, je pressentais quelle fantastique aventure attendait les Bleus à deux reprises, à quatre années de distance.

La voix de Boniperti, pétillante comme l'asti, me tire de mes pensées.

« Maintenant que vous êtes des nôtres, il va falloir vous faire couper les cheveux!

– Ah oui? Et vous n'avez pas peur que je perde tous mes moyens?... »

DEUXIÈME PARTIE

A LA CONQUÊTE DES ÉTOILES

20.

« MATCH » AU ZÉNITH

Le 18 septembre 1987, *Paris-Match*, magazine où j'ai signé pendant cinq ans – comme pour la Juventus –, célèbre son numéro 2000 dans les fastes du Zénith où se pressent six mille invités triés sur le volet.

Depuis des semaines, Bernard Tapie, infatigable homme-orchestre – patron de choc, président de club, chanteur, animateur télé, etc. –, me pressait d'y participer. Le choix des lecteurs de *Paris-Match* m'élisant champion du demi-siècle pour ce jubilé d'une indiscutable valeur historique m'interdisait de lui refuser mon concours. Et c'est ainsi qu'en cette soirée orageuse d'été indien je me retrouve dès 20 heures à la porte de Pantin, dans ces nouvelles coulisses aux exploits.

Ambiance électrique des supergalas de variétés relayés par la magie du show télévisé. Dans la bataille acharnée que se livrent les chaînes publiques et privées, la « Une » fait le plein ce soir. Elle hisse fièrement au tableau d'affichage son score flatteur de 30 p. 100 de téléspectateurs pour un spectacle total de trois heures.

Il est vrai que Tapie est un incomparable maître d'œuvre pour doser ce cocktail d'information, d'humour, d'émotion et pour réunir devant son micro un parterre d'invités vedettes.

Je passe parmi les derniers, après un montage filmé des plus grands événements sportifs du demi-siècle. Défilent sur écran géant les pages glorieuses du mémorial : Pelé, Fontaine, Kopa, Cerdan, Bobet, Anquetil, Merckx, Hinault, Killy, Prost. Et moi...

Tapie a choisi quatre courtes séquences qui me montrent sous le maillot de mes « quatre saisons », jouées en liberté comme pour « la semaine des quatre jeudis ». On me voit avec Nancy. Avec Saint-Étienne. Avec la Juventus. Et avec l'équipe de France...

J'échange ensuite quelques bons mots avec lui, en « une-deux », comme à l'entraînement. Et je retourne à mes coulisses, où depuis trois heures se croisent dans une débauche de sourires, de compliments (parfois d'esquives) tous les invités vedettes de ce « Match 2000 ». J'y ai ainsi côtoyé ceux qui font les gros titres des rubriques « People » (les gens) et qui font rêver dans les chaumières. Il y a là Gene Kelly, l'incomparable danseur des comédies musicales américaines des années quarante et cinquante, et George Chakiris, le meneur des Portoricains de *West Side Story*. Il y a aussi l'ouragan Stéphanie de Monaco, Ursula Andress, muse de tous les fantasmes, et la beauté froide de Bo Derek, fiancée d'un soir à Michel Sardou.

Tapie, qui ne recule devant rien, n'a pas hésité à décrocher un duplex miraculeux avec Johnny de Bercy, où il rassemble des foules de fans. Il chante pour nous son titre fétiche : *Tennessee.*

Mais il y a encore plus étonnant avec l'astronaute Mitchell, qui a posé le pied sur la Lune, et le général Bigeard, émergeant à peine des rizières indochinoises...

Et plus encore avec Laurent Fabius, dernier Premier ministre socialiste de Mitterrand, et... Jacques Chirac, de retour d'un marathon aérien de prestige avec Concorde, des Antilles à la Nouvelle-Calédonie.

Et moi, dans le tableau...

Je n'ai jamais eu la prétention d'être une star. Néanmoins, ma présence au milieu de toutes ces têtes d'affiche, du showbiz à la politique, n'est pas jugée anachronique. J'y vois, avec fierté, la reconnaissance que l'on témoigne depuis peu aux champions. Ce sport n'est plus le parent pauvre des grands soirs de la vie publique. Je suis heureux, modestement, d'y avoir contribué.

Par un juste prolongement des choses, c'est un peu à *Paris-Match* que je dois mon vedettariat extra-football. On était à 375 numéros du très historique numéro 2000, quand, tandis que le tennisman Matts Wilander posait en couverture avec sa fiancée de dix-sept ans, on m'offrait seize pages de magazine en couleurs. *Paris-Match* venait, en effet, de passer à la couleur.

C'était la première fois qu'un joueur de football obtenait une telle place. Ni Kopa, ni Fontaine, ni même Pelé n'avaient eu cet honneur.

C'était la première fois, aussi, que l'on me sortait résolument de mon habit de travail, en short et maillot, pour me montrer hors du terrain, dans ma vraie vie.

Le reportage trouvait sa double justification dans les retombées de mon transfert à la Juventus et l'approche imminente de la Coupe du monde 1982, en Espagne.

Les autres « vedettes » du numéro avaient pour nom : Ornella Muti, Ronald et Nancy Reagan à Versailles, Mick Jagger, se lançant en prolongation de carrière dans une « croisade contre la drogue » et proclamant, dans une interview exclusive : « Vive le sport ! » Romy Schneider, enfin, sans oublier Wilander, « Matts l'Exocet », comme le surnommait Jean Cau.

Cau, écrivain vedette de *Paris-Match,* expert en littérature « brava » et en fiestas de même rang – les toros et les hommes –, avait pris date avec moi pour une interview-vérité.

Finalement, je le retrouvai chez Castel, un midi, avec Claude Brasseur, Jean-Pierre Rives et la très attendrissante Nathalie Baye, que Johnny venait d'arracher à toute concurrence sentimentale.

Mon premier déjeuner « People », comme on dit dans les rédactions branchées.

Jean Cau, attentif à tout, fait le plein de munitions lors de cette rencontre souriante et décontractée. Le jeudi, il tire sa salve d'honneur sous le titre élogieux : « Dis, pourquoi tu es un grand joueur, Michel ? »

Portraitiste savant, il n'y allait pas par petites touches. Il écrivait :

« Juste avant qu'il ne s'envole pour Font-Romeu, je déjeune avec Platini. Costume de toile, pas de cravate. Cheveux noirs en broussaille. L'œil noir et malin. De l'humour. De la vivacité à revendre. Il répond sec. A coups de patte. Comme il dribble. Comme un chat qui joue. Très amusant de parler avec notre illustre numéro 10 qui me dit qu'il n'aurait pas pu jouer " ailleurs ". Ne pas oublier que c'est le maillot du dieu Pelé, de Kempes en 78, de Maradona (plus de quatre milliards, a craché Barcelone, pour s'offrir le gamin de Boca Junior, vingt-deux ans et argentin. " Oui, mais il a signé pour six ans. Moi, pour deux ", corrige Michel), et de Piantoni, le modèle et le maître. Ne pas oublier que le numéro 10, c'est lui qui tisse le jeu, tire les ficelles, organise. Je n'oublie pas. Et pourquoi tu es un grand joueur, Michel? " Je ne cours pas plus vite qu'un autre, je ne suis pas plus athlétique qu'un autre, je ne frappe pas plus fort qu'un autre... " Alors? Il se visse un doigt sur le front. Il dit en riant : " C'est ça! Tu as beau avoir des jambes, si tu n'as pas ça... " Et il se revisse le doigt sur la tête. Et tu es inquiet d'aller à la Juve? " Non... Au début, c'est toujours un peu dur. Forcément, on prend la place d'un autre, d'un copain des dix autres. On n'est pas tout à fait accepté. A Saint-Étienne, par exemple, ça n'a pas été du gâteau. J'étais la star (il rit) extérieure débarquant chez les stars (idem) arrivées. Je n'ai pas été invité à casser la graine chez un gars de l'équipe avant un an. Je suppose que ce sera pareil à la Juve. Une équipe, c'est un clan, un club, une horde, une famille. Au début, le nouveau est le bâtard. Je comprends ça. C'est une loi naturelle... " Exact. Je lui apprends que, chez les grands primates, c'est pareil selon Lorenz et Ardrey. Il y a mieux : la horde, chez les chimpanzés, compte onze singes avec à leur tête un mâle Alpha. Il est le patron, mais c'est lui qui protège le groupe et se fait tuer si le léopard attaque. Nous sommes des bêtes, Michel. Et est-ce qu'il se sent italien? " Je ne sais pas. Avant France-Italie, quand j'écoutais les hymnes, j'étais ému et je me disais : Qui es-tu? J'étais ému par les deux hymnes. Je suis français, pas de doute, et il y a le cœur, mais il y a aussi le sang, la famille, le père... " Parlons d'autre chose. Ça fait trop rêver, ces histoires. Maradona, oui, évidemment à suivre dans ce Mundial. Et qui encore? Keegan, l'Anglais de Southampton. Et, bien sûr, le Fritz du Bayern, ce panzer-grenadier, Wehrmacht, Luftwaffe et *U-Boot* à lui tout seul : Rummenigge. Ça fait du pain sur la planche, Michel. Hé oui! Et quels seront les finalistes, à ton avis, Michel? Brésil-Allemagne? Mais qu'est-ce que je n'ai pas dit? Mais qu'est-ce que j'ai osé dire? " France et on verra! " a répliqué, sec et un peu furieux, Michel, soudain cambré d'orgueil et capitaine. Je jure, main posée sur des reliques (une chaussure de Kopa, par exemple, ou un maillot de Just Fontaine), que Platini, en un éclair, a répondu : " La France ". C'était gaullien et sans réplique. Je n'ai rien répondu. »

Ailleurs, plus terre à terre et moins romantique, Michel Denisot, passant en revue toute la panoplie de mes contrats

commerciaux, de ma griffe de vêtements « 10 Platini » à l'institut du camp sportif de Saint-Cyprien, « Grand Stade », évalue mon standing professionnel en francs lourds et massifs : « L'homme dont le coup de pied vaut un milliard. »

Le reste du grand cahier magazine, c'est le long reportage photo de Jack Garofalo. Il commence par l'image romantique de ma solitude, dans un coin du vestiaire, enchaîne sur la vie de famille avec Christèle au piano et les enfants. Il rebondit sur une séquence de photos de mode, où, entre deux prises de vues, je m'amuse à singer, sans ballon, la détente du joueur de football. Forcément, une page est accordée à mes passions : la musique et les copains, où l'on voit Patrick Battiston partager une coupe de champagne dans mon jardin.

Mais, connaissant mon amour du jeu pour le jeu, j'ai accepté de poser au Casino de Montrond-les-Bains, les mains pleines de plaques de 500 F et 1 000 F devant le tapis vert de la roulette. Inutile de préciser que, pas seulement pour la photo, j'ai tout misé sur le numéro « 10 ». Plus que jamais, je crois à la magie de ce numéro fétiche.

Enfin, nous allons à Chantilly chez l'entraîneur de course Patrick Biancone. Je passe la tête entre Djade, une artic-terne rousse, et Chukio, une luthier noire.

Entre les chevaux et moi, il y a eu comme un grand coup de cœur. Mais c'est encore et toujours une histoire de copains. Tout est parti, un an plus tôt, lors de la fameuse tournée d'été du Variétés Club de France, dont j'étais l'invité d'honneur, au Brésil. Thierry Roland préside ce club sympa et dirige la tournée. On connaît la passion de Thierry pour les courses. Il l'a prouvée jusqu'à devenir aussi chroniqueur hippique. Avec nous, sur la plage de Copacabana, José Covès, un autre nom bien connu des turfistes. Fatalement, la conversation tombe sur les chevaux : « Si tu veux, me lance Thierry, on te met dans un bon coup. » Il rêvait alors de « louer » la carrière de course de deux ou trois chevaux. Curieux, je veux en savoir plus. Je l'interroge sur le prix de la pension des chevaux, la rémunération des jockeys, etc. A son retour, Thierry, en visite dans un haras normand, tombe sous le charme de deux pouliches, Djade et Chukio. Le coup de foudre est réciproque.

L'affaire conclue ! Aussitôt, avec Covès, on crée « L'écurie football ». Cela me coûte 5 000 F par mois. Je choisis la casaque noir et blanc... Les couleurs de la Juventus.

Et c'est ainsi, entre ces deux futures reines de la piste, après un détour par le tapis vert du casino et la rencontre chez Castel, que je fais mon entrée parmi les personnalités de *Paris-Match* qui sont en scène, aujourd'hui, depuis deux mille semaines.

J'y fais même une entrée officielle, sous forme d'un contrat d'exclusivité. Cinq ans durant, de la Coupe du monde en Espagne jusqu'au Mundial mexicain, je deviens un collaborateur majeur. Les seules photos de ma vie privée, à Saint-Étienne ou à Turin, sont pour *Paris-Match.*

Toutes mes vacances, d'été ou d'hiver, des Seychelles aux Caraïbes, avec Christèle, Laurent et Marine, se retrouvent régulièrement dans *Paris-Match.*

C'est dans *Paris-Match* que les Français suivent mon intégration (difficile) à la Juventus, et vivent mes heures de redressement, de conquêtes et de gloire.

C'est dans *Paris-Match* également que, à la fin mars 1986, les lecteurs découvrent une interview de moi réalisée par Lino Ventura, avec, en « lever de rideau », quelques superbes phrases signées Johnny Hallyday.

Je trouve certains avantages dans cette exclusivité : celui de ne plus être épié, harcelé par des paparazzi à la recherche de scoops sauvages; cette exclusivité fait jeter l'éponge à la concurrence. En échange de cette participation active, le journal m'offre des compensations publicitaires - jamais financières - que j'utilise, à mon gré, en faveur de mes stages de football, « Grand Stade », à Saint-Cyprien.

Enfin, c'est vrai que je suis le premier joueur de football à évoluer dans la presse, dans un autre registre que celui de la balle au pied. Pour notre corporation, c'est un bond en avant.

Ma présence, au Zénith, entre Stéphanie, Ursula, Bo Derek, Aznavour, Sardou, Bigeard, Fabius et Chirac, doit tout à ce premier pas franchi un jour de juin 1982 dans le jardin des stars. Ce jour-là, de fan et d'admirateur timide et réservé, je suis passé sans m'en rendre compte de l'autre côté de la barrière... Du bon côté?

Mais le seul bon côté, justement, ne seraient-ce pas tous ces instants forts passés en famille, tous ces moments clés de mon existence dont *Paris-Match* a tenté, depuis cinq ans, d'être le témoin privilégié?

Je feuillette ce carnet de notes journalistiques jetées çà et là au gré de mon humeur. A la fois carnet de voyage et carnet de famille.

En août 1983, juste avant d'aborder ma deuxième saison à la Juventus, je passe en famille des vacances idylliques aux Maldives. Avec, dans le rôle du paparazzi de charme, ma femme, Christèle, qui nous mitraille sous toutes les coutures, trouvant là l'occasion d'assouvir sa passion pour la photo et de réaliser un reportage tout à fait exclusif pour *Paris-Match*. Lézardant dans l'île de Malé, avec mes deux enfants, Laurent et Marine (elle est née voici deux ans et demi), je touche au paradis terrestre. Nul en planche à voile, je m'adonne avec délice aux joies de la plongée sous-marine.

Christèle trouve ma célébrité un peu difficile à assumer. Elle ne m'accompagne plus dans mes déplacements et n'assiste plus à mes matches. Elle ne veut plus aller avec moi à des dîners officiels et évite de faire son shopping dans les grands magasins de Turin où elle craint d'être reconnue. Elle ne signe plus de chèque et préfère donner son nom de jeune fille. C'est le revers de ma gloire... Ses amis, elle les choisit en dehors de mon cercle professionnel, la femme de Boniek, Wieslawa, mise à part. Avec elle, elle suit quatre fois par semaine des cours d'aérobic, quand elles ne jouent pas au tennis.

Au terme de ma deuxième saison turinoise, en juillet 1984, je m'envole en Concorde pour les États-Unis avec ma petite famille. Une fois par an, je dois aménager ces aires de repos privilégiées, où notre famille peut vraiment vivre ensemble, sans contraintes, en profitant pleinement chacun de la présence des autres. Le calcio me met sous une telle pression onze mois par an que, sans cette indispensable soupape de sécurité, j'exploserais comme une bombe à retardement.

Ici, mes enfants côtoient leurs idoles: Mickey, Donald, Dingo et les autres... Et moi, enfin, je peux parler de tout... sauf de football! A New York, nous nous levons à 7 heures du matin, histoire d'aller courir à Central Park. Après, la journée n'est même pas assez longue pour que nous fassions le plein d'images, d'impressions...

Jusqu'à présent, les vacances d'été, nous les passions aux Maldives, aux Seychelles, à la Martinique ou au Brésil. Là, nous brisons avec notre régime « îles sous le soleil ». Je crois découvrir ce Nouveau Monde qui fascina et attira à lui tant de mes ancêtres italiens... Aujourd'hui, nous jouissons de New York, demain ce sera Los Angeles, de l'autre côté, un autre océan déjà... Pour Marine et Laurent, ce seront, surtout, les merveilles de Disneyland.

Je fais tout pour que mon nom ne soit pas un poids pour mes enfants. Chez nous, je me garde bien d'afficher et d'exposer mes trophées et médailles. J'évite aussi de laisser traîner des journaux où il est question de moi.

Je me sens bien à Turin. Le club a tout fait pour que nous menions une existence dorée. Je vis retranché chez moi, dans un presque anonymat que ne vient troubler que la cinquantaine de lettres quotidiennes que des Sherlock Holmes en herbe réussissent à me faire parvenir. Dans la quiétude de notre résidence entourée de verdure, je regarde la télé, mets à contribution mon magnétoscope, quand je ne m'amuse pas à inventer des combinaisons et des jeux sur mon ordinateur.

A Turin, je ne roule qu'en Fiat Uno, pour ne pas ameuter mes tifosi. Je réserve ma Ferrari pour mes déplacements à Milan avec Christèle. Je m'y rends une fois par semaine pour mon émission de télévision « Quasi Goal », et nous profitons de l'aubaine pour mettre à sac les magasins.

Si Dieu ne m'avait pas donné le ballon rond et les pieds qui vont avec, peut-être serais-je aujourd'hui un smicard. Ça, je ne l'oublie pas. Mais, après tout, je n'aurais pas été différent de ce que je suis. Un type tout simple, comme les autres, à qui les sommes astronomiques d'argent gagné ne font pas tourner la tête.

Aux États-Unis, le football professionnel (pas le football américain) m'a paru en très piteux état, et j'avoue que ça m'a un peu dissuadé d'aller finir ma carrière à New York, au Cosmos, comme il en a été beaucoup question.

A tous les instants critiques, à tous les moments difficiles de ma carrière, je me prépare au combat en jouant avec mes enfants, là, dans le réconfort du cadre familial. Avant le match contre Bordeaux, en septembre 1985, avant un certain Juventus-Liverpool au Heysel, à Bruxelles.

Le Heysel... Sans doute le tournant de mon existence. Une prise de conscience terrible à travers la victoire. Ces quatre-vingt-dix minutes de football en point de mire d'un stade ensanglanté par ses trente-huit martyrs resteront en filigrane de ma vie, jusqu'à mon dernier souffle, probablement. On a pu dire que mes vacances à la Barbade, un mois et demi après, avaient un goût de fuite. C'est vrai.

« *MATCH* » *AU ZÉNITH*

Les douze jours que j'ai passés là-bas, en famille, sur le conseil d'Elton John, étaient une fuite. Pour réfléchir, loin du bruit et de la fureur, sur l'horreur de ce qui était advenu, au nom du football, au nom de la Coupe d'Europe, ce soir de mai. Boniek aussi est venu se mettre au vert dans ce petit paradis du bout du monde. Nous jouons au tennis ensemble, nous skions côte à côte et allons à la pêche au petit matin. Nous n'en parlons pas, mais je sais que ses réflexions sont proches des miennes. Water-scooter et cricket nous aideront-ils à oublier? Peu sûr...

Car c'est à ça que les fastes du Zénith, ce 18 septembre 1987, et mes carnets de « reporter » pour *Paris-Match*, durant cinq ans, me ramènent immanquablement. A cette image. A ce drame.

21.

VISA POUR L'ESPAGNE

L'histoire, dit-on, n'est qu'un éternel recommencement. L'histoire du foot aussi. Ainsi, il y a quatre ans, la qualification de l'équipe de France à sa première Coupe du monde, depuis une épuisante traversée du désert qui dura douze ans, s'était jouée à la dernière heure du dernier match qualificatif.

Novembre 1977 : France-Bulgarie.

Novembre 1981 : France-Pays-Bas.

A l'horizon du premier : l'Eden du Mundial argentin.

A celui du second : la terre promise du Mundial espagnol.

La république d'Irlande avait joué le rôle d'outsider et d'arbitre sur la route de la qualification. Quatre ans plus tard, elle gardait une infime, mais possible, opportunité de nous interdire le franchissement des Pyrénées.

La Belgique déjà qualifiée dans notre groupe, trois équipes restaient en lice pour une place : les Pays-Bas, la France et l'Irlande. Cette dernière vivait dans la folle espérance d'un match nul entre la France et les Pays-Bas, le 18 novembre au Parc des Princes. Ce partage des points nous condamnait, mais offrait un sursis à nos deux rivaux, obligés dès lors de s'affronter sur terrain neutre en un test-match impitoyable.

Telles sont donc les données de notre dernier rendez-vous au Parc des Princes.

C'est une grande équipe de Hollande, acharnée à renouer avec son passé prestigieux, que Rijvers s'apprête à nous opposer.

Un mois plus tôt, battant le rappel de tous ses mercenaires, partis courir le cachet sous tous les cieux du monde, elle a donné une leçon de football à la Belgique (3-0). Sur le terrain, ce jour-là, il y avait plus de joueurs évoluant dans des formations étrangères que dans des clubs nationaux : Krol (Naples), Neeskens (Cosmos New York), Thijssen et Muhren (Ipswich), Van de Korput (Torino) et, bien sûr, Johnny Rep (Saint-Étienne).

La grande attraction, c'est évidemment le retour de Neeskens, passé du rang de champion pur et dur avec Ajax et Barcelone à celui de star déracinée et déclinante dans l'univers surfait du *soccer* « made in USA ».

Le plus sérieusement du monde, Rijvers assurait que Neeskens, incarnation du « football total » des années Kovacs, n'avait rien perdu de ses qualités de meneur de jeu.

Rijvers prouvait qu'il avait vu juste après l'éclatante victoire de son équipe sur les Belges. Il voulait donc jouer son va-tout contre nous en organisant de nouveau l'équipe des Pays-Bas autour de cet inspirateur retrouvé.

L'enjeu était tel qu'un arrangement s'était vite conclu entre le New York Cosmos et la Fédération des Pays-Bas. Le premier obligeait celle-ci à souscrire une assurance d'un millier de dollars pour son joueur! La Fédération n'était d'accord que pour un million de florins. Rijvers se faisait pressant. Il plaidait pour son joker prodige, arguant qu'avec lui la victoire était possible, même à Paris. Finalement, on coupa la poire en deux, et le beau Johann boucla son sac, vite fait bien fait, pour le Parc des Princes.

Je ne vais pas refaire le match.

C'est un peu le remake de France-Bulgarie, public égal, atmosphère égale, tension égale, enjeu égal.

Bref, nous avons gagné.

J'ai marqué le premier but et Six le second.

Et nous voilà, pour la seconde fois consécutive, en Coupe du monde!

D'un Mundial l'autre... Nous avons vieilli de quatre ans. Nous avons tous conscience que notre qualification fait beaucoup d'heureux. Et pas seulement nous, les joueurs. Aujourd'hui, le football-spectacle fait partie du sport. Business, mouvement d'affaires devenu impossible à endiguer.

C'est un peu le sens que l'on attribue spontanément au titre de « une » du journal *L'Équipe*. Le quotidien du sport encense notre victoire sur les Pays-Bas par ces mots simples et lourds de signification : « Bravo et merci. »

On ne crache pas sur un tel remerciement quand l'indiscrétion d'un échotier en mal d'informations inédites nous révèle qu'au lieu des 350 000 exemplaires pronostiqués en cas d'élimination, *L'Équipe* en a vendu 630 000 au lendemain de la victoire !

Aussi, l'inflation galopant dans tous les domaines, nous ne nous étonnons pas de devenir la proie de tous les publicitaires en quête d'investissements à court terme.

Le souvenir des jours sombres de Mar del Plata et de l'Hindu Club nous incite à la vigilance la plus extrême. Pas question, cette fois, de sombrer dans une surenchère de vestiaire à grands coups de pesetas dévaluées. Chacun devra trouver chaussure à son pied, avec ou sans les trois bandes symboliques.

Cette préoccupation revient dans toutes les conversations lors du stage hivernal voulu par Hidalgo à Noël.

Nous nous retrouvons à une trentaine, cadres techniques compris, dans la station pyrénéenne de Font-Romeu. Entraînement, décrassage, soins sur les terrains et dans les installations du lycée thermal. Le soir, repas et veillée à l'hôtel et, parfois, sorties-spectacles au casino où se produisent des artistes de passage : Delpech, Patrick Sébastien, Francis Cabrel. Manque singulièrement au programme le facétieux Pierre Perret et ses « joyeuses colonies de vacances » de circonstance.

En fait de chansonnette, cette fois, on ne nous la fera pas...

Le projet d'associer les joueurs aux retombées publicitaires est en bonne voie. Il a mûri dans l'esprit des dirigeants. Il aboutit à la veille de France-Italie, revanche amicale du match de Naples, quatre ans plus tôt, à quelques mois encore d'une Coupe du monde.

Désormais, l'équipe de France est rassemblée à Jouy-en-Josas, aux portes de Versailles, dans la vallée de la Bièvre. Nous avons dû quitter la vénérable « forestière » et Saint-Germain-en-Laye pour une série d'escapades nocturnes agrémentées de retours précipités.

Et c'est là, dans un décor fait main pour cadres supérieurs réunis en « séminaires de réflexion », que se joue notre bonus.

Les accords sont conclus assez rapidement. Une société,

Football France Promotion, est spécialement créée pour gérer et exploiter les retombées financières élevées de notre participation à la Coupe du monde.

C'est le président de la Fédération, Fernand Sastre, qui en révèle lui-même les modalités, en accord avec Bossis, Trésor et moi.

Football France Promotion redistribuera 42 p. 100 de son chiffre d'affaires. Le cinquième sera partagé par les trente-six joueurs retenus lors des huit matches de qualification. Les quatre cinquièmes seront répartis entre vingt-quatre parts : deux pour les cadres techniques (Hidalgo, Bourrier, Guérin, le Dr Vrillac, le masseur Sereni, le préparateur physique, Alain de Martigny, et Ivan Curkovic, maître des gardiens de but).

On s'attarde sur mon cas en cours de discussion. « Et Platini? Beaucoup de firmes souhaitent conclure directement avec lui. Et lui seul. »

Je m'y oppose. Résolument. Je ne peux pas admettre qu'une équipe solidaire soit envenimée par des privilèges solitaires.

On l'a bien vu, à petite échelle, lors du scandale des trois bandes à Mar del Plata. Deux joueurs sur onze se devaient d'honorer leur contrat particulier avec Adidas. Ils n'ont pas fait la grève du pinceau, et leur comportement, par rapport à l'unité du groupe, a semé le trouble.

J'estime qu'un bon accord global est préférable à des contrats plus ou moins confidentiels, signés en franc-tireur.

Nous partons sur une base de 150 000 francs par joueur sélectionné, tandis que s'approchent les trois coups de ce France-Italie qui, depuis soixante-deux ans, n'en finit pas de tourner à l'avantage des Transalpins.

Mais c'est en Coupe du monde que j'aimerais les rencontrer. Je rêve d'une finale « Bleu France » contre « Squadra azzura »... Mais ce soir, 23 février, je ne boude pas mon plaisir à la tête d'une équipe dont l'esprit de corps ne cesse de s'affirmer.

En face, il y a toujours Dino Zoff, gardien perpétuel de la Juventus et de la Squadra. En signe de bienvenue et pour ajouter une flamme d'amitié au gâteau de ses quarante ans (!) je lui remets une jolie plaquette souvenir. Dino remercie. Il se souvient parfaitement des deux buts sur coup franc que je lui ai passés naguère à Naples.

Il sourit.

Pas pour longtemps...

Un quart d'heure plus tard, le Parc des Princes chavire avec moi dans l'allégresse. D'un tir croisé à ras de terre, j'envoie Zoff cueillir au fond de ses filets un premier ballon de but. Daniel Bravo, en fin de match, ajoutera son nom à succès aux clameurs du stade.

J'ai joué comme dans un rêve. Ce qui me vaut dans la *Gazzetta dello Sport* du lendemain ce commentaire élogieux : « L'Italie a dû rendre les armes devant Platini... » J'hérite d'une cotation exceptionnelle : 9 sur 10, alors que le journal ne dépasse jamais huit. Et d'un surnom qui chasse à jamais le « Platinix » cauchemardesque de Buenos Aires : « Platinissime », me baptise Jacques Thibert dans *France-Football* avant de suggérer, d'un ton faussement ingénu : « N'avais-tu pas une idée derrière la tête en ce 23 février? »

Message reçu... Eh bien, non, du moins pas encore, même si, mon contrat expirant avec Saint-Étienne, je me savais alors dans la mire des grands clubs de Milan et de la Juventus.

Non, en cette nuit bleue, où, c'est vrai, tout me réussissait, j'ai pensé d'abord à l'équipe de France et aux chocs du futur.

J'ai vingt-six ans. Je suis déjà un ancien, comme Janvion, Trésor, Lopez, Rocheteau, Lacombe et Six. Six que notre équipe a mûri depuis l'Argentine.

Hidalgo aussi a mûri.

Son Noël en petite communauté n'était pas qu'un coup d'essai. Depuis deux ans, il potasse des rapports et des études sur la condition physique des principales équipes étrangères. Conclusion de ses lectures studieuses : la préparation en altitude apporte un plus.

Et le 17 mai, au lendemain de notre finale de Coupe de France, face au Paris-Saint-Germain, je rejoins avec les autres Stéphanois le réduit de montagne déjà choisi par Hidalgo à Noël. Un grand bol d'air pur au lycée thermal de Font-Romeu *(bis)* afin de s'aérer les bronches et d'améliorer notre rendement physiologique et athlétique.

Il faut croire que la raréfaction de l'oxygène nous coupe les jambes. A Andorre, nous partons comme des voleurs, en battant par deux buts à un seulement le Football Club local, mais en faisant une razzia de montres et de matériel hi-fi détaxé.

C'est pire encore à Toulouse, le 2 juin, où le pays de Galles prouve qu'il avait autant que nous mérité son voyage en Espagne (défaite 1-0).

Mais la preuve par neuf nous est donnée à Bilbao, par d'autres Britanniques, plus aguerris encore aux choses du football que les Gallois...

Pour nous, la Coupe du monde s'ouvre le 16 juin contre l'Angleterre. Nous avons quitté Font-Romeu pour la résidence ultramoderne et confortable d'El Montico. Nous passons pratiquement de deux mille mètres d'altitude au niveau de la mer.

Bilbao, capitale du Pays Basque, est une ville aussi noire que le Saint-Étienne à la Zola. Le soleil est blanc ce jour-là. Et chaud. Il fait quarante degrés (à l'ombre), une température andalouse...

22.

AU PAYS DES... HIDALGOS!

Evidemment, le soleil et la chaleur ne sont pas une excuse. Face à l'Espagne, au Portugal ou à l'Italie, on pourrait toujours l'invoquer. Face à l'Angleterre, sûrement pas, quand on sait qu'il y a moins de cent jours d'ensoleillement par an au nord de la Tamise.

La photo la plus célèbre de ma carrière, celle qui a fait longtemps la couverture des magazines ou des livres de saison, remonte à ce match perdu sans honneur et sans gloire. On me voit, hirsute, œil noir et barbe noire, veines des bras saillantes et muscles bandés, commander une impossible remise en ordre.

Les choses, il est vrai, avaient mal commencé.

« *Eran las cinco de la tarde...* »

Comme dans un poème de Lorca, il était 5 heures de l'après-midi. L'appel des arènes et l'heure de la « fiesta brava ».

Pour nous, la minute de vérité, celle de la mise à mort, n'aura duré que vingt-sept secondes. La pendule du stade de San Mamès s'est à peine mise en route que le demi Coppel joue une touche en profondeur sur Trevor Francis. Celui-ci prolonge sur Butcher, son coéquipier de Nottingham Forest, qui redonne en retrait sur Robson. Et Robson, libre de tout marquage, ouvre le score sur un ciseau fulgurant.

Vingt-sept secondes! Effacé le but record de Bernard Lacombe (trente-quatre secondes) à Mar del Plata!

Nous accusons le coup. Normal. Mais l'exemple des Italiens, remontant justement ce même handicap, quatre ans plus tôt, nous interdit de baisser les bras.

Seulement, encore faut-il pouvoir.

Pour ce match, l'équipe de France repose sur un milieu de terrain lourd et peu créatif. Hidalgo a voulu mettre en place un système défensif digne de la guerre de Cent Ans. Moi, je suis avant-centre théorique. En guise d'attaque, privé de bons ballons, je dois, comme le prouve la photo-document qui résume bien mon impuissance dans ce match, remonter les manches et balayer tout le terrain dans l'espoir de trouver des appuis et des relais. Plutôt que d'affronter Shilton, le gentil Anglais, les yeux dans les yeux, c'est plus souvent Ettori, le nôtre, dont je croise le chemin.

Le « 4-4-2 », formule dépassée, concoctée comme un aveu d'impuissance, face à l' « ennemi héréditaire » pourtant privé de Keegan, son stratège, fait fiasco.

La mi-temps tombe comme un mirage en plein désert. En fait, c'est une oasis. On sert du thé aux Anglais et nous, on boit de l'eau. Goulûment, on se dispute le moindre coin d'ombre. Au vestiaire, je m'allonge à même le carrelage, et la moitié de l'équipe s'abandonne à cette fraîcheur inespérée, tandis que les soigneurs courent aux douches pour nous préparer des serviettes d'eau froide et nous les placer sur le front.

Cette vision d'épuisement collectif m'interdit de croire, malgré le but égalisateur et subtil de Gérard Soler, à une deuxième mi-temps conquérante.

Les jambes sont lourdes et cotonneuses.

Les têtes pesantes et bourdonnantes.

Les yeux vides ou vitreux.

Ce n'est plus Bilbao, c'est Tataouine, ce n'est plus l'équipe de France, mais « la bandera ».

Et le sifflet de l'arbitre qui nous convoque pour remettre ça! Mais comment les Anglais font-ils pour tenir?

Comme je le pressens, nous perdons nettement, notre défense poussant la délicatesse jusqu'à offrir deux buts *easy, easy* à Robson (encore) et au grand Mariner qui récidive dans son goût affirmé de la victoire aux dépens de la France, comme hier, avec Ipswich, devant Saint-Etienne.

Nous quittons Bilbao avec un goût de cendre dans la bouche. Vite, effacer cette étape manquée au Pays Basque. Nous allons prendre nos quartiers à Valladolid. Nous bouclons nos sacs, l'esprit rempli de consignes d'intendance. Cela change les idées. A l'aéroport, évidemment, les Français sont là. Les supporters sont venus par charters spéciaux dans un impressionnant pont aérien.

Sûr qu'ils ont de quoi être déçus. Ils ont la mine défaite et le drapeau en berne. On va peut-être se faire engueuler. Mais non, ils sont surtout peinés, pour eux bien sûr, dans leur amour de supporter, mais surtout pour nous. Ils sont les premiers à nous rappeler à notre devoir, à insister sur le fait que rien n'est joué, que la Coupe du monde se gagne sur la durée. Ils y croient. Ils connaissent tout des six groupes qualificatifs. Ils ont déjà des pronostics et récitent la liste des douze équipes condamnées à l'élimination et des douze qui vont se qualifier pour le second tour. Pas un qui ne doute. Tous nous placent d'office dans la catégorie triomphale. Sympa.

En principe, il nous reste quatre points (sur quatre) à prendre contre le Koweit et la Tchécoslovaquie. Plus que trois, le lendemain, quand nos deux adversaires se quittent sur un score nul et partagent l'enjeu du match.

C'est bon signe.

21 juin. Un lundi. Aujourd'hui, j'ai vingt-sept ans. Je suis né avec le soleil, un jour de solstice d'été. La semaine se lève sur France-Koweit, mais comment va-t-elle finir? Cap sur Madrid ou sur les vacances anticipées, comme en 1978?

Hidalgo, qui consigne tous les soirs sur un cahier d'écolier ses impressions de la Coupe du monde, a tiré un trait sur France-Angleterre. A tel point qu'il renouvelle l'équipe à 50 p. 100 (exception faite du gardien). Amoros est titularisé arrière droit, Janvion devient stoppeur aux côtés de Trésor, Genghini retrouve sa place au milieu du terrain, et l'entre-jeu du France-Pays-Bas qualifié, avec Giresse et moi, est ainsi reconstitué. Lacombe remplace Rocheteau blessé et Six joue ailier gauche, à la place de Soler qui passe à droite.

On avait quitté Bilbao la tête et le sang chauds, cette fois c'est le sang neuf qui nous revitalise. Et le résultat ne se fait pas attendre. Deux buts avant la mi-temps, Genghini (qui me rejoint dans l'art du coup franc) et moi-même, plus un autre dès la reprise pour Didier Six.

Le reste, c'est de la bande dessinée, avec, comme dans *Tintin au pays de l'or noir*, l'apparition d'un cheik enturbanné qui pousse une grosse colère sur un but de Giresse. Je vis la scène depuis les coulisses en voyant surgir Hidalgo, pourpre de colère. Il me rejoint au vestiaire. Ma sortie et son expulsion manu militari du terrain en plein incident diplomatique sont vraiment de la B.D...

Des incidents, il y en aura d'autres. Plus feutrés, moins visibles mais plus révélateurs.

Le soir de France-Koweit, dans l'intimité d'El Montico, l'on m'apporte un immense gâteau couronné des vingt-sept bougies de mon anniversaire, une attention touchante. Mais, le lendemain, stupeur au dessert. Dans un coin de la salle de restaurant, comme s'il faisait bande à part, Jean Tigana (qui n'a pas joué) déplie un paquet et se sert, sans cérémonie, une part de gâteau. De sa poche, il sort une bougie et, avec un briquet, allume la petite mèche. La flamme attire tous les regards. Alors, Tigana, superbe et solennel : « Moi aussi, c'est mon anniversaire, et personne n'a songé à le fêter. Alors, je le fais moi-même. »

L'intendance encaisse. Il y a comme un malaise que n'atténuent ni les mots apaisants de Michel Hidalgo ni notre qualification. D'ailleurs, Tigana n'est pas seul à persifler. D'autres, des remplaçants, s'amusent à décocher par le biais de certains journaux leurs flèches empoisonnées.

J'attends France-Tchécoslovaquie pour répliquer aux premières attaques.

Elles sont évidemment d'un niveau très bas. Elles viennent du carré des remplaçants qui m'accusent tout simplement de faire l'équipe à la place d'Hidalgo. On est en pleine parano du côté d'El Montico.

Aussi, me décidai-je à répliquer. Fermement. Dans le journal *L'Équipe* qui recueille mot à mot ma déclaration, on peut lire, à la date du 24 juin :

« Dans cette équipe de France, plusieurs joueurs sont mécontents en permanence. Ils estiment que le fait d'avoir été retenus parmi les vingt-deux leur confère automatiquement le droit de porter le maillot sur le terrain ».

On dit que je fais l'équipe, mais je peux certifier que si je la faisais réellement, il y aurait du changement et que, par exemple, je n'aurais certainement pas joué avant-centre contre l'Angleterre... Je continuerai en disant que ces mêmes joueurs, qui, aujourd'hui, ne cessent de me critiquer, étaient bien contents lorsque, contre la Hollande, j'ai ouvert la marque sur coup franc, et qu'ils étaient encore bien contents de me trouver pour aller discuter des prises de participation au Mundial. Tout cela, ils paraissaient l'avoir oublié... « Que voulez-vous, dans un groupe, il y a toujours un âne ou deux! »

Ma déclaration jette un sérieux froid et fait taire les importuns. Il est vrai que j'ai des arguments sonnants à faire valoir.

En février dernier, avant France-Italie, ma participation aux négociations des retombées publicitaires assurait à chacun un minimum de 150 000 francs de prime... En juin, vu le succès de la Société Promofoot, il était passé à 250 000 francs au coup d'envoi du Mundial et à 350 000 francs au seuil des demi-finales. En fait, une place dans le dernier carré devait rapporter 420 000 francs, l'engouement allant croissant, c'est 600 000 francs que nous ramènerions d'Espagne.

De ma défense plaidée à chaud, dans l'énervement d'une polémique déplacée, certains ne voulaient retenir qu'une phrase, vite exploitée et sortie de son contexte. Un phénomène classique. C'était l'histoire des « ânes ».

Elle rebondit en pleine conférence de presse, et c'est Hidalgo, pris à contre-pied, qui doit répondre :

« Monsieur Hidalgo, Platini a déclaré qu'il y a des ânes en équipe de France. Vise-t-il Jean Tigana? »

Hidalgo, sous l'effet de la surprise, m'envoie chercher. J'étais tranquillement en train d'écouter la radio. Michel m'interroge. Je lui réponds, sans me démonter :

« Oui, c'est vrai, j'ai dit ça. J'étais à cran. On m'avait énervé.

Lui : – Visais-tu Tigana?

Moi : – Non. Je ne visais pas Tigana. »

On envoie chercher Tigana. Celui-ci, l'air de débarquer d'un autre monde :

« Un âne? Non je ne me sens pas visé. D'ailleurs, je suis sûr que Platini n'a pas dit cela pour moi. Quant à moi, franchement, je n'ai rien contre lui. »

Incident clos. Mais révélateur d'un climat de gêne et de suspicion. Il y aura d'autres déclarations ambiguës et d'autres petites phrases acides. A chaque fois, Hidalgo reprendra sa navette diplomatique entre les uns et les autres, et notamment après France-Autriche, premier choc du second tour, que je manque à cause d'un gros hématome reçu devant les Tchécoslovaques. Certains, encore, voulaient à tout prix se persuader que l'équipe de France jouait mieux sans Platini qu'avec Platini.

En six semaines de vie commune, les mises au point font partie du scénario. Hidalgo n'est pas qu'un sélectionneur. Il devient psychologue. C'est à lui de surveiller les faux pas des uns, les maladresses des autres, d'atténuer l'amertume des laissés-pour-compte.

A Navacerrada, village des moyennes montagnes aux environs de Madrid, l'équipe de France a établi ses quartiers pour les matches contre l'Autriche et l'Irlande du Nord.

Il noircit des pages et des pages de notes. Il a des réserves inépuisables de principes moraux qu'il débite, à la carte, au petit déjeuner pris en commun. Ainsi, à l'arrogant, grille-t-il : « Le jugement d'un seul n'est pas la loi de tous. Ne juge pas, de crainte d'être jugé... » Et au jaloux persifleur : « N'accuse pas celui qui renvoie les flèches, quand le tireur est parmi nous. »

Imparable.

A la veille d'affronter l'Irlande, entre deux entraînements sur le terrain de Becerril de la Sierra, je quitte notre retraite de la Barranca. Marius Trésor, qui est très croyant, m'invite à aller nous recueillir dans une chapelle dédiée à la Vierge, Notre-Dame de la Nativité. Don Luis, vingt-sept ans, le jeune curé de la paroisse, a fait spécialement ouvrir son église pour nous. Marius tenait particulièrement à cet acte de piété : « Tu comprends, m'explique-t-il, ici, au moins, je suis sûr de ne pas croiser d'Irlandais du Nord, ils sont presque tous protestants. »

Avant de gagner sur le terrain, le match qui nous ouvre la voie de la demi-finale à Séville est déjà gagné dans nos cœurs et dans la tête.

Ce jour-là, à deux heures du coup d'envoi, je suis le premier à monter dans le car. Comme toujours, depuis Font-Romeu, les étapes de Saint-Cyprien, de Saint-Sébastien, le crochet par Bilbao et le séjour à Valladolid, je m'installe au premier rang, à droite, près de la vitre. Comme toujours, Gérard Soler, l'homme qui a sauvé l'honneur à Bilbao, prend place à côté de moi.

Nous sommes à une heure de Madrid.

Je suis la route. Comme sur le terrain, où je prends mes marques. J'y ai mes repères. Ici, le camp militaire de Miraflores de la Sierra et celui d'El Goloso au bout de la route.

Mentalement, je décompte à chaque croisement important le temps qui nous reste sur le chemin du stade.

Une demi-heure...

Un quart d'heure...

Dix minutes...

A Gérard Soler qui tente d'ébaucher une discussion, je réplique, comme dans un songe : « On va gagner... on va gagner... On ira à Séville... On se qualifiera pour la demi-finale. »

Enfin, le rio Manzanares et l'arène de béton. Monumentale et froide. Notre car se gare devant la porte qui mène aux vestiaires, l'entrée et la sortie des artistes... Là, tenus à distance par des policiers inexpressifs et blasés, nos supporters enrubannés scandent leurs encouragements au rythme d'un orchestre folklo de la côte basque : « Al-lez-les-Bleus! Al-lez-les-Bleus! »

Sans surprise, malgré le courage des Irlandais, nous les achevons 4-1 dans une forme d'école qui ferait lever les clameurs jusqu'à Séville. Justement, c'est bon signe pour Séville où nous attend désormais la grande Allemagne.

Une heure après, le car stationne toujours, le moteur froid, à la sortie des coulisses de l'exploit. Je m'autorise une petite cigarette et je tire dessus, à bouffées régulières, sans pouvoir vraiment réaliser.

J'avais trois ans quand la France s'est qualifiée pour la première fois aux demi-finales de la Coupe du monde.

Dehors, Bernard Pivot, homme de chiffres et de lettres, pose déjà le mot « fin » sur notre équipée victorieuse. Il philosophe : « Vous savez qu'en psychanalyse le père est celui qui réussit dans la vie, qui vous fait de l'ordre. En se qualifiant pour les demi-finales, la France de 1982 rejoint celle de 1958. On peut donc dire qu'elle a tué son père. »

Dans mon bonheur, j'ai un peu mal pour Kopa, Fontaine et pour mon premier maître à jouer : Piantoni...

23.

SANGLANTE *FERIA* A SÉVILLE

Je peux bien l'avouer aujourd'hui : oui, j'ai cru que Battiston était mort à Séville. Trente millions de Français, devant leur télé, ont encaissé avec lui la manchette assassine d'Harald Schumacher.

Manchette assassine... Aucune excuse, et moins que tout, la réconciliation feinte orchestrée par des conseillers à la veille du mariage de Patrick, à Metz, en septembre, ne pourrait racheter le comportement du gardien de but de l'équipe d'Allemagne. Si, une seule : la peur d'un châtiment expéditif sur le terrain par dix vengeurs.

Schumacher revient de loin.

Patrick, plus encore... Aujourd'hui, quand passe et repasse le film de ce match maudit sur mon magnétoscope et que je m'oblige à l'arrêt sur image, je me dis que Patrick a vraiment vu la mort en face.

C'était à Séville, donc, le 8 juillet 1982, capitale et temple mondial de la tauromachie intégriste.

Je n'entends rien à la tauromachie. Mais j'en respecte trop le mystère pour en parler avec volubilité, jouer l'aficionado de circonstance et réciter *Mort dans l'après-midi* de Hemingway, bible des béotiens éblouis déversés par pleins charters touristiques pour la semaine sainte, les grands pardons et la feria.

« Celui qui n'a pas vu une corrida à Séville, disait Joselito, ne sait pas ce qu'est un après-midi de *toros.* »

Celui qui n'a pas vu ce France-Allemagne ne sait pas ce qu'est un match de Coupe du monde.

J'ai lu, quelque part, comment Juan Belmonte, torero d'un autre âge, était mort. Suicidé. Et j'ai su comment, de Cadix à Pampelune, tout un peuple prit le deuil et comment Séville, très chrétiennement, enterra son enfant.

La foule qui n'avait pas pu entrer dans la Cathédrale s'écrasait autour du monument. Un cri jaillit : « A la Maestranza ! » (le nom de la plaza de toros). Et la foule reprit : « A la Maestranza ! » Et c'était impératif.

Je crois bien, en cette nuit apocalyptique où nous avons tutoyé les dieux et connu l'enfer, que tout le peuple de Séville a veillé avec nous sur le coma profond dans lequel Patrick s'est retrouvé brutalement plongé.

Moi, j'ai cru que Patrick était mort. Et j'entends encore, comme dans un mauvais rêve, le petit peuple de Triana me prendre par la main et nous entraîner, en cortège de douleur, vers le stade-calvaire : « A Sanchez Pijuan ! A Sanchez Pijuan ! »

Heureusement, Patrick est revenu à lui, le cou fêlé, sans fracture... Et nous avons quitté Séville, tous ensemble, debout certes, mais le cœur brisé. K.-O.

Tout Séville, partisans du « FC Sevilla » ou du « Real Betis », réconciliés pour un soir en une trêve providentielle, comme en 1976, Rangers et Celtic, à Glasgow, derrière Saint-Étienne, était pour la France.

Nous n'avons pas volé leur soutien.

Nous l'avons gagné sur le terrain.

Dès le début, franchement, nous sommes entrés sur le terrain avec l'ambition de nous qualifier. Nous avions faim de victoire. L'Allemagne, malgré tout son passé et le poids de son prestige, ne nous complexait pas. Nous étions parés par les corps francs et le panache des troupes d'asssaut. Nous étions comme les chevaliers français à Azincourt et ceux de la garde à Austerlitz et même à Waterloo. Ou comme les cadets de Saumur sur les ponts de la Loire ou encore – symbole oblige, en Espagne – ceux de Tolède, héroïques jusqu'au dernier face aux vagues d'assaut ennemies, un demi-siècle plus tôt.

Comme prévu, l'Allemagne exerce d'entrée sa pression. Vingt minutes après le coup d'envoi, Littbarski allume un tir rasant aussi précis qu'un rayon laser.

Allemagne 1 – France 0.

Le jeu, justement, est d'une haute tenue technique et...

morale. Nous, les hussards bleus, commençons à imposer notre domination fringante, naturelle, alerte, irrésistible.

Séville a des yeux de Chimène pour ses Rodrigue au cœur vaillant.

C'est après la mi-temps que Battiston descend dans l'arène. Il remplace Genghini, blessé au mollet.

Dix minutes plus tard (60e), c'est le drame.

Je n'oublierai jamais ces instants d'affolement et d'angoisse.

Patrick, que je viens de lancer en profondeur, échappe à son garde du corps, l'arrière de Hambourg, Manfred Kaltz.

Il file à course rapide vers le but de Schumacher. Celui-ci anticipe, sort de ses seize mètres et fonce à sa rencontre. Au moment même où Patrick arme son tir (le ballon frôlera le poteau), il le percute à pleine vitesse, le frappant violemment au visage du coude et de la hanche, sous les yeux de Bernd Forster replié en catastrophe.

C'est sûr, Schumacher a voulu faire mal. La preuve? Il s'éloigne en courant de la zone de l'agression et, nerveusement, comme s'il n'était pas concerné, fait sauter, négligemment, le ballon dans sa main.

J'ai le temps de réaliser que Patrick est inanimé. Je vois Janvion se voiler les yeux. Il croit qu'il est mort. Le Dr Vrillac se précipite vers l'endroit tragique. Il s'inquiète. Patrick est agité de spasmes nerveux.

Des minutes passent. Toujours plus angoissantes. Le médecin raisonne les secouristes espagnols, qui essaient, avec difficulté, de placer Patrick sur la civière. Il redoute une fracture de la colonne vertébrale. Il n'en sera rien heureusement, et la commotion dont souffrira Battiston ne l'obligera qu'à passer plusieurs jours à l'hôpital puis dans une clinique de Séville et à porter une minerve le jour de son mariage...

Pour nous, l'accident a cassé quelque chose. Pas le jeu, pas le style, pas l'ambition, mais le moral, d'autant que l'arbitre Hollandais, M. Corver, n'a pas un geste de compassion, pas un élan pour notre désarroi, ni n'esquisse la moindre velléité de sanction. Schumacher n'est pas expulsé. Il reste à son poste. Il n'est même pas averti. Il n'y a pas le moindre coup franc...

Cela n'empêche pas Trésor et Giresse d'inscrire deux buts dignes de la cinémathèque pendant la prolongation. Malgré tout, nous nous laissons rejoindre dans les dix dernières minutes, ce qui est indigne de finalistes potentiels, à ce niveau. Qu'importe...

Arrivent les penalties. Le tie-break assassin. Je n'énumérerai pas ici ce qui, finalement, s'achèvera en calvaire. Je rappellerai pour mémoire que l'Allemagne et la France sont à 4-4 quand Stielicke, le libero du Real Madrid, s'avance et frappe à côté. Il s'effondre de rage sous le regard impitoyable de Schumacher.

Encore un tir, un seul et nous avons gagné...

Voici Didier Six. Il place sa balle. Il se recule, prend à peine son élan et, dans la continuité du mouvement, adresse un tir mou de l'intérieur du pied gauche. Schumacher, alerté par Forster, le coéquipier de Didier à Stuttgart, n'a qu'à se baisser pour bloquer le ballon!

Didier tombe à genoux, prostré, revivant, en pire, son premier cauchemar du match Argentine-France à Buenos Aires, quatre ans plus tôt.

Le reste, c'est pour les archives et pour l'anecdote. Le mauvais sort, que dis-je, le mauvais œil, désigne Bossis, alors excellent, pour enterrer définitivement notre espérance d'accéder à la première finale de notre histoire. Hrubesch, le taureau teuton, propulse au contraire son équipe vers l'apothéose de Madrid, contre l'Italie.

Avec mon transfert spectaculaire à la Juventus, j'aurais tellement aimé, dans ce dernier bras de fer, y rencontrer l'Italie, tombeur du Brésil et de la Pologne.

Mais non.

Nous voilà condamnés au match de classement à Alicante.

Un match pour rien.

Troisième ou quatrième, qu'est-ce que cela veut dire, à ce niveau? Qu'est-ce que cela signifie après la frustration d'une finale méritée?

On peut bien nous raconter que nous sommes les plus grands joueurs du monde, que nous avons fait un match superbe, on s'en fout, on s'en contrefout.

Nous garderons toujours comme un goût d'inachevé, comme un accident irréparable, le terrible souvenir d'avoir manqué la finale qui nous ouvrait les bras et Madrid qui brûlait de nous recevoir.

Cette grande frustration, cette blessure inguérissable, je l'ai rédigée, à coups de plume, dans une « lettre ouverte aux Français », publiée par *Paris-Match* sous le titre accusateur : « A Séville, on a bafoué les règles du sport ».

Cinq ans après, je l'ai relue. Et je n'en change pas une ligne. Elle résume tout. Et résonne de toute la force du poids des mots :

« Chers Compatriotes,

C'est fini. La page est tournée, mais quelle page!

La France, quatrième sur vingt-quatre, est sortie du Mundial sur un nuage, même si, dans la nuit de Séville, ce fut un nuage noir.

J'en suis encore tout retourné. Je n'arrive pas à digérer ce coup du sort. Les images défilent, se superposent et se bousculent dans ma tête. Je revois le stade, les drapeaux, la foule et les buts. Je revis l'ambiance électrique et féroce de ce grand soir. J'ai les six buts (trois et trois) gravés dans ma mémoire. Et les penalties, en prolongation du suspense, qui passent et repassent dans un dénouement tragique.

Quand la France, battue d'un cheveu, entre dans sa nuit, je me retrouve tout seul, assis, désespéré, au milieu du terrain.

J'entrevois le ballet euphorique des Allemands. Je suis dans le noir. Rummenigge se détache du groupe et vient à ma rencontre. Il enlève son maillot, me le tend avec une poignée de main ferme et franche. J'aime beaucoup Rummenigge. Je suis incapable de lui en vouloir, à lui, même si, à ce moment-là, je me sens chavirer entre la colère et le chagrin.

Nous avons fait notre devoir, c'est sûr, et les Allemands ne nous ont rien appris. Au fond, je suis bien content qu'ils aient pris la leçon en finale. J'étais dans les tribunes du stade Santiago Bernabeu à Madrid, dimanche, mais je sais que ma place, notre place, était en contrebas, sur le terrain.

Comme tous les Français, j'avais fait un transfert d'affection. J'étais pour l'Italie. A cent pour cent... On dira : c'est normal, Platini est de souche italienne. Ou encore : Platini ménage son arrivée à la Juventus de Turin... Je réponds : voyez l'explosion de joie des Parisiens après la victoire. Ils sont descendus par milliers sur les Champs-Élysées, scandant avec une ferveur candide et sympa : “ I-ta-lia! I-ta-lia! I-ta-lia! ” Une vague de fond. Et l'on ne me fera pas croire que tous ces tifosi d'un soir étaient fils d'émigrés ou serveurs de pizzeria.

J'écris cela à chaud, tout à trac, après la finale, dans un hôtel qui borde le stade Bernabeu. Tout à l'heure, un petit avion privé m'emportera vers Saint-Cyprien, en pays catalan, là où s'ouvre l'école de football, la société « Grand Stade », dont je suis actionnaire. Et le soir, je rentrerai chez moi à Saint-Étienne, après deux mois d'absence. Pas pour longtemps... Ce sera, en effet, pour mettre la clé sous la porte. Le 14 juillet, on m'attend à Turin. J'ai rendez-vous là-bas pour choisir mon appartement avant la reprise de la saison. Il est temps pour moi de rentrer dans mes meubles, en Italie.

J'y retrouverai, bientôt, retour de vacances dans l'océan Indien, tous les héros de Madrid : Dino Zoff, Claudio Gentile, Cabrini, Tardelli, Paolo Rossi... Ils seront, à la fin du mois, mes futurs coéquipiers, mais c'est fou ce que j'aurais aimé les affronter en finale !

J'en rêvais. Le sort ne l'a pas voulu. Et, sans doute, certains l'ont-ils aidé. Je n'ai pas l'habitude d'accuser. Je connais la loi du sport, dont un dicton rendu célèbre vante à la fois la gloire et l'incertitude.

Mais j'en connais aussi les règles. Et je dis qu'à Séville elles ont été parfois bafouées. Je pense à l'agression du gardien allemand Schumacher qui a conduit mon ami Patrick Battiston à l'hôpital. Et à l'attitude impassible de l'arbitre dans les coups de feu.

J'ai revu tout cela à la télévision. Les chaînes espagnoles n'ont cessé, durant le week-end, de diffuser comme un hommage des extraits de notre match. Sur le terrain, je n'avais pas tout vu. J'étais en train de suivre le ballon après le tir de Patrick. Je n'ai pas vu la manchette de Schumacher – en rugby, on dirait un " placage à retardement " –, mais la caméra témoin, placée derrière le but, est accablante. Je ne comprends toujours pas les décisions de l'arbitre hollandais, M. Corver. C'est un bon arbitre. Les Français n'avaient pas de raison de se méfier : il est leur hôte, tous les ans, au tournoi cadet de Montaigu, en Vendée. Il est connu là-bas. Les gens l'aiment bien, et chacun s'accorde à reconnaître sa compétence. Je ne crois pas que ses affinités linguistiques avec les Allemands aient changé la face du match, même si je l'ai surpris, souvent, l'air complice, à parler avec Paul Breitner. J'aurais préféré un arbitre latin, comme M. Garrido, le Portugais. Nous comprenons le même football. Contre la force, il aurait encouragé notre sens artistique du jeu.

Bon, n'y revenons pas. On ne refera pas le résultat. Mais il faut que vous sachiez combien cette défaite nous a bouleversés. Je revois les supporters français dans le petit aéroport de Séville, abattus, navrés, compatissants. Ce n'était pas comme à Bilbao, après l'échec contre l'Angleterre. Là-bas, il y avait eu un fort mouvement de curiosité. C'était un peu le public de Roland-Garros et du tournoi des Cinq Nations. Les gens étaient déçus, frustrés et même un peu fâchés. Ceux du rugby descendus de tout le Sud-Ouest nous pardonnaient mal de tomber ainsi devant l'Angleterre que le XV de France surclasse chaque année.

A Séville, nous étions entre mordus du foot. Les vrais. Ceux de la famille. Et je sais qu'en France vous étiez trente millions devant la télé. Je suis fier du spectacle que nous vous avons offert ainsi qu'à des centaines de millions de téléspectateurs, fier d'avoir prouvé au monde notre vraie valeur et d'avoir enfin convaincu tous les Français. Au début de la Coupe du monde, on a cherché querelle à l'équipe de France. On a grossi l'amertume des remplaçants. On a recherché la sensation à tout prix. J'ai souffert, personnellement, d'avoir été mis en cause après France-Autriche. J'étais blessé. Je n'avais pas joué ce match. Je m'étais retrouvé dans la tribune. J'ai vécu la victoire en communauté d'esprit avec les joueurs. Normal. Aussitôt, on a cru bon de me contester : “ Platini a-t-il encore sa place dans cette équipe ? ” J'ai accusé le coup, autant le dire. Et puis j'ai pris sur moi, et le moral est revenu. Patrick (Battiston) m'a beaucoup aidé. Nous faisons chambre commune et nous sommes mieux que des amis. J'ai d'ailleurs trouvé des joueurs exemplaires en équipe de France ; avec Giresse et Genghini nous parlons le même football. Et je passe évidemment sur mes vieux copains : Marius (Trésor), Max (Bossis), Soler et Rocheteau.

Voilà. J'arrive au bout de ma lettre. C'est un peu en désordre, mais les idées et les souvenirs se chevauchent dans ma tête. J'ai un (gros) regret : l'élimination contre l'Allemagne. Et (déjà) un remords : celui de n'avoir pas pu jouer le match pour la troisième place contre la Pologne. Aujourd'hui, le résultat importe peu, mais nous le regretterons bientôt.

Dans quinze jours, je serai en Italie, mais je ne vous oublierai pas. J'ai insisté pour introduire une clause spéciale dans mon contrat à la Juventus de Turin. Elle prévoit que je serai à la libre disposition de l'équipe de France. C'est la moindre des choses, et je vous dois bien cela! Pour conclure, je me contenterai de vous servir une expression aussi banale que galvaudée : c'est juré, j'essaierai de faire mieux la prochaine fois.

Fidèlement. »

24.

UN TRAVAILLEUR DU FOOTBALL EN ITALIE

Et maintenant, qu'allait-il se passer? Qu'y avait-il derrière ce contrat signé au cordeau, ce fameux vendredi, peu avant le minuit fatidique qui fermait pour une saison les frontières de l'Italie aux joueurs étrangers? D'abord, la Coupe d'Europe. De nouveau champion d'Italie pour la saison 1981-1982, la Juve se retrouvait tout naturellement en lice pour disputer la Coupe d'Europe des clubs champions, la plus prestigieuse des coupes de club, celle qui vit triompher les Cruijff, Beckenbauer, Keegan, Eusebio, Suarez. Celle du Real, de l'Ajax, de Liverpool et du Bayern.

A Turin, tout a été prévu pour disputer la prochaine Coupe d'Europe. Et je me doutais, vu l'accueil de star qui me fut réservé, que j'allais aider à servir ses desseins. La Juve dont j'allais partager la destinée alignait une belle brochette de monstres sacrés du football : Zoff, Cabrini, Scirea, Gentile, Tardelli, Bettega et Paolo Rossi, qui venait de finir de purger sa suspension de deux ans, suite au scandale des paris clandestins. Et puis Zbignew Boniek, le stratège polonais, engagé lui aussi à prix d'or. Une équipe calibrée pour triompher, pour gagner coûte que coûte, sur n'importe quel terrain. Une équipe dont je savais alors que je partagerais la vie deux ans, jusqu'en juin 1984, date d'expiration de mon contrat. Deux ans pour me refaire une santé psychologique, loin du championnat de France, pour oublier les jalousies. Deux ans au terme desquels je ne reviendrai pas jouer en France.

En attendant, je me concentrais pour affronter ma lourde

tâche au sein de la Juve. Je savais précisément ce que l'on attendait de moi : construire le jeu, organiser les attaques, marquer des buts. Du résultat sur le terrain, et tout de suite. On ne paie pas un homme à ce prix pour qu'il fasse de la figuration.

La Coupe du monde, le Mundial 1982, fut une saine coupure dans mon esprit avant d'affronter ma première saison turinoise. Nous avions échoué en demi-finale contre l'Allemagne de Harald Schumacher. La corrida perdue de Séville me restait en travers de la gorge; le taureau allemand nous avait eus, et je sentais encore les plaies ouvertes par sa cornade, qui laissait Battiston sur le carreau. En finale, à Madrid, l'Italie imposa sa loi lumineuse aux sombres Prussiens. Cet éclatant 3-1 remit les pendules à l'heure et me mit, moi, d'excellente humeur. Les Bleus étaient vengés. Et vengés par l'Italie, les « autres » Bleus. Et je n'étais pas indifférent au fait que, sur les onze joueurs « attitrés » de la « Squadra azzura », six joueraient avec moi à la Juve la saison d'après. Six parmi nos vengeurs! Zoff, Gentile, Scirea, Cabrini, Tardelli et Rossi. C'est dire la place prépondérante de la Juve dans le football italien...

A son arrivée à l'hôtel Ambasciatori, à Turin, un gros bouquet de fleurs attendait Christèle. Une attention des dirigeants du club. Qui, ensuite, lui ont fait découvrir, ainsi qu'à mon fils, les plus beaux quartiers de la ville et les boutiques de luxe de la via Roma et de la piazza San Caro. Shopping aux frais de la princesse, ou plutôt, de la Grande Dame.

Mais ce ne fut pas notre seule surprise. En arrivant au Stadio Comunale, à bord de notre Range Rover verte, outre Christèle, Laurent et moi, avaient pris place Boniek, sa femme, Wieslawa, et sa fille, Carolina, quelle ne fut pas notre stupéfaction de voir plus de cinq mille tifosi, armés de pancartes, de tambours et de trompettes, venus pour acclamer leurs idoles de la Juve, qui partaient s'entraîner à Villa Perosa, à une quarantaine de kilomètres de là! Or, ils scandaient déjà : « Rossi! Platini! Boniek! Zoff! » mêlant nos deux noms à ceux des autres joueurs, comme si nous faisions partie de l'équipe depuis des lustres.

Boniek et moi, qui « débarquions », fûmes même pris de panique au moment de monter dans le car de la Juve. Gentile dut s'interposer pour protéger Zbignew, et moi, je perdis un pull-over en cachemire dans la mêlée! Cet accueil en campionissimo restera longtemps gravé dans ma mémoire. Ici, le football, plus qu'un loisir, qu'un sport, qu'un spectacle, est un mode de vie, un art de vivre. A Turin comme à Milan, « il calcio » domine tout. Le gouvernement italien annonce que le prix de l'essence va monter jusqu'à 5,50 francs? Personne ne bronche. L'important, en cette fin de l'été 1982, c'est que l'Italie soit championne du monde et que la Juve manifeste une saison de plus son invincibilité en championnat. Parce que, jamais dans son histoire, l'équipe d'Agnelli n'a été aussi forte... C'est dans ce contexte volcanique que Boniek et moi-même nous intégrâmes à la Juve volcanique, parce qu'il n'est pas question pour la Juve de décevoir. On se souvient que, en 1978, éliminée de la Coupe du monde dès le premier tour, les joueurs faillirent se faire lyncher à leur sortie de l'avion sur le sol italien. Le tifoso ne pardonne rien à ceux qu'il a pu aduler. Il est entier. C'est tout ou rien. La passion ou la haine. A chaque but encaissé par la « Squadra azzura », à chaque match perdu, les téléviseurs, en Italie, volaient par les fenêtres. C'est le revers de la médaille. L'envers du décor.

En attendant de m'installer avec les miens dans une très belle maison située sur les collines, route de Pinotorinese, nous logeons à l'hôtel Ambasciatori, comme Boniek, qui connaît les mêmes problèmes que nous. Chaque jour, en revenant de notre camp d'entraînement de Villa Perosa ou du Stadio Comunale, nous nous trouvons confrontés à des embouteillages de tifosi en délire sur le chemin de notre hôtel. Cela semble contrarier Trapatoni, notre entraîneur, qui aurait souhaité plus de calme pour nos débuts transalpins. Lui, ce qu'il veut, c'est... du résultat. Et tout de suite.

Je ne me fais pas attendre pour lui donner satisfaction. Au premier entraînement, d'entrée, je marque un but à « Nano » (« pépère »!) tendre surnom donné à Zoff par ses plus ardents supporters. Le lendemain, j'en mets un de la tête. Et, durant les deux premiers minimatches de notre stage à Villa Perosa, je remets le couvert, marquant après Bettega et Tardelli. Je confirme ma réputation de buteur, et ça me met en confiance.

A Villa Perosa, le réveil sonne chaque matin à 7 h 30. Le petit déjeuner est servi à 8 heures. Ce matin-là, le kiné m'a réveillé à 7 heures en m'interpellant en italien. Dans mon demi-sommeil, je me suis demandé : « Qu'est-ce que je suis venu faire dans cette galère? » Ensuite, nous courons dans les bois de

Pra-Marino. Puis nous déjeunons, avant une nouvelle séance de footing et de travail technique. Je raffole des pâtes et du risotto. Cela semble autant émouvoir les tifosi que mes dribbles ou mes buts! J'aime tellement ça que je demande toujours à être resservi. Boniek, lui, n'y touche carrément pas. Invariablement, après le déjeuner, j'endosse mon maillot bleu de l'équipe de France pour me promener. Mes racines, je n'ai pas peur de les porter sur moi, à même la peau, telle une tunique de Nessus.

Je commence à faire plus ample connaissance avec les autres joueurs de la Juve. L'accueil a été un peu mitigé au tout début, mais c'est en train de passer. On ne m'oppose plus trop à Boniek, qui représentait, aux yeux de certains, le pauvre Polonais de Solidarnosc, l'ouvrier, tandis que, moi, j'étais le milliardaire impérialiste à la solde du capital! Heureusement, par mon jeu sur le terrain, alors que Zbignew n'était pas au mieux de sa forme physique, j'ai pu quelque peu renverser la vapeur en ma faveur.

Boniek est pourtant celui de mes partenaires avec lequel j'ai les plus fréquents contacts. Le fait que nous partagions le même hôtel et que nous découvrions ensemble Turin, ville belle et cossue comme son club, n'y est pas étranger. Je m'entends bien également avec les joueurs qui ont participé à la Coupe du monde, et que j'ai rencontrés alors, notamment Tardelli. Et, aux journalistes qui viennent me demander comment je me sens avec les vedettes de la Juventus, je réponds invariablement que je ne suis qu'un joueur de football au service de l'équipe. Une star, moi? Non, juste un « travailleur du football » conscient d'entrer dans un club fabuleux, un des trois meilleurs au monde en ce moment.

On a pu parler aussi du fait que, à Villa Perosa, alors que tous les autres joueurs se partageaient une chambre à deux, je sois le seul, mis à part le capitaine Furnio, à avoir une chambre pour moi. On a pu parler de traitement de faveur. J'ai même entendu dire que c'était parce que j'étais le « chouchou » de Giovanni Agnelli, Sa Majesté soi-même.

S'il est venu à Turin, c'est parce que Agnelli l'a appelé personnellement à Saint-Étienne...

C'est vrai, mais le fait que je sois dans une chambre seule n'est qu'une coïncidence. Comme le fait que j'emménage, à la fin du mois d'août, à Pinotorinese, le quartier résidentiel de Turin, où habitent mon président Boniperti et... Agnelli! Sous le maillot à rayures blanches et noires, le seul d'Italie à avoir deux étoiles, ce qui signifie « vingt fois champion d'Italie », vais-je connaître les mêmes critiques, voire la même crise, qu'à Saint-Étienne?

Non, parce que tout ici est différent. Les joueurs sont de bonne humeur parce qu'ils savent qu'ils sont parmi les meilleurs d'Europe. Et puis sortir victorieux d'un Mundial, c'est sûr que ça aide à se sentir décontracté et décomplexé. Mais le plus important, c'est de savoir que nous sommes tous rassemblés sous le même maillot pour la même raison : jouer au football, ensemble, dans le même sens, pour gagner.

Évidemment, tout serait trop beau si c'était si simple. Là encore, la médaille a son revers. Comment Michel Platini, leader du football français, allait-il imposer sa stratégie de jeu au sein d'une équipe qui compte six champions du monde en titre, c'est-à-dire six joueurs a priori peu disposés à s'en laisser conter par un « émigré » français sur le terrain? Michel Platini, « il francese », se devait de résoudre au plus vite cette énigme, sous peine d'échouer lamentablement sous le soleil implacable du calcio. Je le dirais beaucoup plus tard : « Un an dans le calcio, cela vaut dix années de championnat en France. » Je ne me doutais pas encore à quel point cela serait vrai...

Heureusement, notre emménagement dans notre maison de Pinotorinese m'apporte une paix salutaire au moment où je vais devoir affronter à bras-le-corps mes problèmes d'intégration professionnelle durant les premiers matches du calcio. Christèle adore notre nouveau foyer. C'est important, pour mon équilibre personnel, que Christèle et mes enfants, Marine, vingt mois, et Laurent, quatre ans, se plaisent à mes côtés, en Italie. Sans eux, je ne serais plus Michel Platini; sans eux, je ne dribblerais plus aussi bien et je louperais ouvertures et coups francs directs. La crise de la caisse noire de Saint-Étienne – contre laquelle je me suis défendu par voie d'avocat – aura au moins servi à une chose : me faire compendre à quel point je suis désormais armé pour faire face aux pires difficultés. Et si cette crise aura été la cause du démantèlement des Verts, de la débâcle d'une équipe qui, avec le Reims de Kopa, Piantoni et Fontaine, figure au panthéon du football français, tant pis... Ce que perd le football français n'est rien à côté de ce que je gagne sur le plan humain.

Le quartier résidentiel, route de Pinotorinese, se trouve à

l'est de Turin. Dans un grand parc qui s'étale au bord du Pô, deux châteaux se dressent. Sur l'autre rive s'élève doucement la verdoyante colline de Pinotorinese. La résidence que nous avons choisie se trouve là, baignée par la tranquillité du lieu. On y accède par un chemin que barre une grille électrique. Derrière, un chien aux proportions plus que respectables est chargé de donner de la voix pour décourager tifosi venus réclamer un autographe, membres des Brigades rouges à l'affût d'un enlèvement facilement rançonnable et autres parasites. Évidemment, j'ai essayé de m'entourer du maximum de précautions, jusqu'à une adresse qui relève du « secret défense »! Notre appartement, dont l'installation n'est pas encore achevée, nous offre actuellement un désert blanc de 350 m^2. « Platini a les moyens! » diront certains coasseurs. Platini a surtout les moyens de faire une bonne affaire, puisque pour résider dans ces 350 m^2 où tout n'est qu'ordre et beauté, luxe, calme et volupté, il ne lui en coûte que 7 000 francs par mois, et pas un kopeck de plus. Certains de ces coasseurs paient peut-être la même somme pour un trois-pièces de 70 m^2 à l'orée du bois de Boulogne. Le living est si grand que je profite de l'absence provisoire de meubles pour y tirer des penalties d'une distance réglementaire. Au soir, la baie vitrée nous offre le panorama inouï du soleil couchant sur les Alpes. Je manie en virtuose la perceuse (!), désireux de présider à l'installation d'étagères. Christèle, qui a laissé son piano à queue à Saint-Étienne, est décidée à ne pas rester inactive. Pour mettre la main à la pâte, elle apprend à mitonner le risotto comme on le prépare chez Ilio, restaurant turinois réputé pour cette spécialité. Et, pour déjouer les pièges des paparazzi qui empoisonnent notre vie quotidienne, elle s'initie aux rudiments de la photographie. Ici, à Pinotorinese, nous nous ressourçons, loin du bruit et de la fureur de Saint-Étienne, accalmie avant la *furia* du calcio, éternel recommencement chaque semaine. Notre but unique : être bien chez soi, pour être bien dans sa tête et donc, pour moi, dans mes souliers à crampons vernis.

Superbe site de villégiature, isolé de la sourde rumeur de Turin, ville industrielle qui compte quatre fois plus d'habitants que Saint-Étienne, Pinotorinese n'est qu'à une heure de la mer et à trente minutes des pistes de ski. Et puis, nous profitons des avantages de la proximité de Turin sans en subir les inconvénients. La cité fief de la Fiat offre aux téléphiles treize chaînes, dont une que la morale doit certainement réprouver. En fana du magnétoscope, j'ai emporté dans mes bagages une précieuse collection de vidéocassettes. Quel type de film regarde Michel Platini? Soupe populaire ou art et essai? *La Boum* ou *Prénom, Carmen*?... A part deux westerns égarés là je ne sais comment, je ne collectionne que les matches de foot : les miens, pour des raisons strictement professionnelles, ceux des autres, pour les mêmes raisons, mais aussi pour le plaisir des yeux. En tout, je dois bien avoir une centaine de cassettes de matches dont certains sont, de l'avis des connaisseurs, des chefs-d'œuvre du football. Après tout, pourquoi ne pas me faire, tout seul, le vendredi ou le dimanche soir, tandis que Christèle rêve contre mon épaule, mon ciné-club de matches de foot en v.o. non sous-titrée? Ça aussi, ça me permet de recharger mes batteries, en attendant le prochain match du calcio, celui qui décidera, une nouvelle fois, si je suis « Michel Platini », l'idole des tifosi, ou « il Francese », celui qui déçoit...

25.
DES DÉBUTS DIFFICILES...

On ne débarque pas impunément, aussi bon et estimé soit-on, dans une équipe gonflée à bloc, dont l'épicentre vient de remporter le Mundial...

« Pourquoi Platini, si admirablement précis dans ses passes, ne fait-il pas davantage marquer de buts à Paolo Rossi, si incroyablement rapide dans ses shoots? » Grande question, posée match après match par la presse. Ah! Paolo Rossi... L'idole du Mundial, l'enfant terrible du calcio, celui qui allie génie footballistique et art de la « combinazione ». Artiste mâtiné d'escroc, tout ce qui peut séduire l'exubérance latine. Paolo Rossi, plus adulé peut-être même, en ce début d'automne 1982, que ne l'ont jamais été Riva, Rivera ou Mazzola... Après Platini, le capitaliste, opposé à Boniek, le prolétaire, il fallut donc qu'il y ait, dans la presse, le match Platini-Rossi. Que répondre à cela?

« Je ne joue pas pour faire briller Paolo Rossi, mais pour faire gagner la Juventus. »

Réponse risquée. Parce que, si, après, ni Paolo Rossi ni la Vecchia Signora ne gagnent, Michel Platini redevient « il Francese », le Français. Celui qui, à Séville, cloué par la cornade teutonne, perdit son billet pour la finale madrilène. Que dire de plus? Que, à mon avis, si l'Italie a gagné la finale, c'est peut-être aussi un peu grâce à la France? Parce que les Allemands, pour gagner au cordeau contre nous, au terme de prolongations exténuantes, il leur a bien fallu dépenser une énergie titanesque, non? Sur le terrain, face à l'Italie, avant même que le coup d'envoi ne soit donné, les jeux étaient faits, question de date de fraîcheur, je crois. Les Allemands étaient lessivés avant même de toucher leur premier ballon... Sans parler du public ibère, que le duel France-Allemagne et Battiston-Schumacher avait totalement acquis à notre cause et, donc, à celle de nos « vengeurs » : les joueurs de la « Squadra azzura ».

Et voilà qu'ici, au Stadio Comunale, trois mois après le Mundial, les ex-alliés se disputaient les lambeaux d'une autre victoire. Voilà que Rossi, le justicier, et Platini, l'orphelin, se trouvaient en position d'adversaires au sein d'une polémique attisée par la toute-puissante presse italienne, capricieuse comme une star de Cinecittá, girouette exposée au gré des vents contraires. Ainsi, quand Michel Platini, au cours d'un Naples-Juventus anthologique, offre sur un plateau trois buts à ses partenaires, voici que les quotidiens transalpins, surdoués dans l'art de la contradiction, titrent : « Michel Platini, campionissimo », laissant en berne mon titre un peu humiliant de « il Francese », censé moquer cet émigré en or massif qui, par amour de son pays, ne perd pas une occasion d'endosser, pour lui, pour sa sérénité personnelle, le maillot tricolore des Bleus...

A moi de comprendre la leçon, à moi de m'habituer à ces nouvelles règles du jeu, plus intenses qu'en France. A moi de m'habituer aux excès des supporters, dans un sens comme dans l'autre. A moi de ne plus être choqué par leurs extravagances, comme le jour où, après un match que nous venions de gagner, un homme m'a lancé son bébé dans les bras, à la manière d'un ballon de rugby. Passe risquée, puisque j'ai dû rattraper l'enfant au vol, tandis que le tifoso me prenait en photo avec sa progéniture dans les bras... A moi de supporter les accès de fièvre quasi quotidiens du monde du calcio, le seul monde qui semble vraiment compter en Italie.

Le résultat. Ici, seul le résultat compte. Ce n'est pas facile à accepter, mais c'est comme ça. Le soutien des tifosi est fabuleux. Ils font un bruit d'enfer, puis se taisent religieusement au moment où nous entrons sur le terrain. Ensuite, il s'agit pour nous de gagner. A tout prix. Le public italien se fiche du spectacle. Ce qu'il veut, c'est que son équipe gagne. Seul le résultat compte. Et cette sanction est sacrée. En France, on chipote à propos des occasions de but ou de la domination d'une équipe sur l'autre. Ici, il n'en est pas question. On s'incline devant le résultat. L'équipe qui perd est mauvaise : elle n'a droit qu'au mépris.

Les entraîneurs le savent et ils font tout pour faire gagner leur équipe. Même au mépris du spectacle, de la beauté du jeu. N'oublions pas que c'est en Italie que fut inventée cette négation du football : le catenaccio. Le béton. Défenseurs, milieux et attaquants serrant les rangs devant leurs buts. Un seul attaquant laissé en franc-tireur dans le camp adverse. Comme ça, en cas de contre-attaque, il peut tenter sa chance et, qui sait, marquer... Le catenaccio fit des ravages dans le calcio et dans les coupes d'Europe, durant de longues années. Dieu merci, les Italiens en sont revenus, en tirant les enseignements. Si leurs défenses restent parmi les plus dures et les plus homogènes du monde, ils ont développé avec maestria leurs attaques, n'oubliant pas que la meilleure défense, c'est aussi l'attaque.

Ici, le « totocalcio », le concours de pronostics sur l'ensemble des matches – qui donnera naissance à notre Loto sportif –, est une institution qui surclasse largement le tiercé. Tout le monde joue, a joué ou jouera. C'est pourquoi, sur le terrain, la tension du public est à la limite du soutenable. Le moindre de vos mouvements, la moindre passe, le moindre dribble, devient ainsi, par des dizaines de milliers de spectateurs, l'instrument du destin. On vous bénit pour chaque action réussie, on invoque contre vous la Madonna pour chaque bavure...

Ce qui n'arrange rien, c'est que, sur le tableau, seul le résultat est pris en compte, sans souci de savoir qui bat qui, en fin de compte, au goal-average. Deux points pour une victoire, un pour le nul, zéro pour une défaite. Gagner un match avec un but d'écart ou dix, c'est du pareil au même. A la fin, dans le calcio, en cas d'égalité au classement entre deux équipes, un match d'appui est organisé pour les départager. Dans ces conditions, on joue d'abord pour ne pas perdre, c'est la règle. C'est pour cette unique raison que les scores entre équipes pourtant d'inégales valeurs sont si serrés. Les défenses, triées sur le volet pour leurs qualités physiques et techniques, ne commettent presque jamais d'erreurs. Et si je marque, c'est en profitant des rares failles qu'elles peuvent offrir.

Inversement, l'entraînement est moins dur ici qu'en France. Nous subissons moins de contraintes et notre régime alimentaire est plus souple, sans doute parce que les matches de championnat se disputent seulement le dimanche et que l'accumulation des rencontres comme en Angleterre ou en France n'existe pas en

Italie. On ne joue en semaine qu'à cause de la Coupe d'Europe.

Cela dit, malgré ce meilleur étalement des rencontres, un match de calcio est bien plus éprouvant physiquement et nerveusement qu'un match de championnat en France. Du temps de Nancy ou de Saint-Étienne, il m'arrivait de finir un match à peu près frais; avec la Juve, même contre des seconds couteaux, telle l'équipe de Cesena, il m'arrive fréquemment de terminer le match sur les genoux.

Ce jour-là, nous gagnâmes 2-0. Les zèbres noir et blanc, comme on nous surnomme, attaquèrent avec la rapidité de la tornade. Je servis Bettega sur un plateau, permettant à mon distingué coéquipier à cheveux blancs, malgré ses trente et un ans, d'inscrire le premier but. Pour ne pas être en reste, je marquai le deuxième. Bon prince, je donnai des occasions à Cabrini et Rossi, qui surent les gâcher avec adresse... Ce jour-là, la presse me consacra « campionissimo ». Et moi, mes pensées allèrent à Francesco Platini, qui, en 1919, quitta définitivement le petit village d'Agrate-Conturbia, situé pas loin d'ici, sur la route qui relie Novara à Arana.

Ah, Italie de mes origines! Piémont de mes racines! Les pâtes et le risotto à volonté! Tout ce qui devait sommeiller dans mes gènes. Heureusement pour mon poids, les matches du calcio se jouent le jour, sous un soleil de plomb, ce qui ne m'était jamais arrivé avant et qui me fait transpirer un maximum, contrairement aux matches nocturnes en France.

Peu à peu, je m'attache à la Juve et à Turin, capitale industrielle qui compte 1 200 000 habitants. Ma première grande ville. Pour moi, la via Roma, c'est un peu comme les Champs-Élysées.

Jour après jour, je renoue avec mes racines. Dans la presse, il n'est pas rare que je me découvre des cousins inconnus, lointains, qui déclarent se souvenir de moi. Incorrigible Italie! Quant à la signora Rosa Barberis, maire d'Agrate-Conturbia, elle m'aurait reconnu à la télé, le jour d'Italie-France, à Naples. Depuis, elle tient dur comme fer à ce que je vienne inaugurer un stade dans sa commune. Francesco, voilà notre retour au pays!...

Après chaque match, je retrouve le gardien du Stadio Comunale. C'est un bonhomme au nez poreux avec qui j'ai institué un rituel. Quand je ne marque pas de but, je lui paie un café. Quand je marque, c'est lui qui paie. Il dit que je suis plus modeste et plus aimable que Paolo Rossi. Il dit que c'est bien, qu'il faut que je garde la tête froide.

Mon jeu évolue de match en match. Trappatoni m'en fait le compliment : « Michel, tu es probablement le meilleur constructeur de football en Europe, au moins! Je t'avais déjà repéré en Italie. Je suis très heureux que tu aies signé ici pour deux ans. Au moins! » Il parle un bon français, comme beaucoup de ses compatriotes. Il n'a qu'une critique à me faire : « Tu as beaucoup de fantaisie et de personnalité, mais tu manques encore d'autorité. Mais ça viendra, j'en suis sûr... »

Message reçu, signor Trappatoni.

« Nous sommes nés pour toi, nous vivons pour toi, nous mourrons pour toi, forza Juve magnifique, gagne encore pour nous! » Dans la tribune Maratona, en face de la Filadelfia, ce sont les bannières géantes des « rouges » qui claquent comme des étendards sur fond de feux de Bengale. Aujourd'hui, au Stadio Comunale, c'est le derby turinois, 189e « Mole » du nom, comme on l'appelle ici. Les 67 000 places, réparties entre les 19 000 abonnés et les 48 000 entrées payantes, sont toutes prises. Devant les grilles du stade, d'ultimes billets se vendent à prix d'or au marché noir. Dans la tribune Filadelfia, moins mouvementée que la Maratona, c'est un délire d'inventions visuelles en rayures verticales noires et blanches. A l'entrée, le Comunale affiche « Tutto esaurito » : complet. Retournez chez vous, braves gens, le stade est plein à craquer. Le soleil brille, vous pouvez aussi rester là, dehors, à écouter la rumeur du volcan. On s'attend d'un instant à l'autre à ce qu'il y ait une éruption : un but de Rossi, de Cabrini ou de Platini contre le Toro, par exemple. Casarini, un des meilleurs arbitres au monde, consulte son chronomètre. Ça va être l'heure. Du regard, il balaie les tribunes impétueuses autour de nous. Ce qu'il ne sait pas, c'est que, ce jour-là, le Comunale a battu un nouveau record de recettes : 630 millions de lires, c'est-à-dire, 3,5 millions de nos francs! Il met son sifflet en bouche et donne le coup d'envoi.

En quarante-cinq minutes, au centre du vert cratère du volcan, nous avons imposé notre jeu. Une fois de plus, les « biancaneri » allaient triompher de l'adversaire fraternel, la Toro, l'autre club de Turin. Je rentre dans les vestiaires content. J'ai marqué le seul but de la première mi-temps; ce sera d'ailleurs le seul de la partie. Un centre tendu de Gentile. Tardelli, à l'affût, frappe une première fois. Mais Terraneo, le gardien des « rouges », veille, renvoyant la balle. Dans mes pieds. Contrôle et tir. Une frappe foudroyante. Qui cloue littéralement le valeureux Terraneo sur place. Dans la tribune Filadelfia, les supporters « bianconeri » m'ovationnent d'une seule et même voix. En face, de l'autre côté du stade, dans la tribune Maratona, les supporters « granato » observent un silence de mort. Encore un coup comme ça et ils vont huer leur équipe. Moi, je cours comme un dératé, bras levés en V, vers la tribune Filadelfia. Je me jette au pied de mes aficionados. Je suis le torero, le plus fort, et j'ai vaincu le « Toro », sans mauvais jeu de mots. Un tonnerre d'applaudissements déferle sur moi en même temps que mes coéquipiers qui me roulent dans le gazon et m'embrassent. Il y a là cette fouine de Rossi et le roi Dino Zoff, et Tardelli, et Gentile, qui m'a servi indirectement, et Bettegga, Boniek, Brio, Prandelli, et Furino, notre capitaine. Ma première victoire, mon premier triomphe. Ma première grande corrida en Italie.

Jusqu'alors, j'avais eu des hauts et des bas durant mes premiers matches de calcio. Dans les tableaux comparatifs que publient chaque semaine, au lendemain du calcio, les trois grands quotidiens de la Péninsule, je n'obtenais que des notes moyennes, de l'ordre de 5 ou de 6 sur 10, ce qui me laissait loin derrière les autres joueurs étrangers à la Bourse italienne des joueurs. Loin derrière Dirceu, Brady, Edinho, Passarella, Diaz, Krol, et même Boniek. La fameuse *Gazzetta dello sport* me décerna même, à trois reprises, dans sa page panoramique du mardi, le titre de « peggiore », de plus mauvais joueur de mon équipe. Ce n'est qu'après mon match contre Torino que je fus, pour la première fois, consacré « il migliore », le meilleur...

Peu à peu, je comprends les ravages implacables du calcio. De l'autorité, voilà ce qu'il me manque vraiment. Voilà ce qu'il me faut pour m'imposer face aux équipes adverses, face à mon public, face à la presse. Et face à ma propre équipe. De l'autorité... C'est Trappatoni qui avait raison. D'ailleurs, c'est stipulé entre les lignes de mon contrat : on me paie pour avoir de l'autorité au sein de la Juve. Ici, un chef d'orchestre sans autorité, c'est un martyr chrétien dans la fosse aux lions. Et les lions les plus affamés, les plus prompts à le dépecer, ce sont ses propres musiciens, ses coéquipiers. Trappatoni a raison : de l'autorité...

Au terme de ce « Mole » Juve-Toro, 189e du titre, le peu loquace Giovanni Trappatoni déclarera : « C'est celui-là, le Platini qu'il nous faut. Plus mordant, plus présent, mais sans oublier de composer à la Platini. » Un journaliste italien crut bon alors de faire remarquer à notre entraîneur que j'ai joué malade, diminué par une pubalgie. Glacial, Trappatoni sut trouver la seule juste réplique : « Eh bien, j'espère qu'il sera malade comme ça toute la saison!... » C'est ainsi que se termina mon mois de novembre 1982 à Turin : dans l'euphorie enfin retrouvée. Avec, pourtant, une épée de Damoclès au-dessus de ma tête.

Pubalgie. Ce mal qui avait mis hors course durant de longs mois des joueurs tels Trésor, Tigana ou Gemmrich, voilà qu'il me frappait de plein fouet. Depuis six mois, je souffrais sur le terrain. Le match raté face à l'Inter de Milan mit le feu aux poudres des critiques. Même le président Agnelli me fit savoir ouvertement que je ne rendais pas les services souhaités comparativement aux sommes touchées. La trêve de Noël approchait et je bénissais le Ciel d'avoir pu tenir le coup depuis six mois, malgré la douleur qui me minait une jambe. Au lendemain de Noël, j'allai consulter un chiropracteur en Allemagne, celui-là même qui avait tiré d'affaire Marius Trésor voici quelques années. En une séance de manipulation, il découvrait que les causes de ma pubalgie provenaient d'un tassement des vertèbres lombaires. Le bassin, déplacé de son axe, avait joué sur la jambe. En une vingtaine de jours, je pouvais guérir. Et, malgré une légère douleur, je pensais tenir ma place à la reprise du calcio contre Cagliari.

Trappatoni déplora le bruit fait autour de cette affaire. La Juve se sentait attaquée, c'est moi qui la défendis, en déclarant que j'avais contracté cette blessure au cours d'un match amical avec les Bleus contre Andorre, juste avant le Mundial de juin. Ce n'était pas le moment d'envenimer mes relations avec les dirigeants de la Vecchia Signora. Pourtant, a posteriori, je dois, à mon tour, déplorer qu'aucun médecin turinois n'ait, en six mois, su diagnostiquer mon mal.

Hélas, il n'y a pas de justice! Ma rentrée dans l'équipe face à Cagliari fut un désastre. En concédant le nul, 1-1, au Stadio Comunale, nous faisions pâle figure. La presse italienne unanime, qui n'avait pas été suffisamment alertée, par ma faute, du manque de soins médicaux dont j'avais fait l'objet depuis mon arrivée à Turin, s'acharna sur moi, me faisant endosser la

1972-1980. Enfin, sous le maillot des « Verts ». Le vœu d'une majorité de Français, d'après un sondage d'opinion. Nous atteindrons des sommets en Coupe d'Europe, notamment devant PSV Eindhoven (6-0) et à Hambourg (ici) où nous gagnons 5-0 ! *(Ph. Billon, Sipa Press et Presse-sports.)*

D'un coup franc idéalement placé, j'élimine les Pays-Bas, finalistes des Coupes du monde 1974 et 1978 et qualifie la France pour son deuxième « Mundial » consécutif, joué en Espagne, en 1982. *(Cl. Henri Besson.)*

Ce « Mundial » efface les déceptions de Buenos Aires. Nous atteignons la demi finale, vingt-quatre ans après Kopa et Fontaine ! Douleur, aussi, avec la grave blessure de Patrick Battiston — mon meilleur ami *(ci-dessous)* chez moi à Saint-Étienne — agressé par le gardien allemand Schumacher, à Séville. J'accompagne Patrick, évanoui, sur sa civière. *A dr. :* philosophe, sous le maillot de la Juventus après un but refusé à Tokyo, en finale de la Coupe intercontinentale. *(Cl. C. Platiau, agence S.A.M., Jack Garofalo, Paris-Match et Salvatore Giglio, Fotoreporter, Turin.)*

Honneur et distinctions jalonnent une carrière de joueur de football. Ici, sur le stade olympique de Rome, pour un match de gala et de bienfaisance, je suis présenté au Pape, Jean-Paul II.
(Cl. Felici, Rome.)

Deux nouveaux à la Juventus de Turin, en août 1982 : Zbigniew Boniek, le Polonais de Lodz, très en vue au « Mundial » espagnol, et moi. Nos femmes deviendront amies.

Le cauchemar d'une carrière et le deuil d'une vie : mai 1985, au Heysel de Bruxelles. Les gendarmes belges arrivent trop tard : 32 de nos supporters sont tués par les « hooligans » de Liverpool. Victoire tragique en coupe d'Europe. Un an plus tôt, l'équipe de France célébrait mon but victorieux en finale du championnat d'Europe des nations, contre l'Espagne. *(Cl. G. Vandystadt, agence Vandystadt et Presse-sports.)*

Interview-vérité à Turin, dans le bureau du président Boniperti. Je rôde mon entraînement au micro avant de m'attaquer pour de bon à l'audiovisuel.

Vol plané réussi à Nantes, au championnat d'Europe des nations, en 1984. Ce jour-là, le gardien belge Pfaff encaisse cinq buts.
(Cl. agence Vandystadt.)

ıalification pour la finale à Marseille, ıns la prolongation contre le Portugal. ıttiston exulte. Après notre victoire ıale, le président Mitterrand me remet Légion d'honneur, à l'Élysée.
Cl. Martini, agence S.A.M. et Presse-orts.)

Coupe du monde 1986, au Mexique. Les Italiens, comme Tardelli, dont beaucoup sont mes coéquipiers à la Juventus, ne m'en veulent pas de les avoir éliminés. Et me souhaitent bonne chance. *(Cl. Presse-sports.)*

Victoire et but historique à Guadalajara, contre le Brésil de Zico, le « Pelé blanc ». Comme en Espagne, quatre ans plus tôt, la France est demi-finaliste. Elle se classe troisième. *(Cl. D. Cannon, agence Vandystadt.)*

Photographié par Christèle, mon tour du monde en cartes postales, des Seychelles aux Caraïbes, avec mes enfants Laurent et Marine et l'inévitable « look » à l'américaine dans une cabine téléphonique de l'aéroport de Los Angeles.

Ce geste, comme un salut à la romaine, je l'accomplirai bien des fois en quittant le stade et, pour la dernière, à Turin, en mai 1987. Rideau. Mais je ne prends pas une retraite anticipée. Je vais toujours de l'avant, plus vite, plus loin, comme ici, à Toronto, en octobre 1987, avec Ben Johnson, « Big Ben », champion universel du sprint. *(Cl. P. Caron, agence Presse-sports.)*

responsabilité du désastre. A la sortie du stade, on prétendit même que j'échappai de justesse aux foudres des tifosi qui bosselèrent, en la rouant de coups de poing et de pied, ma Range Rover! Mais le lynchage, réel celui-là, qui me fit le plus de peine, fut celui que me causèrent les quotidiens. Le *Corriere della Sera* titrait : « Chute des dieux : la déception Platini. » La *Gazzetta dello Sport*, quant à elle, afficha sur sa une : « Platini, quel désastre! » Boniek était mis en cause à mes côtés. Nous avions été engagés – à prix d'or –, écrivait-on pour enchanter les tifosi, et voilà qu'en fait nous étions de plus en plus étrangers à Turin. C'est pourquoi le « moins bon des joueurs de la Juve », moi, crut bon de s'isoler chez lui en attendant de refaire surface. Mais je méditerai longtemps les notes de 5 et 14,5 qui me furent attribuées par la *Gazzetta* et le *Corriere.*

Seul Trappatoni me défendit. Mais il ajouta à mon intention : « Dorénavant, j'exige de la part de tous mes joueurs une plus grande continuité dans l'action. Et cela est valable aussi pour Platini et Boniek. »

26.

PREMIER RENDEZ-VOUS EUROPÉEN MANQUÉ

L'année 1983 ne commençait pas pour moi sous les meilleurs auspices.

Au championnat, la Juve se voyait distancée. Ce n'aurait pas été dramatique outre mesure si elle n'avait pas compté dans ses rangs six champions du monde en titre. Et deux étrangers, Boniek et moi-même, qui se trouvaient tout naturellement seuls dans le box des accusés. Si Rossi ne marque pas de but, c'est encore la faute au Français. *Il Francese...*

Dieu merci, à Saint-Étienne, j'en avais vu aussi, des vertes et des pas mûres. N'étant pas du genre à sombrer dans la déprime, je décidai de courber l'échine en attendant que ça se passe. Car ça se passerait forcément, j'en faisais mon affaire. Bientôt, les tifosi qui m'avaient accueilli comme un dieu vivant à mon arrivée, voici six mois, retrouveraient d'une seule voix les « Forza Platini! » qui m'allaient droit au cœur. C'est au public que je dois mon rétablissement, ma meilleure forme physique. Au public et à moi-même. Pas à la presse sportive, qui est là-bas le fer de lance de la presse à sensation et à qui je n'ai rien à prouver. Ces gens-là ont une conception du journalisme pour le moins... curieuse. Au lendemain du match Juve-Cagliari, certains n'hésitèrent pas à annoncer la venue imminente de Michel Hidalgo, l'entraîneur des Bleus, qui se faisait fort, écrivait-on, de montrer à Trappatoni « comment utiliser au mieux Michel Platini »! A mourir de rire sur place. C'est d'ailleurs le parti que j'en pris.

Au Stadio Comunale, l'entraînement continue comme si de rien n'était. Ou presque. Vers 10 h 30, chaque matin, nous sortons en survêtement des salles de massage, quittons le stade, traversons la rue entre une double haie de supporters, pour accéder à notre petit terrain d'entraînement. J'avoue craindre un peu ces quelques secondes de face à face avec un public palpable qui a toutes les raisons de nous haïr cordialement. Pourtant, même après le « match nul en faveur de Cagliari », le rituel reste inchangé et j'échappe au lynchage imaginaire inventé par les journalistes. Le silence est toujours le même tandis que nous traversons la rue, frôlant nos tifosi. Paolo Rossi, le chouchou, l'enfant gâté mâtiné de petite frappe, ouvre la marche, et aucun supporter ne perd une miette du spectacle de ce dieu vivant encore auréolé de sa gloire de buteur et de vainqueur du dernier Mundial. Tardelli a toujours un petit sourire, au contraire de Gentile qui affiche une mine bougonne. Zoff déplace avec classe sa grande carcasse aux bras démesurés. Scirea et Cabrini restent impassibles. Enfin, Boniek et Platini... Le premier tourne à droite et à gauche son roux et sympathique visage de Polonais. Quant au second, courageux mais pas téméraire, il marche sur son petit nuage rose, fixant le sol de ses yeux, comme s'il y eût cherché quelques pépites ou, mieux, un ballon... Souvent, des mômes, feuille à la main, se ruent sur moi en jappant des « *Michel! Prego! prego!* » d'apprentis tifosi. Je descends de mon nuage et je signe. Parfois, même en ces temps incertains pour moi, difficiles, il se trouve une bonne âme pour me lancer : « Forza Michel! » A celui-là, je lance un sourire qui veut dire en toutes les langues : merci l'espoir!

C'est le premier matin depuis des semaines où je peux tirer au mur d'entraînement avec autant de force. Ma pubalgie est en train de disparaître. La douleur est encore vive, pareille à un coup de couteau permanent dans le ventre, mais je sens mon rétablissement proche. J'aurai tout essayé pour ça : acupuncture, traitement homéopathique, tout.

La question à cette époque était de savoir si Platini serait en mesure d'honorer les deux ans de son contrat. Ou si, criblé par les dettes cumulées de la honte et du ridicule, il jugerait bon de s'en retourner dans son pays, ou ailleurs, laissant enfin la Juve assainie de sa présence. Cette question, moi, je ne me la suis jamais posée. Depuis le début du calcio, la Juve avait le « mal'-occhio », la poisse. C'était mon sentiment. Les tifosi devaient comprendre que seule une part de la faute m'incombait.

Mais allez leur expliquer que leurs six champions du monde en titre y sont aussi pour quelque chose! Heureusement, les filles continuaient d'inscrire leurs nom et prénom sur la carrosserie de ma Range Rover immatriculée à Saint-Étienne. C'est bon pour le moral!

Cette question, donc, je ne me la posais pas vraiment. Mais mes coéquipiers, idoles de toute l'Italie, qui, sur la bonne mine de leur seul titre de champion du monde, arrivaient à faire jouer aux Italiens la bagatelle de 25 millions toutes les semaines au Totocalcio, se la posaient-ils, eux, cette question? Je crains que oui. Et là, la faute m'en incombait uniquement. Au moment de ma valse-hésitation entre Londres et Turin, sûr de mon italien, j'avais potassé mon anglais comme un malade. Et voilà qu'arrivé ici, au pays de mes ancêtres – pardon, Francesco –, je me débrouillais comme un manche. Particulièrement avec mes coéquipiers. Sorti du langage technique du foot, c'est la brasse coulée pour moi. Je n'arrive pas à participer aux conversations et aux plaisanteries des autres joueurs. Le seul avec qui je sortais parfois était Tardelli. Et Boniek, parce que notre infortune commune nous rapprochait. A moi donc de franchir le cap, à moi de gagner la confiance des autres joueurs.

Agnelli, à Noël, las de tous ces ragots et bavardages, était venu me voir pour me dire : « On devrait marquer un peu plus de buts et moins parler. » Je n'ai pu que lui répondre : « Même si on ne parle pas, ils nous font parler. »

Quand je songe à ces temps troubles, je sais que j'ai fait le bon choix. En m'accrochant envers et contre tous, je savais peut-être que j'en sortirais victorieusement. J'étais au pays du football, dans une des plus grandes équipes du monde, avec des coéquipiers capables de décrocher le titre en Coupe d'Europe des clubs champions. Abandonner eût été une grave erreur. Évidemment, je risquais de me faire virer si mon jeu ne s'améliorait pas. Mais, en restant, je savais, aussi, à quoi je m'exposais... Mon jour viendrait; mon père Aldo ne m'avait-il pas dit que les bonnes fées du football s'étaient penchées sur mon berceau?

C'est au début du mois de février que mon jour vint. En écrasant 3-0 la Fiorentina, nous avions reconquis notre public. Et la presse, si prompte, là-bas, à se désavouer et se contredire sans le moindre complexe, m'encensa. La *Gazzetta dello Sport* me gratifia de la meilleure note de la rencontre : 7,5 sur 10. J'eus même droit à l'élogieux titre de « splendide meneur de jeu » et au commentaire suivant : « Les passes longues du Français, toujours précises et opportunes, ont été à la base du joli succès de la Juve. » La réussite était enfin au rendez-vous. Il était temps.

Le 13 mars, en inscrivant un coup franc direct à la 88ᵉ minute, le but de la victoire face à la Roma, sur son terrain, je plaçais la Juve à trois points des leaders au calcio. Ce succès, je le fêtai dignement chez mon ami Ilio, dans son restaurant De Mondi, près de la gare de Turin. Risotto au *barolo* à volonté...

Le mercredi 16 mars, je fus sacré roi d'Italie. Notre démonstration en match aller de la Coupe d'Europe, sur notre terrain, face à Aston Villa, restera longtemps gravée dans les annales de la presse transalpine. Dans l'euphorie, tous les quotidiens sportifs m'ont décerné un 9 sur 10 historique. Du jamais vu dans l'histoire du football bianconero! *Tuttosport,* le quotidien turinois, titrait : « Platini fabuleux, Juventus Superstar! » Et commentait : « La Juve n'a jamais été aussi grande. Le professeur Platini monte en chaire, l'Aston Villa s'incline. » Pour la *Gazzetta dello Sport*, toutes mes interventions étaient des « idées géniales ». « Platini a joué comme un extraterrestre. Il est, à l'heure actuelle, le joueur le plus brillant et le plus positif du football mondial », surenchérissait *Tuttosport.* Roi d'Italie... Mais pour combien de temps? Seules mes jambes connaissaient alors la réponse.

Que retenir de la suite de cette saison, ma première saison à la Juve? Que la presse sportive, unanimement déchaînée en faveur de celui qu'elle avait cloué au pilori deux mois auparavant, jouait sa partition « platinissimo »? Je retiendrai essentiellement deux déclarations faites à mon sujet, courant mars. D'abord, celle de Trappatoni : « Je considère Michel comme le plus grand joueur du monde. » Ensuite, sur le même mode élogieux, celle d'Agnelli : « Je n'échangerais pas Platini contre tous les joueurs de la Juve. » Pour excessifs qu'ils me paraissent, ces mots prononcés par le magnat de la Fiat, alors même qu'il relevait d'une opération du cœur, me touchèrent. Juste après notre démonstration contre Aston Villa, il avait téléphoné à Turin : « Fantastique! Mon cœur opéré remercie Platini. » La Juve était la danseuse d'Agnelli, et moi, j'étais en train de devenir la Juve! Mes deux buts inscrits contre Aston Villa avaient fait florès...

On parla aussi, dans les colonnes de la presse qui m'encensait à tous crins, de mon éventuelle naturalisation italienne. Colportages que tout cela. Il n'en fut pas question l'ombre d'un instant. Francesco ne s'était pas battu pour nous faire devenir français en vain : je le resterais.

Ainsi, comme Agnelli et Trappatoni le voulaient depuis le début, je prenais peu à peu le commandement sur le terrain. En mai, *Tuttosport* me fit le compliment suprême en titrant : « Platini, le nouveau Cruijff du football. » Donc, je jouais avec l'égal de Mazzola et de Riva, je veux parler de Rossi, et on me comparait au stratège de l'Ajax et de l'équipe nationale hollandaise. Je réalisais mon rêve éveillé. Les tifosi, qui réservaient jusque-là cet honneur à Zoff, se mirent à m'appeler « Michel ». Quant à Liam Brady, l'Irlandais que ma venue à Turin avait contraint d'émigrer à Gênes, il reconnut très sportivement que j'étais meilleur que lui. De l'autre côté du Channel, le fair-play signifie encore quelque chose.

Début mai, j'étais à deux points devant Altobelli, le meilleur buteur du calcio avec 18 buts. Et je me sentais enfin parfaitement intégré à l'équipe. Ayant retrouvé tous mes moyens en italien, je n'arrivais plus à modérer le flot de mes propos. Rossi et moi devenions très liés. Je découvrais enfin, après onze ans de carrière professionnelle, le club idéal. Après ça, je savais que, même au terme de mes deux années de contrat à la Juve, s'il ne devait pas être reconduit, jamais plus je ne rejouerais dans un club français...

Au bout de la ligne droite, devant, il y a, le 25 mai, la finale de la Coupe d'Europe des clubs champions à Athènes. Ce jour-là, il faudra tomber les Allemands de Hambourg. Des coriaces. Pour nous, ce sera le paradis ou l'enfer. Tout Turin ne parle que de ça. 50 000 tifosi se bousculent aux portillons des agences de voyages qui proposent des formules à partir de 800 francs. Pour nous tous, c'est le but de la saison. Surtout pour moi, qui n'ai eu qu'un titre de champion en 1981, avec Saint-Étienne, et une Coupe de France avec Nancy, en 1978. Un Scirea ou un Zoff ont à leur actif une Coupe du monde, plusieurs Coupes d'Italie et de nombreux titres de champion du calcio, ce qui les rend moins accros que moi, sans doute.

La Coupe d'Europe... Rêve – le dernier? – que je caresse depuis les héroïques chevauchées des Verts. Après, il y aura peut-être un autre Mundial, une autre occasion de mener les Bleus au sommet, en habits de lumière.

La Coupe d'Europe : c'est le moment de la gagner, l'instant idéal sacré. Au printemps 1984, à expiration de mon contrat turinois, si on ne me propose pas la reconduction, il se pourrait bien que je signe au Cosmos de New York, dernière demeure footballistique des plus grands : le roi Pelé, Beckenbauer... Mais signer au Cosmos signifierait en clair ne plus jouer avec les Bleus, m'écarter définitivement de la sélection nationale. Un choix difficile auquel je me promettais d'apporter une décision avant Noël 1983. En attendant, il y avait cette fichue Coupe d'Europe. Il y avait Raymond Kopa à rejoindre au palmarès de l'Europe. Il y aurait, en 1986, si la Juve – ou le Cosmos – le voulait bien, Just Fontaine à dépasser au classement des buteurs de l'équipe de France.

Inexorablement, l'échéance sacrée approche. Plus que trois jours avant le choc contre Hambourg. L'équipe de Magath sera difficile à manœuvrer. Mais la chaleur d'Athènes sera dans notre camp. Il faudra être plus rapide, plus vif que les Allemands. Maintenant, je me fiche bien de rejoindre Kopa dans la légende. Ce qui m'importe, c'est de savoir si la Juve vaut le Real Madrid d'antan. A trois jours de la finale, la presse française me prend pour cible. La grande question est de savoir combien Michel Platini, roi du calcio, touche comme salaire net. 15 millions de centimes par mois? Plus? On constate également que Michel Platini se déplace depuis peu dans une Fiat Uno 55 couleur acier métallisé. Cadeau du seigneur Agnelli, évidemment. Signalons au passage que tous les joueurs de l'équipe ont la même, étant donné leurs bons et loyaux services ces derniers temps. Cela dit, heureusement qu'Agnelli n'est pas président de Rolls Royce ou de Lamborghini! La presse française aurait fait des choux gras de me voir aux commandes d'une de ces prestigieuses – et chères – automobiles!

Moi, je ne pense qu'à ça : au football. A celui que nous allons devoir pratiquer pour battre Hambourg dans les règles de l'art. C'est sensiblement la même équipe qui s'est fait battre, voici trois ans, en finale de la même Coupe, par Nottingham Forest. Un match au cordeau qui s'était soldé par un petit 1-0 en faveur des Anglais. Mais aujourd'hui encore, personne ne saurait dire qui, de Nottingham ou de Hambourg, a vraiment gagné. Nous, évidemment, nous venons de sortir Aston Villa, le vainqueur de la Coupe l'an passé. Avec un but d'écart en finale, il s'était, difficilement, imposé aux dépens du Bayern de Munich. Ce qui nous place en pole position. Avec une inconnue de taille : la hargne que les Allemands auraient à ramener chez eux le titre – enfin, après deux finales loupées de justesse. Et aussi le désir de revanche que cette autre finale, Allemagne-Italie, onze mois plus tard, doit certainement leur inspirer. Après tout, la Juve, c'est un peu beaucoup l'équipe d'Italie du dernier Mundial. C'est aux prises avec ces méditations que je vais aborder la finale. Ma finale...

C'est écrit en toutes lettres dans la plupart des quotidiens européens : « Magath bat Platini un à zéro. » Toujours un misérable petit but d'écart, mais cette fois en faveur de l'Allemagne. Belle revanche. C'est comme si la Juve venait de perdre le titre de champion du monde décroché par l'Italie au dernier Mundial. A mon réveil, ce jeudi 26 mai, j'ai tout lu, tout entendu. Platini victime du marquage sauvage de Rolff. Comme Maradona au Mundial. Comme Cruijff à Munich en 1974, lors de la dramatique finale RFA-Pays-Bas. J'ai mal à la tête. J'ai fait des cauchemars toute la nuit. C'était hier. Déjà. Mon rêve crevé comme une baudruche. Nous nous retrouvons dans l'éclatante blancheur du printemps grec. Nous ne réalisons pas. Il nous semble impossible que la finale ait déjà eu lieu. Platini prisonnier du marquage... En deuxième mi-temps, je n'ai reçu que trois ballons négociables. La Juve tout entière frappée de maladresse. Stérile. Le match aurait pu durer toute la nuit que nous n'aurions pas marqué un seul but. Mercredi de malheur. J'en pleurerais. Après la rencontre, nous sommes rentrés à l'hôtel dans un silence de mort. Au menu : poulet froid, salade et insomnie... Et je sais déjà qu'à notre descente d'avion à Turin il n'y aura personne.

27.

« FORZA PLATINI! »

En marquant deux buts, j'offrais à la Juve la Coupe d'Italie. Le mois de juin allait sur sa fin. Avant de prendre mes vacances aux Maldives, il ne me restait plus qu'à disputer le « Mundialito » des clubs, qui se jouait à Milan entre l'Inter, l'AC Flamengo et Penarol (deux équipes sud-américaines) et la Juve. Fin des réjouissances : le 2 juillet.

Tandis que je m'envole pour le Pacifique, il est temps pour moi de dresser le bilan de cette première saison. Le numéro 10 le plus célèbre du calcio – et d'Europe? – garde la tête froide. Il se souvient notamment que, au début, sur le terrain, il ne voyait jamais le ballon. Il était derrière, la balle était devant; il était à droite, la balle était à gauche. Il courait dans le vide. Joueur sans ballon au sein de la Juve. Puis le vent a tourné. Je suis le meilleur buteur d'Italie avec, au total, 30 buts marqués : 18 en championnat, 7 en Coupe d'Italie, 5 en Coupe d'Europe. Mais, en fin de compte, mon impression globale est plutôt mitigée. Le football italien est monocorde. J'exclurai la Roma qui, sous la direction de Niels Liedholm, son entraîneur suédois, pratique un football ouvert. J'exclurai aussi mon homologue de l'Inter, Evarossi Beccalossi, un artiste qui cherche vraiment la beauté du geste. Et puis ne nous voilons pas la face : mes rapports avec mes coéquipiers n'ont pas été ce qu'ils auraient pu être. Mis à part Boniek, l'autre travailleur émigré du football, à qui je dois, sur 18 buts inscrits en championnat, quelque chose comme 11 buts. C'est clair pour moi : si la saison à venir ne me donne pas entière satisfaction, je signe au Cosmos, qui me fait les yeux de plus en plus doux. On dira : « Michel Platini est aigri parce qu'il a loupé le coche en finale contre Hambourg. » Faux. Hambourg a mieux joué que nous, et j'ai pour habitude de m'incliner de bonne grâce devant de telles évidences. Le football a ses lois et son code d'honneur. Je les ai toujours respectés.

Fin juillet, nous nous retrouvons à Villa Perosa pour préparer la saison qui va commencer. Le temps passe plus vite maintenant. Ma seule ambition est de faire une bonne saison, sans blessures. Et les seules images à l'horizon concernent la reconduction ou non de mon contrat, qui expire le 30 juin 1984. Plutôt reposant comme rentrée, non?

Début septembre, c'est le président Borelli, du PSG, qui ouvre la chasse au Platini. C'est tôt, mais Borelli ne semble toujours pas s'être remis d'avoir été laissé sur la touche au profit d'Arsenal et de la Juve. Ses propositions sont allusives. Il se déclarerait « très, très heureux » si je venais au PSG la saison prochaine. Il m'écrit une lettre, espérant que je reviendrai sur ma décision de ne plus jamais rejouer dans un club français. Que dire à Francis Borelli? D'abord, qu'il attende le printemps prochain, date plus convenable pour parler des transferts. En insistant aujourd'hui, il sèmerait le trouble parmi les joueurs du PSG et de la Juve. Ensuite, qu'il ne se fasse pas trop d'illusions : quand on a roulé en Ferrari, il est difficile de voir du même œil sa Renault 5 ou sa 2 CV. Je l'ai mille fois répété : soit je resigne avec la Juve, soit je m'envole pour New York, direction Cosmos.

Comment le lui faire comprendre? Malgré tout ce que je peux reprocher au calcio, comment lui expliquer la différence? Pour notre premier match d'entraînement, il y avait 7 000 spectateurs. Agnelli était là. Quand, appelé par ses affaires, il a dû quitter les tribunes avant le match, les tifosi se sont levés pour l'applaudir. Ils criaient : « *Avvocato, sei grande!* » [« Avocat (c'est le surmon d'Agnelli), tu es grand! »] Comment faire comprendre à Francis Borelli cette foi en le ballon rond qu'ont les Italiens? Ici, le football, c'est sacré, c'est la corrida des Italiens. Il y a de la mise à mort dans la défaite d'une équipe. Et moi, je suis proche de ça. Quand, à quinze ans, je voyais les dribbles de Pelé, les ouvertures de Cruijff, je ressentais déjà tout ce qu'il y a de sacré, de religieux, de tragique dans la mise à mort de l'équipe battue. Ce goût de sang bleu, de sang noble, ne m'a jamais quitté depuis. Et c'est ici, sur la terre brûlée de mes ancêtres, que je l'ai retrouvé, intact, aux lèvres de tous les joueurs et de leurs tifosi. En France, cela a un peu existé à Saint-Étienne. Et à Séville, en terre des matadors, Séville la pourpre qui but le sang des Bleus, le sang de Battiston, le sang de toute une nation qui, peut-être, ce jour-là, venait de réaliser la grandeur du football.

Comme une coïncidence n'arrive jamais seule, nous devions affronter le PSG sur son terrain le mardi 19 octobre. On a beaucoup parlé de mon « cas de conscience », de mon « terrible dilemme ». Tout de même, le destin a de ces facéties. Nous opposer au PSG en Coupe d'Europe, à croire que c'est le Diable qui a tiré au sort! Ma femme, Christèle, en avait eu la prémonition. Je ne l'avais pas crue. J'avais tort. Thierry Roland, mon ami de la télé, ne peut s'empêcher de m'appeler. Il croyait aux chances de Paris, surtout au Parc des Princes. Il était plié de rire. Mais pas autant que Tardelli qui, l'après-midi où j'appris la nouvelle, espéra pour moi, entre deux hoquets de rire, que je sois plus populaire en France que Boniek en Pologne. Il faisait allusion à la demi-finale de la Coupe d'Europe des clubs champions que nous avions disputée en avril à Lodz, en Pologne. Boniek avait dû essuyer les huées du public. Quant à Rossi, Gentile ou Cabrini, en pros endurcis, ils ne pouvaient pas comprendre mon angoisse. Eux, ce qui les intéressait, c'était de se rendre à Paris, dans un bon hôtel, près du centre, de faire du shopping et de s'amuser. Le PSG, ils ne savaient même pas qu'il jouait au Parc des Princes, et les noms de Rocheteau, Bathenay, Fernandez ou Baratelli ne leur évoquaient pas grand-chose. Pour eux, le PSG, c'était du gâteau. Un amuse-gueule avant d'entrer au cœur de la Coupe d'Europe des vainqueurs de coupe.

Seul Trappatoni, avisé comme à son habitude, a voulu connaître mon avis. « Alors, Michel, facile ou difficile? » Je n'ai pas hésité une seconde : « Pas facile. » Trappatoni a pris un billet d'avion et il est allé se rendre compte par lui-même. Il a assisté au match PSG-Brest, au Parc des Princes. Susic semblait lui avoir fait une vive impression. Mais, selon lui, pas de quoi fouetter un chat. Surtout que le 190e « Mole », le derby Juve-Torino, nous attendait le dimanche précédant le match contre Paris. Et le « Mole », c'est une affaire d'honneur, une vendetta entre frères de sang.

Moi, dans un coin, je gambergeais. Tant pis si je me faisais siffler par « mon » ex-public. Et s'il fallait que je tire un penalty ou un coup franc direct? Évidemment, j'essaierais de le marquer. Je joue sous les couleurs de la Juve, point à la ligne. Je dois battre le PSG. Au dernier rassemblement de l'équipe de France, à Jouy-en-Josas, j'avais eu l'occasion d'évoquer ce match avec Rocheteau, Fernandez, Lemoult, Couriol et Baratelli. Couriol m'avait charrié gentiment : « Cabrini, pendant le match, on va l'appeler Cabriole! » Bathenay, mon grand copain du PSG, n'avait rien dit. Pas un mot. Comme s'il n'y avait rien à dire. Comme s'il était évident pour lui, pour moi, pour nous tous que, sur le terrain, cela se passerait à la loyale. Au cours de l'action, en pleine bagarre, les amis devaient rester les amis. Il n'y avait même pas besoin d'en discuter. La cause était entendue.

2-2. Là aussi, la cause fut entendue. A mon premier tir loupé, les huées du public du Parc des Princes se sont abattues sur moi. Une angoisse indescriptible m'a étreint tout le reste de la rencontre. Je craignais de me mettre en avant et d'échouer. Aussi pris-je le parti de distribuer le mieux possible le ballon. De mon jeu, je ne retiendrai que les caviars que j'ai posés sur les pieds de Cabrini et Gentile. Puis, ne pouvant plus supporter l'ingratitude du public, j'ai commis ce malheureux bras d'honneur. Avec du recul, je regrette ce geste de colère, mais il ne s'adressait qu'à une partie du public : ceux qui me sifflaient et m'insultaient... C'est du passé. Du passé que je préfère oublier. Un divorce bidon, puisque le même public allait se déplacer au Mexique pour m'acclamer sous le maillot tricolore.

A cette époque, le PSG – comme le reste du petit monde du football – apprit que le Real Madrid était bien décidé à participer à la chasse au Platini. Sans commentaire. Je laissai Bernard Genestar, mon homme d'affaires et imprésario, aux prises avec une presse avide de sensations. Turin ou Madrid? Platini allait-il suivre les traces de Raymond Kopa? Moi, je me contentais de répéter que, pour l'instant, j'avais trouvé chaussure à mon pied à Turin et, pour l'avenir, on verrait plus tard. Au moment de Noël. Et New York, là-dedans? Genestar eut une réponse de Normand : « L'Amérique du football, c'est ici, à Turin. » De quoi en faire perdre son latin à l'ensemble de la presse italienne.

Début novembre, j'eus le malheur de déclarer à Télé-Monte-Carlo que je me trouvais en désaccord avec certaines conceptions de Trappatoni, notre entraîneur, notamment sur le peu d'initiative offensive qu'il nous avait tactiquement laissé contre le PSG. Cela tombait mal. Au même moment, je recevais le Soulier d'or, à Paris. Ce 28e Ballon d'or européen (c'est le vrai nom du Soulier d'or), je le décrochais à la barbe de Dalglich, Simensen, Strachan et... Magath, mon vainqueur! Il n'en fallut pas plus pour que la *Gazzetta dello Sport* et le *Corriere della Sera* n'hypothèquent sérieusement mon avenir à la Juve. Œil pour œil, dent pour dent? Toujours est-il que, tout à coup, je décevais, là précisément où, à la Roma, un Falcao réussissait. On m'accusa de ne pas donner à la Vecchia Signora l'air frais que le Brésilien donnait à Rome. Une fois de plus, j'aurais mieux fait de me taire. La presse italienne fait une montagne d'un grain de sable. Quant à moi, je préférais jouir de mon Soulier d'or, le deuxième attribué à un joueur français – Raymond Kopa fut le premier en 1958 – qui me fut décerné par 18 jurés sur 26. Pour la petite histoire, je tiens à signaler que c'est Paolo Rossi qui l'avait eu l'année précédente.

Il aura suffi d'un match contre Vérone – 3-1 pour nous – pour que la liesse revienne dans notre équipe. Plus capricieux et versatile qu'un Italien, tu meurs! Ce fut le moment que Trappatoni, avec la bénédiction du pape Agnelli, choisit pour me faire miroiter la reconduction de mon contrat pour un an, jusqu'en 1985. Je ne répondis pas non, mais je laissai entendre que les propositions de mon ami Nashet Ertegun, président du Cosmos, ne me laissaient pas indifférent. Mais je me sentais bien à Turin, à l'image de ma femme et de mes enfants. Et, secrètement, je savais quel était mon choix. Mais je faisais la fine bouche pour pousser les dirigeants de la Juve à me faire une reconduction de deux ans. Bernard Genestar n'avait pas trop besoin de moi pour faire fructifier mes affaires en France, ma ligne de vêtements et mon complexe sportif de Saint-Cyprien. J'étais donc libre de finir ma carrière à Turin, où j'avais enfin renoué avec une vie familiale harmonieuse, équilibrée.

En plus, mes coéquipiers me firent, sans se concerter, une offensive de charme dans les règles de l'art. Paolo Rossi, l'enfant gâté du calcio, déclara : « C'est vrai, nous avons eu l'un et l'autre quelques problèmes de cohabitation au début, mais à présent tout va bien. Michel ne peut que rester avec nous, c'est l'intérêt de tous. » Boniek, l'ami de longue date, y alla de sa sérénade, sur le mode : « Je ne souhaite pas que Platini quitte la Juve. Il est indispensable pour l'équipe. » Merci Paolo, merci Zbignew.

Enfin, Agnelli lui-même finit par sortir de sa réserve. Il glissa, l'air de rien, dans les bonnes oreilles : « Je suis prêt à intervenir personnellement pour que Platini reste avec nous. » Après ça, je n'eus plus qu'à m'incliner...

Grandes manœuvres réussies. J'ai resigné pour deux ans à la Juve. Ça me laisse le temps de voir venir. En juin 1986, j'aurais trente et un ans et, certainement, l'envie de souffler. Peut-être alors irais-je au Cosmos, si l'on veut encore de moi là-bas. Ce qui m'ennuie le plus dans cette affaire, c'est que là, pour la deuxième fois, le PSG a été battu par la Juve. Borelli était trop sûr de son affaire. Tant pis pour lui, je ne lui avais pourtant pas trop laissé d'espoir...

Le temps va s'accélérer encore, rythmé par les succès des bianconeri, par leur irrésistible ascension au sommet. Avec stupéfaction et non sans amusement, je découvre une B.D. en italien qui s'intitule : « Juventus mon amour, Platini, *il calciatore d'oro!* » Tout un programme.

Nous approchons de la finale de la Coupe d'Europe, fût-ce celle des vainqueurs de coupe. Le 25 avril, sur notre terrain, nous achevons Manchester United. A nouveau, la voie est libre qui va nous conduire à Bâle, le 16 mai, pour la finale. Cette fois, nous allons gagner!

Cette fois, nous avons gagné. Le FC Porto aura bien résisté, mais nous étions indéniablement les plus forts. 2-1. Un match d'excellente tenue, avec tout le sel du suspense. Moi, j'ai l'impression de marcher sur un nuage. Tout me sourit en ce moment. Au lendemain de notre victoire sur Porto, j'ai la sensation que je ne vais plus jamais perdre un match de football. Bizarre, cette euphorie. Sans compter que je compte sur un couronnement de la France lors du Championnat d'Europe des Nations. C'est bien parti pour.

La saison, ma deuxième saison ici, s'achève. J'ai joué mon centième match en bianconero contre Sambene Dettese, en Coupe d'Italie. J'ai joué 58 matches en championnat, marquant 36 buts, 25 en Coupe d'Italie, inscrivant 13 buts et 17 en Coupe d'Europe, marquant 7 buts. Et puis ça y est, la France est championne d'Europe des Nations.

28.

MICKEY, CHAMPION D'EUROPE DES NATIONS

En quittant Séville, deux ans plus tôt, sur une faena légendaire mais pathétique, j'avais fait un serment aux Français : « Mieux faire la prochaine fois. »

Ce n'était pas une parole en l'air.

Mieux faire... Bien sûr, il y avait l'objectif d'un prochain Mundial où, peut-être, le hasard des qualifications replacerait l'Allemagne sur notre chemin entre Guadalajara et Mexico.

Mais deux ans, c'est encore long pour partager et entretenir l'espérance d'un possible triomphe.

En football, mieux qu'ailleurs, une occasion ne se manque pas. On a vu de quel prix la France a payé le « but tout fait » manqué à Buenos Aires face à l'Argentine et, surtout, les penalties de Séville en prolongation de suspense...

L'occasion, elle est à mi-chemin entre deux Coupes du monde. Elle tombe en juin 1984 à l'occasion du championnat d'Europe des Nations, très opportunément organisé par la France.

Une nouvelle fois, avant une grande compétition, nous nous retrouvons entre sélectionnés à l'hôtel des Pyrénées, bâti dans le bois des forêts de Font-Romeu.

Entre deux parties de flipper, dans le hall de ce chalet rustique et chaud, j'ai le temps d'applaudir les premiers services de Yannick Noah, qui bat difficilement Dickson pour ses débuts aux Internationaux de France. Mais j'ai surtout rendez-vous, ce mercredi soir, avec la finale de la Coupe d'Europe des clubs champions AS Roma-Liverpool. Forcément, en bon Italien d'adoption et sous l'œil vigilant d'une poignée de journalistes transalpins, avides de réactions et de sensation, je choisis mon camp. Pour une fois, je me place résolument dans celui de l'AS Roma, notre rival numéro un du calcio. Je ne suis pas comme ces supporters obtus du Torino pavoisant dans les rues de Turin, notre ville commune, à l'annonce de la défaite de la Juventus à Athènes, il y a un an.

Reste qu'au fond de moi-même je souhaite voir confirmer à l'échelon européen la hiérarchie établie par le championnat d'Italie : premier la Juventus, deuxième l'AS Roma.

Comme si les dieux du stade Olympique de Rome, là-bas au bout du Foro Italico, derrière l'obélisque orgueilleux, devinaient dans mes pensées secrètes, ils pimentent la soirée d'une prolongation acharnée en supplément de programme, et le tout s'achève dans l'impitoyable et désormais classique séance d'exécution capitale des penalties.

Grobelar, le gardien sud-africain de Liverpool, joue les Marx Brothers mâtinés de Darry Cowl dans *Le Triporteur*. C'est assez pour nous arracher des sourires et décontenancer Bruno Conti, le meilleur joueur de l'AS Roma.

Bref, deuxième du championnat derrière la Juventus, l'AS Roma se classe finaliste, donc deuxième encore, en Coupe d'Europe. *Viva Juve!*

Je suis tellement associé à l'image de marque de la Juventus que je ne sais plus guère comment le public français, mon public naturel, me considère aujourd'hui.

Les sifflets du Parc, l'an passé, lorsque les hasards du tirage au sort nous ont opposés au Paris-Saint-Germain, ont tempéré mes élans à son endroit. Je vis désormais replié sur moi-même avec le soutien de ceux qui m'aiment. Je me fiche du reste, des critiques et des moralistes. Sur le terrain, quand on me siffle injustement, je me permets des bras d'honneur, frondeur et provocateur, ce que je ne me serais jamais permis auparavant. J'ai perdu beaucoup de ma spontanéité, de ma générosité, de mon naturel. Avant, j'étais gai, sympa, je crois, ouvert à tous. Désormais, je me méfie des flatteurs et des faux amis. J'ai pris tellement de coups au moral, j'ai entendu fleurir tant d'insultes en ce 19 octobre, soir de PSG-Juventus, que le blindage n'a pas tenu. Je m'étais même juré que je ne jouerais plus en France si le public me sifflait de nouveau lors du match suivant. C'est un France-Angleterre, et tout ira bien...

Patrick Poivre d'Arvor a eu vent de mes états d'âme. En rupture de chaîne à la télévision, mais toujours disponible pour la presse écrite, il débarque en hélicoptère à Font-Romeu, comme Philippe de Dieuleveult pour sa « Chasse au Trésor ». C'est moi qu'il est venu chasser ce jour-là.

Nous ne nous connaissons que par petit écran interposé. En bon professionnel rodé à l'art de l'interview, il rompt tout de suite la glace en faisant étalage de ses souvenirs personnels.

Enfant, il y a vingt-cinq ans, il habitait Reims. Son idole, c'était Kopa. Et puis, un jour, Kopa est parti au Real Madrid, le club des clubs de l'époque.

Quand Reims et le Real se sont retrouvés au Parc des Princes pour la finale de la Coupe d'Europe, P.P.D.A était là. Et il se souvient encore comment Kopa avait contribué à la défaite de ses anciens équipiers champenois. Et quelle *branca* avait salué sa performance !

Un quart de siècle plus tard, P.P.D.A. est au Parc des Princes pour PSG-Juventus et se sent rajeunir de vingt-cinq ans.

Même ambiance.

Même enjeu.

Même public.

Mêmes sifflets. Sauf que, cette fois, c'est moi qui remplace Kopa et sert d'exutoire à la foule. De tête de pipe.

Patrick, très supporter, m'affirme que, six mois plus tard, il n'est pas un supporter parisien qui se souvienne m'avoir sifflé. Il est pour l'union nationale dans la réconciliation. Il me parle du maréchal Pétain acclamé en avril 1944 à Paris, place de l'Hôtel-de-Ville et, chez moi à Nancy, place Stanislas, par une foule en extase devant le « vieux chef », le vainqueur de Verdun... Et de la même foule, retournée mais tout aussi vibrante, acclamant de Gaulle, à son retour de Londres, à Paris et à Nancy, encore, quelques semaines plus tard.

Michel Hidalgo sourit à cette évocation historique qui situe bien la versatilité infantile des publics. Pour lui, ma revanche est fixée au 27 juin. Un mercredi.

Hidalgo n'en démord pas : « Ce jour-là, tu vas les avoir derrière toi... »

Le 27 juin, c'est la date de la finale du championnat d'Europe des Nations. Nous sommes le 30 mai, mais Hidalgo a vieilli subitement d'un mois. Il est sûr de lui et sûr de nous. Il est plus fort que Mme Soleil. Pour lui, aucun doute, nous irons en finale. Et nous la gagnerons...

Atteindre la finale...

Aucune équipe de France, de n'importe quelle époque, n'a connu l'honneur et la joie d'arriver au plus haut rang. Ne serait-ce que pour « jouer placé », comme on dit dans le monde des courses.

On est à J – 15 de cette apothéose rêvée, quand, fanion en main et brassard collé sur la manche gauche, j'entraîne l'équipe de France dans un Parc des Princes constellé de drapeaux rouges frappés de la grande croix blanche viking du Danemark et qui vibre aux accents martiaux et solennels de la musique de la Légion étrangère. Sûr qu'on va faire Camerone dans ce championnat. Jusqu'au dernier. Sûr qu'on jouera pour l'honneur mais d'abord pour le titre.

Match viril, engagé.

Je suis particulièrement malmené. L'entraîneur allemand des Danois, Sepp Piontek, a désigné Klaus Bergreen pour me marquer. Je passe de longues minutes, séché par la grande faucheuse, le nez dans la luzerne. Finalement, je trouve la faille douze minutes avant le retour aux vestiaires. Un tir aussi tendu que le match. Du droit. C'est le but. C'est la victoire. Le déclic.

France-Belgique, dans le stade tout neuf de la Beaujoire, est expédié comme une formalité (5-0). Nous jouons comme des « anges blancs » face aux « diables rouges ». Une équipe qui n'a pas souvent réussi à la France.

Je marque trois buts : tir croisé du gauche, penalty et tête. Et, l'air de rien, je réalise mon premier triplé en sélection nationale, laissant à trois longueurs le record de Just Fontaine (28 buts), meilleur buteur de tous les temps jusqu'alors en équipe de France. L'exemple de ma réussite individuelle incite toute notre collectivité à aller au-delà d'elle-même. Ce que Joël Bats, notre gardien, traduit spontanément en ce jugement express : « Platini? Il attire la chance! »

Je quitte Nantes en saluant le bras levé.

Je retrouve Saint-Étienne où la foule salue mon retour à grands gestes de la main. Et je l'en remercie en inscrivant les trois buts de notre triomphe sur la Yougoslavie : un tir du gauche, une tête plongeante et un coup franc botté plein cadre, comme aux grands jours des Verts.

Le public, accouru au rendez-vous de l'équipe de France et à celui de notre nostalgie, n'en peut plus de savourer son bonheur retrouvé. C'est, pour lui, une oasis d'espérance dans la traversée du désert de son équipe favorite.

Moi-même, je l'avoue, j'ai ressenti une émotion intense et profonde en retrouvant mon ancien vestiaire et la place, toute chaude encore, de nos souvenirs. J'ai vécu des moments exaltants à Saint-Étienne. Il n'était pas question de perdre ici, même si la Yougoslavie, menant d'abord à la marque, nous oblige à sortir le grand jeu. D'une manière générale, malgré la crainte d'un sort contraire, je partage le goût du public pour des empoignades serrées, comme celle-ci (3-2) où tout est possible dans le suspense crispant du compte à rebours, suspendu sur l'horloge du stade comme une épée de Damoclès, et digne des meilleures dramatiques télé.

C'est à Marseille que se jouent « Les cinq dernières minutes ». Production : FFF. Mise en scène : Michel Hidalgo. Avec, dans les rôles principaux, onze gars plus volontaires que *Les Sept Mercenaires* et plus généreux que *Les Douze Salopards*... Dialogues : tout le public de l'OM accouru avec ses drapeaux du club et ses écharpes, ses tambours et ses cymbales, à sa première grande fête au sortir de la disette locale. Adversaire : le Portugal.

Marseille est inondée de soleil, et son stade ressemble comme un frère à l'arène de béton à ciel ouvert où jouent Benfica et le FC Porto.

Il y a un côté lusitanien dans cette soirée qui fait chanter la Provence sur un air de fado. C'est Domergue, le régional de l'étape, future vedette de l'OM, qui plante le premier but dans la valise en carton de Bento. Avec Tigana et Giresse, je me précipite pour congratuler notre joker de luxe. Domergue, en effet, remplace Amoros suspendu... Il avait quelque peu perdu la boule à la fin du match d'ouverture face au Danemark.

France 1 – Portugal 1.

C'est le score final à la fin du match. Marseille plonge dans sa nuit et nous dans le noir. Et si le coup de Séville se répétait? Sous le tableau d'affichage lumineux où le score éclate dans toute son insuffisance, des supporters allument des feux de Bengale rouges.

Par ce geste, par cet embrasement, ils nous transmettent une flamme pour continuer à lutter et à pousser.

Mais les Portugais de Provence et même ceux du Lyonnais aussi sont là. Avec leurs chants, leurs drapeaux et leurs feux de Bengale.

On ne sait plus qui soutient qui.

Deux forces s'affrontent à égalité de conviction sur le terrain et dans les tribunes. Les joueurs portugais : Chalana, en démonstration, Pacheco, mon garde du corps, Jordao, s'enhardissent dès le début de la prolongation. Ils croient à leur bonne étoile dans la nuit. Ils ont raison, et c'est Jordao qui nous plante la douloureuse banderille du deuxième but.

Comme à Saint-Étienne, nous sommes de nouveau menés à la marque. Mais c'est pire, car le match est engagé en dehors des délais et qu'il nous faut revenir très vite à la marque. C'est chose faite, heureusement, grâce à Domergue encore.

France 2 – Portugal 2.

Mais ce n'est pas suffisant. Tous les anciens du Mundial 84 ont un fantôme à exorciser. Celui de Séville. Cette fois, c'est juré, nous n'irons pas aux penalties. Je le lis dans le regard vidé de Luis (Fernandez) ou chaviré de Jean (Tigana). Je n'ose imaginer celui de Max (Bossis) dont le désarroi andalou reste gravé dans toutes les mémoires...

Encore un effort. Le der des der.

Je suis à bout de souffle. Je n'ai plus de jambes. Ça cogne dans ma tête : « Séville, Séville », ressasse ma propre mémoire avec une obstination cruelle et lancinante.

On est dominés.

On est malmenés.

On est bousculés.

On est harcelés.

Les Portugais veulent aller jusqu'à l'épreuve des penalties, la minute de vérité. Ils connaissent notre complexe et poussent en espérant gagner du temps. Je jette des regards appuyés mais impuissants vers Tigana.

Chalana fait ce qu'il veut avec sa tête et ses pieds. Jordao en rajoute dans l'insolence. Nene veut marquer son but.

Il reste moins d'une minute. Cinquante-huit secondes... Cinquante-sept... On se dirige vers la fatalité des tirs au but... Cinquante-six... Alors, Jean Tigana, à course nerveuse, remonte le terrain balle au pied. Rien ni personne ne l'arrête. Il est comme Rocheteau, naguère, lors du match légendaire des Verts devant Kiev. Il atteint la ligne de but, redresse sa course d'un crochet court et centre en retrait. Et je suis là! Ma reprise du droit nous libère, quelques instants seulement, dans un brouillard joyeux, du cauchemar-remake de Séville.

Hidalgo, qui fait ses adieux à la sélection, dix ans après nos débuts communs, l'aura, sa finale. Et nous sommes tous enthousiastes de la lui offrir.

Déjà, je l'entends disserter sur la communion absolue avec ses joueurs (au rugby, depuis Couderc, on dit « les petits ») : Domergue, franc, sensible, direct... Bats, sûr et déterminé... Tigana, l'instinct, la générosité et l'abnégation... Le Roux, le roc, Lacombe, la foi, Bossis, l'expérience, Giresse, le sage, Platini... le chef.

Il est comme ça, Hidalgo, fier de sa troupe et toujours prêt à décerner des ordres du mérite et des croix de la valeur sportive.

Sur mon compte, il n'a pas trouvé de mots assez flatteurs, et je sens bien que c'est trop. J'ai lu ses paroles. Je devrais dire que je les ai bues.

Il a dit :

« Platini? Que voulez-vous que je vous dise? C'est un génie. Il a tout, il possède tout. Il comprend tout, il sait tout faire.

– Et ses défauts?

(Alors, Hidalgo, superbe de parti pris :)

– Aucun. »

Voilà tel qu'il est, depuis dix ans, avec ceux qu'il aime et qui l'aiment.

Dix ans qu'il explique, qu'il dissèque, qu'il affirme pourquoi, selon lui, je suis le plus grand. Pour lui, je suis un « athlète fabuleux ». Athlète, tu parles... Il trouve même jolie ma bizarre course en canard et pense que je saute plus haut qu'un attaquant anglais soi-même. Il vante ma « résistance d'acier », ma force de frappe « canon » et ma « coordination de mouvements exceptionnelle ».

Il est impératif jusqu'aux comparaisons les plus impies, les plus dangereusement iconoclastes. « Pelé? Génial, bien sûr! Mais il ne savait pas défendre. Platini, lui, est capable de tout. »

Il est vrai qu'on peut tout dire depuis que L'Équipe, sur la lancée d'une interview euphorique : « Cent mille personnes en France courent aussi vite et sautent aussi haut que moi. Mais il n'y en a pas cinquante qui voient aussi vite... Mon secret : j'ai l'œil », m'a baptisé « œil de lynx » et titré après mes neuf buts du championnat d'Europe : « Même ses pieds sont intelligents ! »

Marquer des buts en football, c'est manger à sa faim, c'est prendre de la grandeur, c'est garder la santé... Dans mon cas, ma fringale de buts va de pair avec mon appétit de la vie. Plus je marque, mieux je me porte. Question de nature et de caractère.

Mon neuvième but, dans ce championnat d'Europe, sur les quatorze marqués par la France, était pour la finale.

Un coup franc comme pour entretenir le mythe. Arconada, le gardien basque de l'équipe d'Espagne, est sur la trajectoire mais relâche le ballon qui va mourir dans son but, à portée de gant ! Bellone n'a plus qu'à contresigner la victoire en dernière seconde tandis que Luis Fernandez échange quelques « espagnolades » musclées avec ses ex-compatriotes, et le rêve devient réalité.

Quand je présente la Coupe, opulente vasque d'argent, au public, je suis électrisé par la foule qui ne se lasse pas de nous applaudir. J'ai l'impression que beaucoup doivent se pincer pour croire à la réalité de l'événement.

Mais non, ce n'est pas un rêve, ce n'est pas une nouvelle illusion perdue. La France est bel et bien championne d'Europe, c'est-à-dire à demi championne du monde, tandis qu'en Amérique du Sud, pour un titre similaire, bataillent le Paraguay, l'Argentine et le Brésil.

L'homme que l'on porte en triomphe, là-bas sur la pelouse, en cravate et veste bleu pâle, c'est bien Michel Hidalgo.

Non, ce n'est pas l'entraîneur de l'équipe d'Espagne, même si Hidalgo, étymologiquement parlant, ça veut dire « fils de quelque chose » (*hijo de algo*).

Ce soir, c'est bien Paris qui s'embrase et non pas Rio, Rome ou Madrid. Le carnaval des vainqueurs n'est plus réservé qu'aux autres. Mille personnes font le siège de la Fédération française de football. Dix mille tournent autour de la place de l'Étoile. Déjà, cent mille descendent et remontent les Champs-Élysées en un embouteillage joyeux et bon enfant dans un océan de drapeaux tricolores avec, pour fond sonore, des chants rythmés par les klaxons bloqués.

Je profite de la mêlée générale pour m'éclipser discrètement. J'échappe même au dîner fédéral auquel sont conviés tous les joueurs. La porte de la Fédération, avenue d'Iéna, s'ouvre sur une silhouette encapuchonnée qui rase les murs.

Cette silhouette, c'est moi. Sur le coup, malgré les « fans » qui font le siège du bâtiment, la percée réussit. Personne ne m'a reconnu. Christèle me guette, toute menue, flamme blonde dans la nuit noire; elle me prend par le bras et me guide vers une voiture dont le moteur tourne. C'est celle d'Europe 1 où m'attend Eugène Saccomano.

Contact.

Rideau.

Dans les Vosges nous attendent mes beaux-parents. Demain, je lézarderai au bord de la piscine, avant de prendre la pose, rituelle, pour mon photographe, du champion comblé au bras de Christèle. Nous y retrouvons Marine, trois ans déjà, et Laurent, cinq ans. Mardi, nous embarquons sur Concorde. J'emmène toute la famille à Disneyworld.

J'entends d'ici, loin des clameurs du stade, loin des futurs bras de fer contre Maradona qui débarque aujourd'hui même en fanfare, à Naples, la voix impatiente de Laurent :

« Dis, papa, tu as bientôt fini avec le foot... T'es toujours au foot... C'est quand que tu m'emmènes voir Mickey? »

29.

LÉGION D'HONNEUR ET DEUXIÈME BALLON D'OR

Je reçois la Légion d'honneur des mains de François Mitterrand! Sensation de vertige. Sensation grisante. La saison 1983-1984 m'avait pourtant déjà comblé : vainqueur de la Coupe d'Europe des vainqueurs de coupe avec la Juventus, champion d'Europe des Nations avec l'équipe de France. Et voilà que ça continue, que ça n'en finit pas. Je suis l'enfant gâté du football. Je viens de décrocher mon deuxième Ballon d'or. Me voici donc, du moins sur le papier, l'égal de Di Stefano, Beckenbauer, Keegan et Rummenigge. Insatiable, j'en voudrais un troisième. Alors, sur le papier toujours, je serais l'égal de Johann Cruijff, le Hollandais aux crampons ailés, le Hollandais volant. En plus, j'ai une revanche à prendre contre Cruijff. Sur le papier, évidemment. Je ne peux pas oublier ce jour où, lors d'un match de gala à Barcelone, j'avais joué à ses côtés dans une sélection européenne. Cruijff était au top niveau de son art. Moi, je n'étais encore qu'une star en herbe. Un peu timidement, avec tout le respect que peut porter un enfant à son idéal, je m'étais présenté à lui. Aujourd'hui encore, j'attends sa réponse et son salut... Un seul Ballon d'or me sépare de lui. J'y arriverai. Question de salut...

Sensation de vertige. De plus en plus. Noël approche, l'année 1984 va toucher à sa fin, et la France vient de me faire le plus beau des cadeaux pour mes étrennes : la Légion d'honneur. Je n'y croyais plus. Je pensais que le président Mitterrand ne voulait pas me la donner. Je pensais que c'était parce que j'avais été éclaboussé par l'affaire de la caisse noire de Saint-Étienne. J'aurais dû l'avoir en même temps que Michel Hidalgo, qui voyait ainsi honorer sept ans de bons et loyaux services à la tête de l'équipe de France, mais il n'en fut rien. Je devais me faire une raison et chasser au plus vite ce vague à l'âme qui me rendait l'humeur maussade chaque fois que l'on me parlait de cette distinction.

Et voilà que, vendredi dernier, l'agence France-Presse annonçait que, au nom du président de la République, j'étais fait chevalier de la Légion d'honneur. Joli couronnement pour une saison 1984 qui, dans mon esprit, ressemble fort à un parcours sans faute : champion d'Italie, vainqueur de la Coupe des Coupes, champion d'Europe avec les tricolores, et, en prime, meilleur buteur du championnat d'Italie avec vingt buts et de la Coupe des Nations avec neuf buts. Merci le football, merci la France.

Car ce ruban rouge qui sera passé au revers de mon blazer récompense dix années d'un travail acharné avec les Bleus. Dix années traversées par l'ombre du doute et l'éclair de l'espérance. Jamais avant, même du temps des Kopa, Fontaine et Piantoni, une sélection française n'avait été aussi loin. Ce qui explique que, quand j'étais gosse, mes idoles étaient forcément étrangères. Mazzola, Rivera, Puskas, Pelé..., l'Inter de Milan, le Real Madrid... Je respectais Reims et le Racing, mais j'avoue que ces clubs ne soulevaient pas en moi un enthousiasme proche d'une foi quasi religieuse. Depuis, j'ai connu Kopa et Fontaine. Depuis, Piantoni a été mon guide à Nancy. Mais c'est aujourd'hui, sur les fondations du Saint-Étienne dont j'ai partagé l'héroïque aventure, que le football français a rejoint ou dépassé les autres footballs. Technique collective, maîtrise artistique et esprit de corps sans comparaison ont façonné les Bleus du Mundial de 1982 et de cette Coupe d'Europe des Nations. Et tout le reste n'est que littérature. A qui dédier ce ruban rouge? A celui qui fut l'unique objet de mes pensées quand je signai pour la Juve à Turin au printemps 1982 : Francesco Platini, mon grand-père. Alors, j'étais heureux de venir jouer en vedette dans son pays d'origine. Aujourd'hui, je suis fier d'être honoré par son pays d'accueil, mon pays...

Michel Platini, enfant gâté de la balle, n'en finit pas de tutoyer une certaine perfection. Je n'ai pas pour habitude de me vanter, mais c'est ainsi et pas autrement. En juillet dernier, un journal italien a commenté le bilan de ma saison en ces termes : « Platini, l'année impensable ». Après impossible, c'est impensable qui n'est pas français!

Ce vendredi est à marquer d'une pierre blanche pour Christèle, mes enfants, toute ma famille et moi-même. Deux jours plus tard, la Juventus rencontre Naples au Stadio Comunale. Rien d'exceptionnel a priori, sinon que Diego Maradona a signé à Naples pour cette saison et qu'il sera de la partie. Alors, Juventus-Naples, c'est un peu Platini-Maradona. Le choc des deux meilleurs joueurs du monde. Ceux qu'on n'arrive pas trop à départager. Le choc de deux continents, de deux footballs différents. Un choc au sommet, a-t-on dit et écrit un peu partout.

Toute l'Italie attendait ça avec impatience, frénésie. Diego et moi, nous n'avions encore jamais joué l'un contre l'autre. Le calcio est en effervescence, les paris atteignent des cotes hallucinantes. Dans les vestiaires, Rossi, Scirea, Cabrini et Boniek se taisent. Ce match, ils savent que c'est le mien. Ils sont là pour me le faire gagner. A tout prix, mais régulièrement. C'est une question d'honneur. L'un de nous deux doit rester sur le carreau. On dirait un match de boxe. Mohammed Ali contre Joe Frazier. L'un de nous deux va gagner... Et ce sera moi!

Deux à zéro. Je ne devrais pas faire de commentaire. Pour la première fois de notre vie, nous nous sommes serré la main. Pour toute intimité, vingt-cinq photographes qui mitraillent et les caméras de la télé qui n'en perdent pas une miette. Diego et moi, on avait sérieusement envie de rire. Et, côté cinéma, on ne s'est pas privés. Mais derrière la galerie, derrière le folklore médiatique, c'est du sérieux. Deux pour un titre, même symbolique, c'est déjà un de trop. Après le match, fatalement, l'un de nous deux n'aurait plus envie de rire.

Deux à zéro. Score sans bavure, net, tranchant. En marquant un but, je récolte tous les lauriers de la gloire. En fait, il n'y eut pour ainsi dire pas de match, sinon entre Maradona et moi. La Juventus accusait une petite baisse de forme et Naples n'a jamais vraiment su, en quatre-vingt-dix minutes, trouver ses marques. La trêve de l'hiver est proche et le calcio fatigue. Maradona a été battu et pourtant il a bien joué. Très bien même. Du grand art. Mais il était trop seul sur le terrain pour avoir une seule chance de s'exprimer. Et, de toute façon, je suis contre l'exploitation des duels d'homme à homme. Le football n'est pas le tennis, et nous respectons trop, l'un et l'autre, l'âme de ce sport : le jeu collectif.

C'est maintenant l'époque des vœux. Les miens sont pour les Bleus au Mundial mexicain de 1986. Je sais, c'est un peu tôt : j'ai un an d'avance. Mais je crois à nos chances encore plus que pour 1982. J'y crois à certaines conditions : si Le Roux, notre menhir breton, retrouve sa place en défense; si Touré remonte à la surface; et si Giresse, qui aura alors trente-quatre ans, continue à briller. « Gigi » est comme moi : un joueur d'instinct, capable de dribbler et marquer les yeux fermés. Et les autres? Je ne les oublie pas. Chacun d'eux mérite éloges et distinctions. Chacun d'eux mérite sa part de ruban rouge.

30 janvier 1985 : quinzième journée du championnat. Nous battons le Lazio de Rome un à zéro, but inscrit par mes soins. Contre Avellino, à la mi-février, je marque deux buts. Ça marche bien, trop bien. J'ai démarré la reprise du championnat sur les chapeaux de roue. Selon des statistiques très sérieuses, je marque un but sur deux signés par la Juventus...

12 avril 1985 : au terme d'un suspense intolérable, Laurent, mon fils, vient d'obtenir à six ans sa ceinture jaune de judo. Je ne suis pas peu fier. J'en ai besoin, d'ailleurs, avant le double choc qui va nous opposer à Bordeaux en demi-finale de la Coupe d'Europe des clubs champions. Le destin a de ces coups vachards. Dans les rangs de Bordeaux, j'ai un ami pur et dur, Patrick Battiston, et un copain fantastique, Alain Giresse. Je sais que nous allons gagner. Nous sommes beaucoup trop forts pour perdre et puis, cette coupe d'Europe des clubs champions, c'est la plus belle de toutes les « Européennes ». Je veux pouvoir l'offrir à Agnelli, Trappatoni. Je veux pouvoir la déposer dans la corbeille précieuse de la Vecchia Signora. Et tant pis si je dois être sifflé par les Français à Bordeaux et applaudi par les Italiens à Turin. Je joue sous le maillot bianconero, un point, c'est tout. Mon club d'abord. Comme contre le PSG. Sauf que, là, c'est une demi-finale. Je préfère que la Juve batte Bordeaux à ce stade de la compétition plutôt qu'en seizième de finale. Bravo, les Girondins. Bonne, solide équipe, que je connais bien. Trappatoni me questionne. Quels sont les qualités et les défauts de Bordeaux? Principale qualité : Giresse. Sa petite stature le sert. Il est vif et clairvoyant. Une anguille, un éclair. Se méfier de lui. Ne pas le laisser seul aux abords des seize mètres. Et puis Tigana. Du style, de la rapidité. Capable de dribbles imparables quand il est inspiré. Les défauts, je n'en parle pas. Ils sont pratiquement inexistants. Mais la Juventus va gagner, c'est sûr. Cette Coupe d'Europe des clubs champions, elle ne l'a jamais eue. Moi non plus : ça tombe bien...

« Juve! Juve! Nous sommes nés pour toi. Nous vivons pour toi, nous mourrons pour toi. Forza, magique Juve. Gagne encore et toujours pour nous. »

Trois à zéro. Je l'avais dit : je ne ferais pas de cadeau à Giresse, Tigana et Battiston. Nous gagnerions contre Bordeaux... Au Stadio Comunale, les 70 000 tifosi sont en délire. A quatre-vingt-huit ans, la Vecchia Signora n'a jamais compté autant de courtisans passionnés. Avec un tel score au match aller, le retour à Bordeaux ne sera qu'une formalité. Nous avons gagné notre billet pour la finale au stade du Heysel, à Bruxelles, le 29 mai prochain.

Trappatoni jubile. A quarante-cinq ans, « *Il Trap* », comme le surnomment les tifosi, est un vieux briscard de la Coupe d'Europe des clubs champions, puisqu'il l'a remportée deux fois, en 1963 et 1969, avec le Milan AC, dont il servait valeureusement les couleurs en qualité de défenseur. Il se frotte les mains. Sous sa férule, la Juventus va décrocher le dernier titre qui lui manquait.

29 avril 1985 : une journée très chargée. Lorsque François Mitterrand est entré dans le salon d'honneur à l'Élysée, j'ai le plus grand trac de ma vie. Le Président s'approche de moi; je suis le premier d'une liste éminemment footballistique qui comprend également Fernand Sastre, président de la Fédération jusqu'en décembre dernier et qui s'apprête, lui, à recevoir l'insigne de commandeur de l'ordre national du Mérite. Mitterrand me remet la croix de chevalier de la Légion d'honneur. Le cadre est impressionnant et le moment solennel. Je me souviens des mots que j'ai su trouver devant mes camarades de l'équipe de France lors de cette cérémonie : « A travers moi, c'est le football français qui est honoré. Le fait que je sois capitaine de l'équipe de France et que je joue à l'étranger explique aussi que l'on m'accorde cette distinction. Mais ce qui m'embête, c'est que je ne vais pas pouvoir la mettre sur mon maillot! » Dans de telles circonstances, le ton de la plaisanterie me permet de cacher mes vrais sentiments, l'émotion qui me noue la gorge, les larmes que je voudrais surtout ne pas laisser entrevoir... En déclarant aux journalistes que « l'Élysée, c'est moins impressionnant que de jouer devant 50 000 personnes », je mens. Je fais une pirouette derrière laquelle je peux dissimuler mon vrai visage, celui de l'enfant émerveillé que je suis resté, celui du Petit Prince de la rue

Saint-Exupéry qui regarde les photos du roi Pelé jonglant au pied avec une orange. Qui passe des heures à contempler, au mur du Café des Sportifs de son grand-père Francesco, les photos de Riva, Mazzola et Rivera, alors au sommet. Celui de l'adolescent de dix-sept ans qui s'évanouit à Metz en soufflant dans le spirographe. Celui de Platini, Michel, homme parmi les hommes, dont la seule qualité est de savoir un peu mieux jouer avec une balle que les autres.

29 avril 1985 : une journée vraiment très chargée. Ce jour-là, je reçois mon deuxième Ballon d'or de *France-Football*, je découvre mon effigie au musée Grévin et je me vois décoré de la Légion d'honneur. Je croule sous les distinctions. Tout cela marche trop bien. A jouir d'un tel bonheur, d'une telle avalanche de bonheur, je commence à prendre peur. Et si le destin, dans un de ces revers, dans un de ces coups de bâton dont il a le secret, me réservait au coin du bois un chien de sa chienne? Et si, par exemple, il me privait de la Coupe d'Europe des clubs champions dans un mois jour pour jour au Heysel, à Bruxelles? Le bonheur est un dangereux euphorisant qui peut nous faire perdre la sensation de danger, qui peut amoindrir notre capacité à nous défendre contre les coups du sort. Déjà, le dimanche précédant cette triple cérémonie parisienne, sous la joie anesthésiante des honneurs qui allaient m'être faits, je dus subir de plein fouet les tirs sans sommation du destin. En perdant contre la Fiorentina à domicile, sur notre terrain du Stadio Comunale, j'encaissai durement cet alarmant signal. Et comme si cela ne suffisait pas, sous l'effet d'un marquage trop serré, je perdis à deux reprises mes chaussures durant le match. Michel Platini à côté de ses pompes! Sans aucun doute. Et, derrière le bon mot, il y a la gravité d'une telle situation, à un mois du couperet du Heysel, qui tient déjà en haleine l'Italie tout entière.

Henri Michel, sélectionneur de l'équipe de France, n'a visiblement pas trop apprécié les escapades liées aux trois distinctions qui me sont faites. Il est vrai que, pour les besoins de chaque cérémonie, j'ai été obligé de m'absenter de mon stage d'entraînement préparatoire au match Bulgarie-France du jeudi suivant, quittant notre camp de Gif-sur-Yvette dans une voiture de police banalisée.

Henri Michel était opposé à ce que je parte du stage. A la limite, il voulait bien fermer les yeux pour la médaille. Mais, pour le musée Grévin, il n'en était pas question. C'est pourquoi je l'ai mis devant le fait accompli, dans une situation où il ne lui était plus possible de refuser. J'ai honte mais, à ma décharge, je dois dire que j'avais promis à Henri que, les autres joueurs tricolores et moi-même, nous reviendrions séance tenante dans l'après-midi. Et puis je suis sûr que cette remise de nos insignes dut profondément toucher Henri Michel. Car, outre Fernand Sastre et moi, Henri Guérin et Jean-Paul Sereni, respectivement entraîneur national et ex-soigneur des Bleus, ont été promus officiers de l'ordre du Mérite, tandis que Max Bossis, Alain Giresse, Bernard Lacombe, Dominique Rocheteau, Didier Six, Patrick Battiston, Jean Tigana et Bernard Genghini, tous vainqueurs de la Coupe d'Europe des Nations, étaient nommés chevaliers de l'ordre national du Mérite. Un beau palmarès pour les Bleus, avec qui j'allai fêter cet événement à l'hôtel Crillon.

L'accueil à Turin est chaleureux. Mes coéquipiers me félicitent, ce qui me gonfle à bloc en prévision des prochains matches à jouer, et notamment la finale du 29 mai; j'achèverais volontiers l'année avec ce trophée. Alors, mon bonheur serait complet. Mais méfiance : on ne se fait jamais autant mal que lorsque l'on tombe du haut de son petit nuage rose.

30.

L'HONNEUR PERDU DU HEYSEL

Bruxelles, stade du Heysel, le 29 mai 1985.

C'est le grand jour. Le couronnement d'une saison exceptionnelle pour tous les joueurs de la Juventus de Turin. Si Dieu le veut.

Nous allons avoir à nous battre contre le Football Club de Liverpool. Une équipe difficile. L'an passé, elle a remporté le titre aux dépens de la Roma. Un match de buteurs, un score de rêve pour une finale : quatre à trois.

Toute l'Italie est derrière nous, même nos adversaires dans le calcio. Nous devons venger l'honneur des Romains, à la régulière, en gagnant loyalement sur le terrain.

L'affrontement promet d'être âpre. Les footballeurs anglais et italiens sont les plus différents d'Europe. Un peu comme deux idéologies opposées. Seul le fanatisme de nos supporters est comparable. Mais là où les tifosi se manifestent par la voix, invoquant la Madone, les hooligans se manifestent par les poings et les coups de pied.

Le Heysel est une poudrière. La tribune Z est réservée à nos supporters. La X aux supporters anglais. Entre les deux, la tribune Y, qui est censée être occupée par des supporters belges, doit servir de séparation. C'est toujours comme ça pour ce type de match. Cela évite les affrontements entre supporters des deux équipes en lice. Ce système de cloisonnement, qui peut être comparé à celui de la coque des grands paquebots, permet d'éviter le naufrage d'une castagne générale entre supporters rivaux. Il y a déjà suffisamment à faire pour éviter les rixes entre groupes de supporters qui se rencontreraient dans les rues de Bruxelles.

Une heure avant le match, ce mercredi 29 mai, en blazer et cravate, nous avons reconnu le terrain sous les vivats des tifosi et les huées des supporters de Liverpool. Rien que de très normal. Puis nous avons regagné notre vestiaire pour endosser le maillot bianconero. En silence, chacun de nous s'est concentré. Cette coupe, c'est le seul trophée qui manque à la Vecchia Signora. Une raison de vivre pour nombre de nos tifosi. Ou de mourir, comme le dit clairement leur hymne.

Les gradins n'en finissent pas de s'emplir. Dans la tribune Z, ce sont des nuées de drapeaux noir et blanc. Dans la X, les « red animals », les supporters extrémistes de Liverpool, entament leurs premiers chants de guerre. De Liverpool à Bruxelles, sous surveillance des *bobbies*, même durant le voyage en train et durant la traversée en ferry-boat, les hooligans ont été mis au régime sec. Mais, à Ostende, Zeebrugge et Dunkerque, la surveillance du flot des 20 000 supporters britanniques qui débarquent ne peut plus être assurée convenablement. Cela dit, le risque est limité : la tribune de séparation entre les deux camps « ennemis », la tribune Y réservée aux Belges, devrait parfaitement faire son office de tampon. Aux portes de l'arène, on déplore depuis le début de l'après-midi quelques escarmouches isolées. Sous un ciel orageux, une bande de hooligans brise la vitrine d'une bijouterie avant d'effectuer un pillage en règle. Fruit de la rapine : dix millions de francs belges. Et pas une arrestation. Les forces de l'ordre belges brillent par leur discrétion.

Tandis que nous nous concentrons, la tribune tampon, la Y, achève de se remplir. Rien que de très normal, a priori. A part un petit détail : en fait de spectateurs belges, il s'agit avant tout de travailleurs immigrés italiens. Peu scrupuleuse, l'organisation du Heysel n'a pas hésité à vendre les billets de cette tribune à des supporters de la Juve. Mais, ce qui est plus grave, c'est que les « reds », beaucoup trop nombreux, ne peuvent plus s'entasser dans la tribune qui leur a été allouée. Un grand nombre d'entre eux resquillant grâce à la vente de faux billets, la jauge du stade s'en trouve fatalement bouleversée. Alors, les resquilleurs « rouges », ivres de bière, débordent sur la tribune tampon. Qui, répétons-le, est occupée, en fait de Belges, par de braves ouvriers italiens. Ils occupent le bas de la tribune. Ce sont pour la plupart des pères de famille paisibles, parfois venus accompagnés de leurs enfants.

Les premiers supporters de Liverpool s'entassent dans le haut de la tribune Y.

Au Heysel, les tribunes X, Y et Z ont un surnom : ce sont les parcs à bestiaux. Parce que ces places sont les moins chères et que les spectateurs, massés, y restent debout. Parcs à bestiaux... A 19 h 30, quarante-cinq minutes avant le coup d'envoi prévu, l'abattage va commencer.

Dans la tribune tampon, le cocktail explosif est à la mesure de la légèreté des organisateurs. Des supporters de Liverpool descendent vers le grillage de séparation entre les tribunes Y et Z. Ils renversent cette palissade, et les premiers affrontements éclatent en haut de la tribune de nos supporters. Les « reds » attaquent les « bianconeri ». Se servant des hampes de leurs drapeaux et des piquets du grillage qu'ils ont « démâtés », ils cognent sur les tifosi. Dont les plus déterminés reçoivent les « red » à coups de poing. Mais vite, très vite, ils sont débordés par la nuée rouge.

Alors, c'est la panique. Pour échapper au raz de marée des « red animals » qui se déverse par le haut, les supporters italiens de la tribune Z se précipitent vers le bas, dans l'espoir de se réfugier en bordure de la pelouse. En haut, les hystériques censés supporter le FC Liverpool bastonnent sur tout ce qui bouge. La panique des tifosi est telle que la bousculade vers le bas tourne à la catastrophe.

La suite peut s'appeler drame, tragédie. Avec son cortège d'innocentes victimes, avec le visage bleui de ces martyrs, enfants ou adultes, femmes ou hommes, le Heysel doit rester gravé dans toutes les mémoires comme un symbole. Celui du football, d'un sport empreint de noblesse, de dignité, qu'une poignée de voyous ivres de bière et de violence, grisés plus par une guerre entre supporters que par l'affrontement loyal entre les deux équipes, n'a pas hésité à souiller par les injures et le sang versé. A Bruxelles, dans ce maudit stade du Heysel, la mort est inscrite à jamais.

Comment a-t-on pu en arriver là? Mon Dieu, comment cela a-t-il été possible? Totalement dépassée par l'ampleur de la rixe, la vingtaine de policiers belges chargée de canaliser la violence entre tifosi et « reds » va commettre une grave erreur de jugement. Croyant avoir affaire au chahut de supporters indisciplinés désireux d'envahir le terrain, les forces de l'ordre s'acharnent à bloquer les issues au lieu de les laisser libres pour permettre l'évacuation de la tribune. Alors, la foule des supporters est comprimée contre le muret en béton et le grillage qui la séparent du terrain. Les premiers rangs sont écrasés sous la marée humaine qui s'abat sur eux. Soudain, tout bascule. Constitué d'un béton par trop vétuste, le muret s'effondre sous la poussée de ce titanesque bélier aveugle. Au même moment, les grillages se cassent et commencent à déchirer les corps en folie qui se pressent contre eux. La tragédie atteint son paroxysme, mais, partout ailleurs dans le stade, nul n'a idée que cette rixe entre supporters est en fait un massacre incontrôlé. Dans l'inconscience générale, des policiers sont même détachés au filtrage des entrées du stade.

Le piège s'est refermé sur ses victimes. Sous le flot dément des fuyards de la tribune Z, des dizaines de corps s'amoncellent. Les uns ont les jambes ou les bras brisés net par les barrières métalliques. Les autres s'égorgent sur les grillages transformés en barbelés meurtriers. Dans ce magma d'êtres humains en proie à une terreur folle, chacun se bat pour sa survie, donnant des coups de pied et de poing à droite et à gauche, devant et derrière, pour pouvoir s'extraire du volcan en fusion de la tribune Z. En quelques secondes, trente-huit personnes vont trouver la mort. La fête du football a pris l'atroce visage d'une boucherie sans nom. On voudrait repenser aux jeux Olympiques de Munich, en 1972. On voudrait rappeler le carnage que les feddayin ont occasionné parmi les membres de l'équipe olympique israélienne. On le voudrait, mais ce serait vain. Ici, la terreur ivre, aveugle, non organisée, a tout balayé sur son passage : la vie de ceux qui avaient foi en le football.

A quelques mètres de là, sur la gauche de la tribune principale, cinq hommes de la Croix-Rouge, dépassés par la catastrophe, assistent, impuissants, au drame. Des dizaines de mains se tendent vers eux, dernier appel de ceux qu'ils ne pourront pas extraire de ce maelström inhumain.

Tout autour, dans l'arène du Heysel, les 50 000 spectateurs ne comprennent pas encore l'ampleur du drame. Sous la cacophonie des trompes, des crécelles et des hymnes, il est impossible de percevoir les cris déchirants de ceux qui agonisent. Les haut-parleurs continuent de réclamer le calme. On croit à une simple échauffourée. C'est bien connu : les supporters britanniques ont le sang un peu chaud.

Puis, peu à peu, incrédules, hébétés, les spectateurs vont découvrir l'horreur de ces dizaines de cadavres et de blessés disloqués, enchevêtrés.

Alors, partout dans le stade, les tifosi ont crié vengeance. Ils viennent de comprendre. Ils viennent de voir les victimes causées par l'assaut des « reds » sur une minorité de leurs compatriotes. Armés de barres de balustrade, ils veulent faire face aux hooligans déchaînés qui frappent à coups de bouteille les blessés restés à terre. Les forces de l'ordre tentent de s'interposer, mais en vain : la marée bianconero déferle sur le stade, à la poursuite des « reds ».

Pendant ce temps, les joueurs des deux équipes se concentrent dans les vestiaires. Aucun bruit, aucune rumeur de la mort semée au-dehors ne nous parvient. La tragédie se déroule au-dessus de nos têtes, dans le virage opposé à nos vestiaires. Rien, pas un souffle, pas un bruit.

C'est Francesco Morini, l'un de nos hommes de terrain, qui vient nous alerter en premier. Il parle de « bagarres ». Nous ne pensons pas à une catastrophe. Nous sommes à mille lieues d'imaginer qu'une tragédie de la dimension de celle de Bradford est en train de se répéter. A Bradford, en Angleterre, quinze jours auparavant, le 11 mai 1985, au cours d'un match de championnat de troisième division opposant Bradford et Lincoln, un incendie avait ravagé les tribunes en bois, tuant cinquante-quatre personnes et en blessant deux cents autres. La culpabilité des hooligans risquait d'être clairement établie...

Puis le docteur de l'équipe entre à son tour dans le vestiaire. Il est affolé : « Il y a des blessés. Il y aurait des morts. » Je ne veux pas y croire. Pas plus que Rossi, Scirea et tous mes partenaires. Des bruits alarmants circulent dans les couloirs, où se croisent médecins, pompiers et brancardiers. Des mots sont lâchés : « accident », « effondrement d'un mur ».

A 20 heures précises, l'un des hauts responsables de l'Union européenne de football, M. Rothenbuller, déboule dans notre vestiaire. Il est effondré.

« C'est très grave, un conseil d'urgence doit débattre de l'opportunité de jouer le match. »

Les avis sont partagés. Certains de nos joueurs ne veulent pas jouer. Ils cèdent inconsciemment à une révolte vaine, dangereuse. Rothenbuller se tourne vers eux. Ses mots sont secs, précis : « Si vous ne jouez pas, ce ne sont pas trente morts mais cent qu'on risque de relever autour du stade. »

Le dégoût de jouer accable chacun d'entre nous. Nous attendons le verdict officiel. Alors, n'y pouvant plus tenir, à quelques-uns, nous décidons de sortir au-devant de nos supporters pour mesurer l'ampleur de la catastrophe et, qui sait, calmer les esprits. Avec Bonini, Scirea et quelques autres, nous courons vers la tribune martyre. Le Heysel est un volcan en éruption. La fête et la mort y font un bruit d'enfer. Enfin, nous arrivons au milieu d'une foule de rescapés de la tribune Z. Des blessés, des gens en état de choc. « Vengeance! Les " reds " ont tué femmes et enfants, vengeance! » Ils nous entourent, ils nous crient leur douleur. Moi, Michel Platini, j'ai les larmes aux yeux. Mes simples paroles d'apaisement, de réconfort, de fraternité me paraissent dérisoires à côté de la souffrance qui les accable. Ils me tiennent par le bras, ils me supplient de renoncer à jouer ce match. Ils veulent attaquer le mince cordon de policiers qui les sépare des « reds » et faire vengeance eux-mêmes. La peur au ventre qu'ils ne cèdent à une telle violence, la peur au ventre qu'ils ne deviennent des bêtes sauvages comme les hooligans, je leur explique calmement que nous devons jouer ce match. Que c'est le seul moyen d'éviter d'autres morts. Que c'est à nous de venger leurs morts, sur le terrain, à la loyale, car c'est pour nous que nos supporters sont morts.

La seule question qui doit se poser est celle-ci : mais comment peut-on ne pas jouer ce match? Malgré ces premières victimes, le Heysel reste une terrifiante poudrière où les passions, les haines et l'esprit de vengeance n'attendent qu'un signal pour amplifier le désastre. Je le maintiens : seul le jeu pouvait apaiser les esprits chauffés à blanc.

En retournant auprès de mes camarades, dans le vestiaire, ma tête résonne des clameurs désespérées de ceux qui viennent de tutoyer la mort : « S'il vous plaît, ne jouez pas! C'est une honte! Il y a des morts! Ne jouez pas! »

Assis sur mon banc, je commence à réfléchir. Je suis désemparé, mais je sais qu'il faut jouer. Plus qu'une obligation, un devoir. Ne pas jouer déclencherait automatiquement, à la sortie du stade, la chasse à l'homme entre tifosi ivres de vengeance et « reds » dessoûlés. Autant que les passions se déchargent sur nous, à travers nous, dérisoires médiums, durant le match. Cela permettra d'éviter pis encore.

Nous n'arrivons pas à nous concentrer. Notre « condottiere », Giovanni Agnelli, vient de quitter le stade, bouleversé. Il rentre directement à Turin. Il n'assistera pas au match; pour lui, le football vient de connaître un irréparable naufrage... Nous nous parlons par bribes. Des mots vides de sens. A un moment, je me souviens que Scirea, notre capitaine, est allé lire au micro du stade un appel au calme rédigé à la hâte à l'intention de nos supporters. Puis Trappatoni nous a mobilisés pour le match et pour la victoire. Cette victoire que nous devons, que nous voulons dédier aux victimes.

Le match commence, avec une heure quarante-cinq de retard. Les responsables de l'UEFA en ont décidé ainsi et je les approuve... A l'arrivée sur le terrain, Anglais et Italiens, nous nous sommes à peine regardés. Les Anglais comprennent notre peine, nous savons leur honte. Le match a lieu. Pendant les quatre-vingt-dix minutes qu'il va durer, des appels radio vont demander à tous les militaires, appelés et réservistes, de rejoindre leurs casernes et de se rassembler aux portes du Heysel. L'arène sanglante devient ainsi un véritable camp retranché. Les hélicoptères au lugubre bourdonnement évacuent les blessés vers les hôpitaux proches, tandis que la police montée tente de faire refluer vers les gradins les spectateurs qui ont envahi le terrain. La nuit vient de tomber sur le stade comme un rideau de deuil.

Le match a eu lieu, et ce fut un bon match, dur, mais régulier, loyal. Quelque chose comme le football tentant de se redonner une dignité. Quelque chose comme la réhabilitation de ce sport par une prestation irréprochable. C'était à nous tous, ensemble, joueurs de Liverpool et de Turin, de laver la honte de certains et de sauver l'honneur d'autres, en réhabilitant la mémoire des victimes. Tous ensemble, nous avons joué un beau match, qui fait honneur au football. Liverpool a joué sa chance, et moi, en marquant le seul but de la partie, j'ai donné la victoire et le trophée à Turin. On a beaucoup commenté le « geste de joie » que j'ai esquissé au coup de sifflet final. En fait de joie, il s'agissait d'un mouvement de rage libérateur, toute la tension d'un match dans la fournaise qui peut enfin être exprimée. Nous n'avons pas voulu procéder au tour d'honneur. Non, simplement nous avons couru vers la tribune martyre pour nous agenouiller devant elle au plus profond de notre âme et lui dire merci, merci de leur confiance, merci d'avoir enduré le supplice de leur peine sans chercher à se faire vengeance. Merci d'avoir assisté au match jusqu'au bout. Merci d'avoir gagné avec nous.

La Coupe d'Europe nous fut remise par Jacques Georges, le président français de l'UEFA, dans le dépouillement et la solennité, à l'entrée de nos vestiaires. C'est là que nous avons reçu nos médailles individuelles. Et pas question, encore, de faire, coupe à la main, le traditionnel tour d'honneur réservé aux vainqueurs. Car, ce soir du 29 mai 1985, il n'y eut pas de gagnants : rien que des perdants, qui tentèrent de sauver la face. Des perdants, atterrés par la souillure. Des perdants : le public, les deux équipes et le football.

Plus tard, en me rendant à la conférence de presse, j'ai croisé les joueurs britanniques, Dalglish, Neal et les autres. Ils n'étaient pour rien dans le carnage, et pourtant ils baissaient la tête. Ils portaient la honte des hooligans en eux. Et moi, qui avais le vague projet de jouer un jour en Angleterre, après l'expiration de mon contrat en juin 1986, je sais que je ne pourrai pas. Au nom de ceux qui sont morts. Au nom de Turin, ville assombrie par le deuil. Au nom du peuple italien qui ne me le pardonnerait pas. Au nom de Francesco Platini, maçon piémontais, mon grand-père.

31.

LA JUVE, A JAMAIS...

Jeudi 30 mai 1985. Il est près de 2 heures du matin quand, enfin, je peux appeler Christèle à la maison. Elle est très inquiète. Je la rassure : j'ai revu mes parents, les siens et nos amis à l'hôtel. Sains et saufs.

A midi, notre avion se pose à Turin. Avec Gianpero Boniperti, le président du club, nous nous rendons dans les studios de la RAI pour visionner les images de l'assassinat collectif. Ces images que j'avais découvertes, le matin même, avant de quitter Bruxelles. Je n'ai pas de mots assez forts pour traduire l'horreur qui s'est emparée de moi alors. C'était encore pire que ce que j'avais pu imaginer. L'effondrement de la palissade, la foule qui pousse depuis le haut de la tribune Z et qui passe sur ces corps renversés comme un rouleau compresseur... Tous ces visages bleuis par le tragique étouffement... Ceux de ces vieux supporters turinois, d'apparence paisible, d'honnêtes pères de famille à mille lieues des voyous britanniques venus chercher coûte que coûte la bagarre... Celui d'Andrea, garçon venu de Turin avec son père. A cause de sa petite taille, il se pressait au premier rang, contre le grillage, pour ne pas perdre une miette du match qui alimentait ses rêves depuis près d'un mois. Plus que trente minutes avant l'entrée des équipes sur le terrain. Et soudain, tout a basculé pour lui. Sur lui. Andrea Casula, petit frère du Michel Platini de la rue Saint-Exupéry, ne fêtera jamais ses onze ans, le 15 août prochain...

Ils sont trente-huit à avoir péri. 31 Italiens, 4 Belges, 2 Français et 1 Anglais. Les cercueils des martyrs italiens ont été regroupés sous le hangar de l'aéroport militaire de Melsbroek, transformé en chapelle ardente. Le prince Albert de Liège, frère du roi, et son épouse, la princesse Paola, sont venus se recueillir devant les dépouilles. La princesse, d'origine italienne, n'a pu réprimer ses larmes. Pavoisés du drapeau vert, blanc, rouge de l'Italie, les cercueils seront rapatriés en Italie par des avions militaires C-130, comme si les morts étaient tombés sur un champ de bataille...

Le cauchemar du Heysel continue de me hanter aujourd'hui encore. Tous ces morts... Et les blessés que j'allai visiter à l'hôpital de Vilvorde... On m'a beaucoup critiqué. J'entends encore ce concert de voix trop solennelles pour être honnêtes, qui m'objectaient : « Qui voudra se souvenir de votre victoire ? »

Qui ? Le plus grand nombre possible, je l'espère. Au nom de tous les innocents pourchassés, étouffés, piétinés pour avoir simplement chanté leur fierté et l'amour de nos couleurs. Et je dis cela parce que je sais qu'aucune victoire, aussi prestigieuse soit-elle, ne vaut une vie.

Il faut se souvenir, garder notre victoire en tête. Ne jamais oublier. Pour que n'aient plus jamais lieu les trop fréquentes catastrophes qui jonchent l'histoire du football... 23 mai 1964, Lima, Pérou : 320 morts et 1 000 blessés lors du match de qualification pour les J.O. opposant Pérou et Argentine. Un but refusé par l'arbitre au Pérou, qui lui aurait permis de revenir au score, déclenche une émeute et un incendie... 17 septembre 1967, Kayseri, Turquie : 40 morts, 600 blessés. Un but contesté, encore, provoque des échauffourées au couteau entre supporters de Kayseri et de Sivas... 23 juin 1968, Buenos Aires, Argentine : 80 morts, 150 blessés. Lors du match River Plate-Boca junior, des supporters allument des feux de joie. Le public croit à un incendie. C'est la panique aux portes du stade, dont l'une est bloquée par les tourniquets d'entrée... 25 juin 1969, Kirikhala, Turquie : 10 morts et 102 blessés. Cette fois, les supporters se sont entre-tués à coups de revolver... 25 décembre 1969, Bukavu, Zaïre : 27 morts, 52 blessés. Au moment de l'arrivée du président Mobutu, les portes du stade s'ouvrent, la foule s'engouffre, piétinant de nombreux spectateurs... 2 janvier 1971, Glasgow, Écosse : 66 morts, 108 blessés, à l'occasion du derby Celtic contre Rangers. Un but marqué à la dernière minute fait refluer une partie du public qui quittait le stade vers les gradins, se heurtant alors avec les nouveaux partants. Une bousculade meurtrière s'ensuit... 11 février 1974, Le Caire, Égypte : 48 morts et 47 blessés. 80 000 personnes veulent assister à la rencontre entre une équipe cairote et le Dukla de Prague. Mais la jauge d'accueil du stade Zamalek n'est que de 40 000 places. Une grille de bas de tribune s'effondre, comme au Heysel, sous la poussée... 11 mai 1985, Bradford, Angleterre : 54 morts et 200 blessés au cours du match Bradford-Lincoln. Un incendie, probablement d'origine criminelle, ravage les vétustes tribunes en bois... Et maintenant, 29 mai 1985, stade du Heysel, Bruxelles, Belgique : 38 morts, 454 blessés...

En jouant, j'en reste intimement persuadé, nous avons évité un carnage encore plus grand, nous avons sauvé des vies innocentes.

La nouvelle, qui ne surprend personne, est tombée comme un couperet : l'UEFA suspend les équipes anglaises pour une durée indéterminée. Aux imbéciles qui affirment qu'on a les supporters qu'on mérite, je répliquerai que Dalglish et les siens n'ont pas les supporters qu'ils méritent. Et je suis triste pour le football anglais, son style offensif, ses tirs et ses fabuleux coups de tête. C'est à lui maintenant de subir l'infamie d'une poignée de hooligans ivres de bière et de violence. Là s'arrêtera mon commentaire sur le Heysel.

Maintenant, il faut réapprendre à jouer normalement, dans des arènes immenses, devant des publics partagés. Il faut réapprendre à regarder les tribunes populaires, dans les virages, là où se massent, debout très souvent, ceux qui ont payé pour les places les moins chères.

Ma troisième saison turinoise s'achève doucement. Sans le macabre point d'orgue du Heysel, j'aurais toutes les raisons de me réjouir et d'être fier de moi. Comme en 1983 et 1984, je suis sacré « capocanonniere » en 1985, c'est-à-dire meilleur buteur du championnat d'Italie. La presse italienne dit que je suis « fuori classe », hors classe. Moi, je me remets difficilement de mon dégoût pour un sport qui aura été ensanglanté par un carnage gratuit.

Giovanni Agnelli, que je respecte profondément, a récemment déclaré à la presse : « Platini est grand par la classe et le tempérament. » Gian Piero Boniperti a ajouté : « Michel n'est pas seulement un grand joueur, c'est aussi une personnalité. » Je sais qu'ils pensent vraiment ces éloges. Et cela me fait chaud au cœur de savoir que, même si depuis le 29 mai dernier elle ne peut plus être pareille, l'aventure n'est pas terminée pour moi.

Palmarès exceptionnel, disent-ils. En 1978, je gagne la Coupe de France avec Nancy. En 1981, c'est le championnat de France avec Saint-Étienne. 1983 me voit remporter la Coupe d'Italie avec la Juventus. En 1984, ce sera le championnat d'Italie et la Coupe d'Europe des vainqueurs de coupe. Sans oublier, avec les Bleus, le Championnat d'Europe des Nations. En 1985, c'est la Coupe intercontinentale des Nations avec les Bleus et la Coupe d'Europe des clubs champions avec la Juventus... Les quelques minutes tragiques d'un soir de printemps bruxellois m'ont amené à de plus justes proportions, rendant mon palmarès à plus de modestie.

Ma quatrième saison avec les bianconeri vient de commencer. Pour cette année, ma tête est évaluée à 4 milliards de francs par les Jivaros en costume trois-pièces, cravate, attaché-case. Le 16 septembre, j'annonce que cette saison ne sera pas la dernière pour moi. Finalement, je préfère ne pas me fixer de date limite. J'arrêterai quand je ne me sentirai plus capable de jouer au niveau international. En fait, ce qui pèse le plus chez un footballeur qui prend de l'âge, ce n'est pas le jeu en lui-même, mais la vie astreignante qui l'entoure. J'avoue ma lassitude de tous ces déplacements planifiés, des menus-régime à base de steak purée et des entraînements sous la pluie. Mais, comme le plaisir de jouer est toujours aussi vif, j'assume ces contraintes. Cette saison est importante pour moi. C'est la dernière que je dois à la Juventus, ce qui ouvre la chasse au Platini, ne serait-ce que pour la saison 1986-1987 qui sera peut-être la dernière. Cela dit, il va falloir me décider rapidement, afin de jouer le prochain Mundial l'esprit parfaitement libre.

Des buts, toujours des buts. La presse italienne et les tifosi ne pensent qu'à ça! Octobre : je n'ai toujours pas inscrit de but en championnat. Les bianconeri s'en émeuvent. Cinq journées de championnat, et le « capocanonniere » Platini reste sur un palmarès vierge. A l'Inter de Milan, Rummenigge mène la danse avec cinq buts. « Platini a surtout brillé par la discrétion.. » Ce bon mot signé Giovanni Agnelli est intervenu au terme du match que nous avons joué, dimanche dernier, contre Atalante. Les journalistes se sont empressés de grossir ce trait d'esprit d'Agnelli.

Une tempête dans un verre d'eau, rien de plus. Moi, ce qui m'intéresse plus, c'est pourquoi je n'ai pas encore marqué. La réponse est claire : parce que la Juventus a changé la physionomie de son jeu. Devant moi, maintenant, aux avant-postes, il y a Laudrup et Serena. Au contraire de Paolo Rossi, ils n'ont pas peur d'aller au charbon. Quant à Mauro, il se laisse volontiers emporter par son tempérament offensif et n'hésite pas à aller de l'avant. Dans ces conditions, avec ces chasseurs de buts à l'affût à l'approche des seize mètres adverses, je ne me retrouve plus que très rarement en position de marquer. J'aime ce nouveau look de la Juventus. Une Vecchia Signora liftée, dépouillée de Rossi, Boniek et Tardelli sur le déclin. Une Vecchia Signora perfusée de sang neuf avec les arrivées de Laudrup, Serena, Mauro et Manfredonia. A moi de jouer les régulateurs en milieu de terrain offensif. Alors, si je ne marque plus de buts, basta! D'autres s'en chargeront à ma place. Et, qui sait, de temps en temps je prendrai ma chance. Car, contrairement à ce que l'on pense, c'est le larron qui fait l'occasion

« Mattatore », tel est le qualificatif de la presse transalpine. J'ai marqué trois buts contre Bari. Mon premier triplé sous les couleurs bianconeri. Agnelli a beaucoup apprécié. Moi aussi. Juste un petit clin d'œil, et une façon comme une autre de remettre les pendules à l'heure. A la mi-temps du match contre Atalante, l'Avvocato, notre patron, avait déclaré : « Platini pense déjà trop à son prochain match France-Yougoslavie... » Agnelli a toujours eu le mérite de la franchise. En se réjouissant que la Torino, notre ennemie jurée, ait fait l'acquisition du Brésilien Junior, il me lançait un défi, affectueusement. Message bien reçu. Le trio que je forme avec Serena et le Danois Laudrup, un parrain et ses deux exécuteurs, commence à faire des ravages. Mais Agnelli n'est jamais aussi heureux que quand c'est « son » Michel Platini qui marque. Contre Torino, contre Junior, je marque sur coup franc. Agnelli applaudit. Contre Bari, le triplé magique. Agnelli exulte. Et, non pas pour s'excuser, mais pour me témoigner son affection, il m'offre une nouvelle Ferrari, dont la plaque minéralogique est frappée des initiales MO. Modène. Royal cadeau. A moi d'applaudir et d'exulter, pour cette leçon de fair-play que vient de me donner l'Avvocato.

Pour la presse italienne, je suis toujours le numéro 1 mondial, mais talonné de près par Maradona qui effectue une nette remontée. Derrière, il y a le trio brésilien Zico-Junior-Cereso. Talonné par Diego... Comme si nous étions des chevaux! Moi, je joue au football. Je veux gagner avec la Juve. Je veux aller au Mexique avec les Bleus et remporter le dernier titre qui me manque, celui qui me rapprocherait du roi Pelé : la Coupe du monde. Et je ne suis jamais aussi heureux que lorsque je marque un *hat trick*, comme celui que j'ai infligé à Bari.

En décembre, les rumeurs sur mon transfert emplissent les coulisses du football. En rencontrant Didier Tornare, le vice-président du Servette de Genève, j'ai mis le feu aux poudres. Aller au Servette la saison prochaine ou raccrocher mes crampons, telle est l'alternative, rapporte-t-on. Moi, j'écoute et je me marre tout seul dans un coin. Je ne dis pas oui, je ne dis pas non. Ai-je résilié le bail de mon appartement turinois? Grande question à laquelle la presse semble mieux informée que moi pour répondre. La vérité, ce sont les 22 millions de francs français que le Servette a proposé pour mon transfert. La vérité, c'est la venue de Boniperti et d'Agnelli à Paris pour assister à mon France-Yougoslavie. Évidemment, il fut question de la reconduction de mon contrat à la Juve.

Alors, où Michel Platini va-t-il exercer son métier de footballeur en 1986-1987, après le Mundial de Mexico? On reprend à peu près les mêmes et on recommence : Naples, Barcelone, Tottenham, Arsenal, Servette et... Juventus. « Au premier virage avant l'arrivée, commente Léon Zitrone, le Servette, casaque rouge, a une courte longueur d'avance sur la Juventus, casaque blanc et noir, je vous rappelle, mesdames, mesdemoiselles, messieurs, que l'on court en ce moment même, sur l'hippodrome de Longchamp, le Prix Platini, le Servette, oui, le Servette!... »

Il est vrai que le club suisse avance des arguments de poids. Derrière le président Carlo Lavizzari et Didier Tornare, il y a le groupe Tag et son patron, Akkram Ojjeh, l'un des cinq hommes les plus riches du monde. La rencontre avec le team Tag-McLaren n'est pas pour moi dénuée d'intérêt. Je suis sous contrat publicitaire avec Thomson. Or, Tag est actionnaire à 5 p. 100 de Thomson. De même, la Société des Wagons-lits est mon partenaire financier dans mon complexe de Saint-Cyprien, « Grand Stade ». Lesquels Wagons-lits négocient actuellement l'achat d'un hôtel en Sardaigne dont le propriétaire n'est autre que Tag! Inutile de préciser que, en signant pour un an avec le club genevois, je signe avec Tag... pour la vie! Des perspectives financières s'ouvriraient alors pour moi, quasi infinies, qui auraient de quoi m'occuper durant tout mon après-football. En plus, en rejoignant le lobby d'Akkram Ojjeh, je rejoindrais des sportifs tel Alain Prost, pilote en pole position chez McLaren. Mais rien n'est fait. Prost cherche à me vanter les avantages de la vie en Suisse, moi, je ne suis pas encore décidé. Ni oui ni non. Pour l'instant, je préfère ne pas mélanger les torchons et le Servette!...

La rumeur parle aussi du PSG. Gérard Houllier, l'entraîneur du club parisien, est venu me rendre visite à Turin. Ça n'a pas vraiment été l'incognito. Les arguments du président Borelli sont en train de devenir ceux du maire Jacques Chirac. Autant dire qu'ils prennent du poids, même dans une balance où pèse lourd l'attrait d'une existence défiscalisée en Suisse. A Bordeaux, le tandem Bez-Chaban Delmas grossit les rangs de mes prétendants. En formation, le duo marseillais Tapie-Defferre commence à donner de la voix dans le concert qui m'entoure. Enfin, Lagardère, président du Racing Club, mais aussi de Matra, Hachette et Europe 1, me fait à son tour des propositions... Dans sa résidence turinoise, Agnelli attend. L'Avvocato sait qu'il a les moyens de me garder à la Juve. Par l'argent? Pas seulement. La Vecchia Signora est une dangereuse maîtresse. Son maillot bianconero m'a ensorcelé. Je ne crois pas qu'on puisse le quitter pour quelques dollars ou pour quelques francs suisses de plus...

Les Bleus sont qualifiés pour le Mundial. Je ne sais comment exprimer ma fierté, notre fierté. Et puis, ça y est : *France-Football* vient de me décerner mon troisième Ballon d'or. Comme Cruijff. Mieux que Cruijff même, puisque le Hollandais avait décroché ses trois Ballons d'or sur quatre ans, alors que moi, c'est la troisième année consécutive que je le décroche. C'est une belle victoire pour moi qui, chaque jour, en mon for intérieur, me recueille dans la cathédrale de douleur du Heysel. Trois semaines après la victoire de la Juve en Coupe internationale à Tokyo contre Argentinos Juniors, quelques jours après la qualification de l'équipe de France, ce troisième Ballon d'or est mon plus beau trophée. Le couronnement d'une carrière. Reste à décrocher le Mundial et ma carrière sera complète.

Ce coup-là, le jury m'a élu avec une certaine avance sur mes suiveurs. Dans l'ordre : Schuster, Laudrup, Rummenigge...

Transferts. La fièvre monte. La chasse au Platini fait perdre la tête aux têtes les plus froides. L'affaire Berlusconi y est pour beaucoup. Il est question que je travaille pour la Cinquième chaîne française. Or, des esprits frappés de mythomanie prêtent à Silvio Berlusconi l'intention d'acheter le Milan AC. Donc, pour être logiques avec eux-mêmes, ils prétendent que c'est à Milan que je vais jouer la saison prochaine. Heureusement que Berlusconi n'a pas l'intention d'acheter une équipe de rugby; il me faudrait très vite me recycler pour être à l'aise dans la mêlée!

Janvier 1986. Sous la neige, Turin est une ville superbe. Avec nos petits voisins, Laurent et Marine font des bonshommes de neige. Je profite de la paix du paysage pour me ressourcer. Considéré comme un joueur sans palmarès voici quelques années, alors que je jouais en France, je croule maintenant sous les trophées. Je n'ai pas encore pris de décision pour mon transfert. Mais d'ores et déjà, je peux annoncer qu'il est hors de question que je signe avec un club français. Tant pis pour le PSG, le Racing, Bordeaux et Marseille. Je n'ai qu'un club en France, et c'est le plus beau de tous : les Bleus...

L'heure de la décision approche. Ce sera l'Italie ou la Suisse. Dimanche dernier, j'ai joué contre Côme, la seule équipe du championnat d'Italie à laquelle je n'ai jamais pu inscrire de but. Sur le terrain, mon plaisir n'arrête pas de se renouveler.

C'est décidé, je reste en Italie. Naples, Milan ou Turin? Pour rejoindre Maradona au pied du Vésuve, la dame du Sud m'offre un vrai pactole. Pourtant, je décline l'offre. Maradona et Platini dans la même équipe, ça fait un joueur de trop. Restent Milan et Turin. Berlusconi a effectivement acheté le Milan AC pour la coquette somme de 15 milliards de lires (environ 75 millions de nos francs). Aussitôt, Silvio m'a fait savoir qu'il aimerait me voir en « rossonero » la saison prochaine. Sa proposition est colossale : un contrat de trois ans, avec 10 milliards de centimes à la signature. Sans oublier ma participation en qualité de star à Canale 5 en Italie, où je rejoindrais Roberto Bettegga. On croit rêver!...

Alors, la Vecchia Signora s'est dénudé une épaule. Puis deux. Agnelli me fait savoir qu'il est prêt à me consentir un pourcentage sur les ventes de la prochaine Fiat mise en circulation. La Juventus et la Fiat sont à mes pieds. Turin et l'Italie de Francesco à mes pieds... Mon Dieu, ai-je bien mérité tout cela, moi, le repenti du Heysel, moi qui suis hanté par ses martyrs?

Février 1986. Mon cœur a parlé : je reste à Turin. Je veux finir ma carrière de footballeur ici, en bianconero. Je ne suis pas un mercenaire. En moi, une fois de plus, le plaisir l'a emporté sur l'argent. A l'annonce de la reconduction de mon contrat, les tifosi se sont spontanément rassemblés à Turin pour laisser éclater leur joie. « *Platini, Juventino per sempre* », criaient-ils. Je suis à la Juventus pour toujours. Sur des pancartes, ils avaient écrit : « Michel, nous ne te laisserons jamais partir ». Je suis l'otage de l'amour de mes tifosi.

A propos de l'aspect financier du contrat, les rumeurs les plus folles ont circulé. Je resigne pour un an, sans option successive. Si je le désire, je peux resigner ensuite pour une saison supplémentaire. En attendant, on fait état d'une signature à 5 millions de francs. Et d'une principauté qui m'aurait été accordée dans l'empire Fiat. Et alors? L'important pour moi, c'est la liesse des tifosi mercredi dernier, durant toute la nuit. Concert d'avertisseurs, voitures drapées en bianconero. Le lendemain matin, à mon arrivée dans les vestiaires, mes coéquipiers m'accueillent par des applaudissements. Ma conviction est faite : c'est ici que je veux terminer ma carrière. Et 86-87 sera ma dernière saison avant la « retraite ». Tant pis pour le Servette qui voulait s'offrir en ma personne le plus beau des cadeaux à l'occasion de son centième anniversaire. Tant pis pour Milan la rivale...

Et puis je crois qu'il ne pouvait en être autrement. Depuis un certain soir de mai 1985, depuis une certaine finale de Coupe, je dois ma sueur et mon sang comme une dette à la Juventus et à ses supporters.

32.

« MEXICO DE MES AMOURS »

Depuis six mois, avec un entêtement caricatural, on me pose et repose la même question : « Qui va gagner la Coupe du monde ? » Je m'en tire par une boutade aussi caricaturale que la question elle-même :

« Ne pourrait-il pas exister un organisme de presse unique qui enregistrerait mes réponses une fois pour toutes et pour tout le monde ?

– Comment cela ? Lequel ?

– L'agence Tass, par exemple... »

Il paraît que cela ne fait rire que moi.

Autre approche plus subtile du sujet :

« Donnez-moi votre tiercé gagnant au Mundial ».

– Le cheval de Fernandez, Allez France, et Une de mai... »

Le reporter-turfiste enregistre benoîtement mes tuyaux et noircit son papier en attendant mieux.

C'est ma dernière Coupe du monde, et le ton est donné.

A trente et un ans, je tire le rideau après Mexico.

Je ne suis pas le seul.

Giresse est dans mon cas. Et aussi, peut-être, Tigana et Bossis. Cela fait dix ou douze ans qu'on bataille ensemble sur tous les terrains. Avec quelques succès... Notre rêve : finir en beauté au Mexique. C'est un rêve que partagent avec nous d'autres chefs-d'œuvre en péril tels que les Italiens Rossi et Tardelli, mes compagnons de la Juve, les Brésiliens Zico, Socrates et Falcao, l'Allemand Rummenigge, l'Ukrainien Blokhine ou l'Argentin Passarella...

C'est le « crépuscule des vieux », anticipe déjà un journal peu respectueux des anciens.

C'est vrai qu'on a bien vieilli depuis l'apprentissage accéléré des us et coutumes du Mundial à Buenos Aires. Comme en 1982, les retombées publicitaires de l'événement ont été réglées six mois avant le stage de Font-Romeu. Encore une fois, à trois ou quatre joueurs, on aurait pu enlever tout le marché.

Mais je fais partie d'un groupe. J'en suis peut-être le premier élément, du moins le plus en vue, mais je n'en suis pas moins le vingt-deuxième et dernier de la bande... On a voulu planifier tout cela. Éviter les jalousies et déjouer les rancœurs. Un pour tous et tous pour un. N'empêche : c'est sûr que je ris jaune durant les séances de photos obligatoires. Je travaille pour Fiat toute l'année et je dois poser pour Opel. J'ai ma propre ligne de vêtements et, pour la collectivité, je dois enfiler des Lee Cooper...

Je m'incline néanmoins.

Jean Tigana, lui, est plus réticent. Lui aussi a des contrats particuliers et n'entend pas se plier aux grandes manœuvres du pool publicitaire, de plus en plus astreignantes. La mauvaise humeur gagne quelque peu les rangs. Un avatar mineur menace même de faire imploser le groupe à la veille du départ pour Mexico.

Comme avant chaque événement international, la primeur est accordée à Michel Drucker qui déploie le tapis rouge sous nos pieds pour une grande soirée de télévision. La tradition...

Nous sommes donc convoqués, avenue Gabriel, aux portes de l'Élysée, pour prêter notre concours aux artistes de variétés et faire de la figuration intelligente sur scène.

Ambiance bon enfant avec lâcher de ballons en plastique, chœur de chanteurs fous de foot, comme Barbelivien, Philippe Lavil, Marcel Amont, etc., et notre première aubade donnée par un orchestre de *mariachis* en lever de rideau sur le Mexique.

Mais derrière le rideau, justement, dans les coulisses du pavillon Gabriel, se noue et se dénoue une tractation diplomatique qui fait déjà jaser ceux qui, dans la salle, ont remarqué l'absence insolite de Tigana parmi nous. Les rumeurs les plus insistantes nous renvoient l'écho de son départ imminent pour Bordeaux. Jean est au point de rupture, et l'on parle de son forfait pour le Mexique. Finalement, il nous rejoint sur scène et s'assoit, le plus discrètement possible, au début de l'émission, au bout de sa rangée.

Jean prend bientôt prétexte d'une obligation de circonstance pour menacer vraiment de nous quitter. Après l'émission de Drucker, un dîner est prévu au Lido, tradition oblige encore...

Nous sortons de quinze jours de stage à Font-Romeu. Chacun a besoin de se retrouver avec les siens, avant une nouvelle et (relativement) longue séparation. Jean aimerait dîner en tête à tête avec sa femme. Moi-même, j'ai prévu de sauter l'étape touristique du Lido au profit d'un haut lieu de la gastronomie, un restaurant de fruits de mer coté, dans le quartier de Montparnasse.

Tigana, inflexible, a fait ses quatre valises. Elles sont déjà dans le taxi dont le moteur tourne à la porte du Windsor Frantel.

C'est trop bête. On a besoin de lui à Mexico. J'interviens pour le raisonner. Je parle dans notre intérêt, bien sûr, mais aussi dans le sien. Sa femme vient à mon secours. Elle est sensible à tous mes arguments et les lui répète pour emporter la décision.

Mais rien à faire. Et je vois, impuissant, le taxi filer dans la nuit. Au matin, Jean s'est ressaisi. Il nous rejoint. Tigana jouera le Mundial avec nous. Vivement Mexico et que la fête commence!

Je dis « la fête » à dessein parce que je veux jouer le jeu et y croire. J'espère encore un Mundial joyeux. Je veux une équipe de France bien dans sa tête et trouvant vraiment chaussure à son pied. Pas si simple, malgré tout... Moi-même, je souffre toujours d'une vieille blessure qui me fait un peu traîner la jambe... Mais ça passera...

L'accueil au Mexique est à la hauteur de mes espérances. Tout un peuple a comme sorti l'habit de lumière en guise de bienvenue. Mexico, la ville monstre aux dix-huit millions d'habitants, est aussi et d'abord une ville blessée. Métropole mondiale de la « magna fiesta », la fête du football, elle veut exorciser autour d'un ballon rond les ruines et les morts du tremblement de terre de septembre.

« *Mexico sigue en pie!* » (Mexico est toujours debout!) clame un slogan mobilisateur, fait sur mesure pour le Mundial.

Dans l'enthousiasme général, suscité par une passion naturelle et une volonté de sortir du cauchemar, nous faisons partie des grandes attractions du moment.

Je fais tout de suite sensation en déclarant dans une belle

envolée lyrique que, si la France ne gagnait pas la Coupe du monde, je me suiciderais... Cela n'a pas fait rire du tout.

Dans un pays où le football est une valeur quasi mystique, où le joueur est considéré comme un personnage inaccessible touché par la grâce divine, on ne plaisante pas avec ce sujet tabou.

Prudent, je préfère creuser mon initiation aux mœurs du pays avant de risquer le moindre trait d'esprit. Je constate à mes dépens qu'il y a bien deux manières d'être spirituel.

Désormais, je m'intéresse davantage au Mexique profond depuis que notre délégation prend ses quartiers de montagne à Tlaxcalo. Là, à 2 000 mètres d'altitude, deux matches d'entraînement sont programmés contre les « Pumas » avant de redescendre à Leon (1 800 mètres) pour affronter notre premier adversaire, un faux modeste Canada, riche de vraies qualités. En attendant, depuis Font-Romeu (1 850 mètres d'altitude) et en attendant Guanajuato, petite ville coloniale perchée à 2 200 mètres, nous voyons les choses de haut et sous un blanc soleil. Il fait 35° à l'ombre le jour de France-Canada. Un match gagné 1-0 seulement, mais gagné tout de même, dans la chaleur étouffante de *l'altiplano*. Nous avons manqué trop d'occasions. Bien défendu, mais mal terminé nos attaques. Sur le plan technique, je fais un constat burlesque : ici, les ballons fusent comme des ballons de plage. On dirait qu'ils sont gonflés à l'hélium. C'est l'altitude qui veut cela. Pour tirer des coups francs ou adresser des passes précises, ce n'est pas le rêve : le ballon a tendance à trop s'élever. Il faut tirer bien en dessous si l'on veut que le ballon passe juste au-dessous de la barre transversale. Tout un travail de réadaptation au menu des séances d'entraînement.

J'y repense souvent, le soir, dans la solitude de notre hôtel protégé par l'armée, sécurité oblige. Je regarde les matches sur écran géant et je rêve aux conquistadores du siècle d'or. Moi, je donnerais bien un Ballon d'or pour une Coupe du monde en plaqué.

Au soir de la rencontre France-URSS (1-1), je suis rassuré sur l'avenir de l'équipe de France. L'Union soviétique montre mieux que des promesses. Nous nous tenons mutuellement, respectueusement plutôt, c'est-à-dire avec respect. L'URSS a toutes les qualités d'imagination et de solidarité pour atteindre le second tour et nous disputer les chances d'aller plus loin. Dans le vestiaire de l'équipe de France, après le match, je sens passer dans le regard des joueurs une détermination qui ressemble à de l'ambition et l'envie de mordre au plus tôt dans ces matches de second tour à élimination directe.

Dans le mien passe sans doute une froide colère quand j'apprends le commentaire glacé du sélectionneur hongrois, dont nous nous apprêtons à rencontrer l'équipe : « L'équipe de France joue mieux sans Platini... » Je trouve ce genre de provocation totalement déplacé.

Peu avant de lui donner ma réponse, balle au pied, je profite d'une journée de pause pour visiter le pays. Je suis saturé de ces journées d'hôtel sous la surveillance étroite de gardes armés. On m'installe au volant d'une voiture de location. Je conduis torse nu, comme un vacancier. Direction, la statue du Cristo Rey (le Christ-Roi), une monumentale sculpture qui surplombe la vallée du haut de la montagne d'El Cupilete, centre géographique exact du Mexique.

Sur ces routes de montagne, je m'amuse bien malgré la boîte automatique de la bagnole.

Le paysage est sauvage. J'ai l'impression de jouer dans un film de Sergio Leone. J'entends déjà la musique d'Ennio Morricone. Je m'arrête devant une échoppe bricolée de toile de tente rapiécée où une jeune Indienne fait rôtir des « tacos », sorte de crêpes fourrées de haricots rouges, dans un four de terre.

Je suis bien.

Je suis loin des vidéocassettes importées de France (*L'As des as, Le Marginal*) ou des grosses ficelles d'Aldo Maccione, loin aussi des tubes à la mode des Simple Minds, The Cure ou Cindy Lauper, que Dominique Rocheteau, star et fou de pop stars, a sélectionnés pour nous.

Enfin, le sommet. Seul dans le vent, majestueux du haut de ses vingt mètres de bronze, le Christ-Roi que j'aperçois depuis des jours par la fenêtre de ma chambre.

Je me signe, comme quatre ans plus tôt, devant la Vierge dans la petite église de Navacerrada, près de Madrid, avant France-Irlande.

« Aide-toi, le ciel t'aidera. »

Je redescends sur terre pour battre la Hongrie et son entraîneur : 3-0!

En place pour le second tour...

33.

LE MEXIQUE DES ILLUSIONS PERDUES

Les salles de massage sont des oasis de détente et de récupération bien salutaires après l'effort.

Là, étendus sur les tables de soin, les joueurs s'abandonnent, un Walkman sur les oreilles parfois, aux mains expertes des soigneurs. C'est là, plus que quand dans les vestiaires où ne s'échangent que des conseils et des mots d'ordre, mieux que dans les chambres d'hôtel où l'on joue plutôt aux cartes sur table, au tarot (ou au poker), que s'échangent les vraies confidences. Tout à coup, on pense tout haut et on livre à haute voix les choses que l'on gardait pour soi. Tout cela grâce à une décontraction partagée autant mentale que musculaire.

Manque de chance : si l'on est aux petits soins pour moi, mes séances ressemblent surtout à des travaux forcés. C'est le Dr Vrillac qui, comme aux grandes manœuvres, commande le traitement de choc.

Le 2 mai, je suis arrivé d'Italie, en boitant bas, au rassemblement de l'équipe de France à Font-Romeu. Tout le monde en Italie savait que j'étais diminué. Pas les Français, apparemment, dont certains émissaires, plus rapporteurs que reporters, jouaient les étonnés, critiquaient mon jeu inégal, sans avancer la moindre circonstance atténuante.

Depuis Noël, je souffre du talon d'Achille. Celui-ci est atrophié. Les spécialistes appellent ça une « boursite ». Une sorte de cal osseux.

J'ai joué la seconde partie de la saison avec ce vilain bobo. Et voilà que le mal, après un coup reçu à Tlaxcala, dès les premiers jours, ne fait qu'empirer.

J'en suis réduit à me promener, le pied tenu dans une chaussure de tennis largement ouverte au talon. Sur le plan de la méditation, l'alternative est claire : ou je me sens bien tout en boitant, ou je ne boite pas mais je suis diminué physiquement et psychologiquement. Je prends alors des anti-inflammatoires puissants. Résultat : je suis bientôt « cuit », d'autant que je supporte mal l'un des anti-inflammatoires retenus. De plus, la douleur revient systématiquement à l'entraînement et, plus encore, depuis le coup reçu lors de France-URSS, juste au-dessus de l'insertion. Au retour, j'échapperai miraculeusement à l'opération, grâce à Jacques Bailly, kiné-ostéopathe de Marseille, grand responsable médical de l'ATP (les tennismen) dans le monde.

Mais en attendant, voici déjà le match contre l'Italie. A Mexico City. Comme pour Juventus-Paris-SG ou Juventus-Bordeaux, je me retrouve un peu sous le maillot du faux frère. Mais en sens inverse, cette fois. Quel que soit le sens, d'ailleurs, ce n'est guère un sort enviable.

Contre l'Italie, je crois que le match était gagné d'avance dans nos têtes. Facétie de l'Histoire, c'est évidemment à moi qu'échoue l'honneur de sortir l'équipe transalpine, soit une moitié au moins de la Juventus, d'un but capital. Ce qui n'empêche pas Tardelli, fraternel adversaire d'un jour, de me tomber dans les bras.

Personne, heureusement, ne m'en voudra par la suite en Italie. Je ne serai pas moins acclamé qu'avant à Turin, pas plus sifflé que toute la Juve, sur terrain adverse.

Face à l'Italie, sans chercher à enlever l'adhésion des puristes et des inconditionnels de beau jeu, je n'hésite pas à proclamer que nous avons livré le match parfait. Techniquement et tactiquement. Ce que la *Gazzetta dello Sport* elle-même soulignera très sportivement.

Moi, je note avec un intérêt de spécialiste maniaque que nous venons d'éliminer le champion du monde sortant, triple détenteur du titre depuis la première compétition universelle en 1932 !

Un autre rival, tout aussi titré et plus glorieux encore, nous empêche de savourer ce coup d'éclat. Demain déjà, le Brésil nous attend à Guadalajara, son fief du premier tour. Depuis 1970, Pelé a fait du Mexique une colonie brésilienne. Comme à ses plus belles heures, depuis l'ouverture de ce nouveau Mundial, Guadalajara la fière, repliée sur ses nostalgies coloniales, ne vit plus qu'à l'heure de Rio, à perte de nuits blanches, dans une atmosphère survoltée de carnaval permanent et de football-samba.

J'avais quinze ans quand le Brésil régna sur le monde pour la troisième fois de son histoire. Je revois Pelé, ses sortilèges et son numéro 10 magique. Dans nos cours d'école et sur nos stades de fortune, on l'appelait le « roi Pelé », naturellement, sans se forcer pour s'incliner devant cette marque de respect et de solennité.

Le Brésil était alors invincible. Et Pelé hors d'atteinte. Il était illusoire et, pour tout dire, impensable d'espérer les battre ou même les égaler. L'imaginer, oser le concevoir, en était presque gênant. On ne tutoie pas impunément les dieux.

Quatre Coupes du monde plus tard, la France se retrouve face aux héritiers. Pelé n'est plus là. C'est Zico, le « Pelé blanc », qui est chargé de perpétuer la magie.

Nous préparons le match dans une retraite de vacances, les pieds dans l'eau noire du vaste lac de Chapala, à cinquante kilomètres de Guadalajara, son folklore, sa samba d'importation et ses mariachis maison...

Comme toujours, sous les eaux calmes, menace la tempête. Pour l'heure, elle bouillonne dans notre mémoire collective : celle qui privilégie le souvenir romantique de Pelé, Tostao, Gersan, Carlo, Alberto ou Clodoaldo. C'est une mémoire d'adolescent émerveillé qui se pince pour réaliser qu'à son tour il va défier les enfants de ses propres héros. Il y a aussi le souvenir stimulant des « anciens » de Maracana, en 1977. Je suis de cette petite phalange de rescapés privilégiés pour qui l'évocation de ce match de gala (2-2) est encore très douce. Enfin, ceux qui ont affronté le Brésil à Paris, juste avant le Mundial espagnol. J'en suis encore.

Cela pour dire que cette équipe brésilienne a vu s'effriter le mythe de son invincibilité légendaire. Aujourd'hui, elle apparaît toujours très redoutable, certes, mais elle est devenue « prenable ».

Elle est, en tout cas, à notre portée. Quand nous nous quittons après la dernière veillée, sur la terrasse du bar de l'hôtel qui borde la piscine, nous nous endormons sur cette conviction ardemment partagée.

Comme la route semble longue, ce samedi, entre Chapala et

Guadalajara. Route à deux voies très plate et très droite, après les premiers virages de moyenne montagne. Route poussiéreuse où les voitures se doublent à l'aveuglette et dans une cacophonie de klaxons. Parfois, sur le bas-côté, un cheval mort, ou une vache. J'en compte deux.

La ville se présente après une longue descente, propice au slalom automobile. Feux rouges. Coups de sifflet en cadence. Policiers débordés. Embouteillage. Le car se fraye un chemin difficile, malgré son escorte qui le rend prioritaire.

Enfin, la piste de Jalisco, qui domine de toute sa puissance bétonnée la plaza de Toros voisine. Luis Fernandez, petit-fils de *novillero* amateur, jette un regard d'envie sur l'arène abandonnée. C'est sur le stade, Luis, qu'il faut dribbler, banderiller, passer balle au pied, estoquer.

Un stade jaune et vert. Une cathédrale de lumières enrubannée aux couleurs de l'équipe aimée. Je n'ai jamais vu un stade aussi uniforme malgré les drapeaux tricolores que des supporters fidèles, mais noyés, agitent pour faire tache.

Tribunes chamarrées, inoubliables, que les spectateurs, dans un même mouvement rythmé, s'amusent à transformer en vagues déferlantes. Il y a forcément la page musicale avec l'enchaînement des *batucadas* lancinantes jouées par les torcidas brésiliennes, à coups de tambourin, de *chocamillo* et de *marimba.*

Et puis l'action. Elle est jouée à fond, sans calcul et sans arrière-pensée pour les deux équipes.

Un face à face généreux.

Les grands matches se jouent toujours à deux, à égalité de chance et dans un même état d'esprit.

Du football et des hommes.

Côté français, des hommes, il y en a. Écrasés dans la fournaise, éparpillés sur un terrain trop grand, trop large, nous luttons tous avec la même fougue, la même trempe. Ici, on ne fête pas Verdun, comme le disent si souvent les rugbymen au cœur de la mêlée, mais on fête Camerone, le fait d'armes des légionnaires de Napoléon III dans une hacienda mexicaine, près de Veracruz.

Dans mon livre d'images, je garde le souvenir de nos grimaces (le but brésilien) et de nos sourires (le mien), de la vaillance intraitable de Joël Bats, stoppant le penalty de Zico, des attaques de Rocheteau et de Stopyra, à la « hussarde », des combats d'arrière-garde, au corps à corps, de Battiston, de Bossis et d'Amoros.

On progressait tous, partenaires et adversaires mêlés, l'un contre l'autre, l'un face à l'autre, par passes courtes ou longues ouvertures et l'on contre-attaquait d'un même cœur, à trois contre trois, quatre contre quatre. Et puis le temps, dans la chaleur. Une impitoyable course contre la montre de quatre-vingt-dix minutes d'abord, pour obliger l'adversaire à amener ses couleurs, le forcer à la reddition.

Bientôt, entre deux équipes d'un même niveau et d'une qualité identique, l'heure réglementaire ne suffit plus. Ni même la prolongation.

Et voilà le pathétique et la tragédie, comme à Séville. Le dénouement aux penalties. La partie sur un coup de dés.

J'ai raconté dans *Paris-Match* la seconde où j'ai vécu le cauchemar de mon penalty manqué :

« D'abord, il y a eu un grand vide, un vertige, comme une nausée... Pour un coup de pied mal placé, un penalty de trop, une estocade ratée après plus de deux heures d'un duel à armes égales, je n'étais plus qu'un pion vaincu sur une terre hostile... Un rideau noir est tombé sur mes yeux. Et tout s'est accéléré dans ma tête : des bruits et des fureurs, des sifflets et des clameurs, et, déjà, se fixait à jamais le souvenir obsédant de cette houle de drapeaux vert et jaune, balayant les tribunes et transformant le stade en un bateau ivre. J'étais sonné, hagard, et même comme déshonoré. Dans ma chute, circonstance accablante, je me voyais déjà entraînant les miens, les nôtres.

« A midi, nous étions tous devant la porte dorée, et voilà que ma maladresse risquait de condamner la France à la porte de secours... Dans mon dos, la foule hurlait des slogans de mise à mort. Elle était brésilienne à 90 p. 100. Elle semblait se repaître de mon malheur qui rendait toutes leurs chances à ses favoris... C'était injuste et j'étais maudit. »

Heureusement, Socrates, un des derniers héros de ce Brésil nouvelle vague, a aussi manqué l'« immanquable ».

Contrairement à Séville, où Six et Bossis avaient gâché les dernières balles, il nous restait une cartouche. Signée Fernandez. En croisant Luis, j'ai la force de lui lancer : « Il n'y a que toi pour me sauver la tête! » Et je ne réponds pas. Surtout, je ne regarde pas.

Je ne veux pas voir Julio Cesar, fier et sûr de son art, nous donner le coup de grâce. La tête dans les mains, je fuis l'aire de jeu. J'avance, à petits pas mécaniques, les jambes vides. J'ai encore quarante mètres à faire pour atteindre le banc de touche. A ma rencontre, je distingue Jean Tigana, qui s'approche en amorçant un geste de sollicitude et de compassion. Il n'est plus qu'à quelques pas quand, soudain, j'entends un grand bruit. Un claquement sec. Avant même de comprendre, Jean se précipite vers moi, en hurlant... de joie!

Julio César a catapulté son ballon sur le poteau de but.

Malgré toutes les macumbas, ces cierges de Maracana, les offrandes sur la plage de Flamengo et les vaudous clandestins, les dieux restent avec nous.

Luis Fernandez, d'une estocade d'école, donne une tête. Dans le vestiaire, loin des tribunes plongées dans la stupeur, Jean Tigana, notre « Brésilien », nous entraîne dans une samba improvisée digne des meilleurs carnavals.

Et, le soir, c'est mon anniversaire. Au menu : tartes à la crème ciblées entre les yeux comme des penalties réussis. On joue à la manière d'un vieux Laurel et Hardy. Comme des gosses. Entre nous.

Ce soir, c'est bon de se retrouver tous ensemble pour un soir d'abandon et de relaxation mentale. Sans témoins.

Depuis que nous sommes partis pour l'aventure, des témoins, nombreux et professionnels, jalonnent notre parcours. Bien sûr, notre emploi du temps, découpé en tranches publiques et privées, les empêche d'exercer une pression constante et déjoue les curiosités extrêmes.

Certes, nous n'avons rien à cacher, sinon à donner le change pour masquer une certaine lassitude morale. Huit semaines de vie commune, coupée du monde, c'est beaucoup. C'est long pour des hommes de trente ans, replongés ainsi dans l'assiduité routinière d'un pensionnat de leur enfance ou, pour certains, dans les feux mal éteints de quelque camp scout...

Petit déjeuner en commun.

Entraînement en commun.

Soirées en commun.

Déjeuner en commun.

Partie de cartes en commun.

Collation en commun.

Conférence de presse en commun.

Dîner en commun.

Veillée en commun.

Huit semaines d'un régime uniforme et strict, entrecoupées de matches avec des trop rares escapades touristiques. Au Mexique, en cinq semaines, je ne vois que des hôtels, des terrains d'entraînement, des tables de massage (une blessure ne guérit pas) et des stades. Mes seuls visiteurs sont des journalistes. A Chapala, ils viennent tous les soirs à 18 heures. Ils arrivent en autocar, de Guadalajara. Soit 50 kilomètres aller et 50 kilomètres retour. Je comprends donc leur impatience de décrocher la bonne interview. J'admets les exigences d'une profession où la recherche du scoop permet de sortir du peloton, tandis qu'à distance on apaise les affres d'un rédacteur en chef rongé par la concurrence.

Seulement, pour le scoop, je suis un mauvais client. C'est dans ma nature.

Je ne suis pas une « balance » et je n'ai pas de confidences aigres-douces ou de leçons à donner afin de justifier un gros titre.

C'est pourquoi je réponds souvent à des questions banales par des boutades banales. Ou alors, j'élude. C'est à prendre ou à laisser. Je ne me refais pas.

Beaucoup s'en contentent et restent sur mon terrain. On joue un « une-deux », question-réponse, sans prétendre délivrer un message. Les autres brodent et font de la dentelle, tout un art. Quelques-uns, les plus entêtés, jouent du stylo comme des ciseaux et « m'habillent » pour le restant de l'année. Dans le jargon, on les surnomme les « tailleurs ».

Il est normal, en tant que capitaine, que la tête de proue devienne tête de pipe. J'en prends donc pour mon grade : mauvais caractère, orgueilleux, intouchable... Kopa était comme ça, et Anquetil après Bobet, dans le cyclisme.

Moi, je suis blindé, mais en général j'évite de donner prise à la réplique. Je garde mes distances avec ceux qui voudraient dévoyer ma familiarité naturelle.

Ceux-là enragent de voir la France aller si loin en Coupe du monde. Je ne les condamne pas. Je les ignore. Ils représentent le pourcentage des éternels râleurs qui sont, comme le définissait Pierre Dac dans *L'Os à moelle* : « Pour tout ce qui est contre et contre tout ce qui est pour. »

Évidemment, nous ne les voyons pas d'un bon œil, surtout

dans une période de Coupe du monde où le groupe est fragile et où l'exaltation d'une victoire succède au stress des veilles de match.

France-Allemagne, justement, est déjà pour demain. C'est fou comme les rencontres se précipitent. C'est un match très excitant. C'est la prolongation de Séville, quatre ans après, avec tout ce que cela comporte d'esprit de revanche. Côté France, Battiston monopolise micros et stylos. Côté Allemagne, c'est Schumacher. Beaucoup guettent leurs retrouvailles obligées, à armes égales, en espérant quelque chose d'un règlement de comptes. Je ne suis pas inquiet. Je connais Patrick. J'apprécie son calme, sa placidité et même sa philosophie. Et je ne crois pas Schumacher assez fou pour justifier, par un comportement déloyal, la comédie d'une froide vengeance.

Cela occupe en tout cas les esprits qui ont bien besoin de trouver un dérivatif.

A l'hôtel Real, malgré le cadre majestueux, les montagnes qui bordent le lac apaisant, les chevaux de promenade, les chambres immenses, l'inévitable aubade des mariachis et l'inattendue langouste grillée qui gomme un mois de menu de pensionnat, l'atmosphère est de plus en plus tendue, de moins en moins sereine. Henri Michel est à bout. Il y a des éclats de voix avec un photographe, soupçonné d'avoir voulu soudoyer un garçon de salle pour obtenir les photos, indiscrètes, d'une partie de cartes. Bref, tout le monde est un peu à cran. Moi, je me réfugie le plus souvent dans la salle de soins où l'on s'active des heures durant autour de mon talon malade. Certains n'y croient pas ou ne veulent pas y croire. Ils décrètent que je fuis le monde, que je fais la gueule.

Je n'ai aucune raison de « faire la gueule », sinon que je m'ennuie. Comme tout le monde. Ma seule compagne, c'est *Carmen*, l'opéra de Bizet, dont j'ai emporté une cassette. Je le passe et le repasse.

Christèle est restée à Turin. Elle suit juqu'au bout la scolarité des enfants. Elle ne viendra pas pour l'apothéose, dimanche à Mexico.

Mais avant la finale, le bouquet d'une carrière, il reste une étape. Or, cette étape, curieusement, ne s'annonce pas bien.

D'abord, nous sommes favoris. Tous les pronostics donnent France-Argentine en finale, dimanche au stade Aztèque. Et les chroniqueurs se préparent déjà à dégainer les stylos pour anticiper sur le choc attendu : Platini-Maradona. Je me méfie toujours du rôle de favori, même si, c'est vrai, l'Allemagne ayant éliminé le Mexique, tout Guadalajara est pour nous.

Ensuite, je me sais toujours diminué, quoique, pour l'extérieur, je donne encore le change.

Je sais aussi Alain Giresse en bout de course, du moins l'appréhende-t-il lui-même.

Enfin, au pays des croyances et des superstitions, j'interprète comme un mauvais signe les pluies continues qui noient Chapala dans la nuit et transforment la pelouse du stade Jalisco en rizière. Tout de suite, j'imagine combien notre jeu technique et posé aura du mal à surnager face à la lourde chevauchée allemande.

On sait ce qu'il advint. Un but marqué trop tôt par l'Allemagne, une réaction en deuxième mi-temps, très belle mais trop tardive par la France.

Nous aurions fort bien pu gagner et c'est d'autant plus rageant. Je revois quatre occasions nettes en notre faveur : Bossis, Stopyra, Battiston et moi-même avons eu le but au bout du pied. J'ai aussi manqué un coup franc idéalement placé.

Et puis l'arbitre a sifflé la fin. C'est fou. Je ne pensais pas qu'elle était arrivée aussi vite. J'ai couru vers le tunnel des vestiaires, sans même voir que, par une cruelle facétie, le tableau lumineux du stade affichait : Allemagne 0 – France 2. Hélas, une erreur... C'est exactement l'inverse! J'allais juste disparaître, tête et jambes lourdes, quand des supporters brésiliens, bons bougres et pas rancuniers, ont scandé mon nom. Pour les remercier, je leur ai lancé mon maillot. Une dernière image heureuse dans la détresse de Guadalajara.

Je passe sur les commentaires. Je pouvais facilement imaginer le crépitement des machines à écrire réglées comme des rafales d'exécution.

Deux grands accusés : Giresse et moi.

Pourquoi pas d'ailleurs, puisque, c'est vrai, nous avons joué diminués. Peut-être avons-nous, lui et moi, eu tort de tenir notre place, de vouloir servir jusqu'au bout?

Ces jugements tranchés, définitifs, sans appel me choquent néanmoins. Ces coups bas ne sauraient gommer mes coups francs qu'on célébrait, hier, dans l'allégresse. Trop facile... C'est oublier qu'au tableau d'honneur de ce Mundial, la France de Giresse, de

Platini et des autres s'est classée avec autorité dans le dernier carré des prétendants au titre. Comme en Espagne, quatre ans plus tôt. Mieux qu'en Espagne même, puisque cette fois, en battant la Belgique pour la troisième place, nous avons enlevé la médaille de bronze. Troisième donc sur cent onze nations au départ!

Il ne faut pas avoir la mémoire courte. Pendant dix ans, ce fut une belle course d'équipe où les joueurs enchaînaient les passes comme des services, les yeux fermés, à la manière des athlètes qui, dans une course de relais, se transmettent le témoin.

Dix ans d'extase et de plaisir. Dix ans d'espérance et de communion avec le public.

J'ai aimé cette équipe qui a relevé le défi d'une interminable traversée du désert, au lendemain de ce qu'on a appelé naguère l'« épopée de Suède », en 1958.

J'ai aimé cette équipe qui avait aimanté les regards du monde à Buenos Aires, en 1978, et qui l'avait médusé, quatre ans plus tard, à Séville, au cours d'un match héroïque contre l'Allemagne qui, hélas, restera sans revanche.

J'ai aimé cette équipe, championne d'Europe, à laquelle tout réussissait voici deux ans et dans laquelle je connaissais moi-même la réussite absolue. J'ai cru que notre génération, qui se dépasse dans l'orage, irait jusqu'à la victoire finale. Mais la Coupe du monde, ensorcelante et majestueuse, que j'imaginais déjà trônant à la place d'honneur, n'avait pas embarqué à bord du Concorde Mexico-Paris qui devait nous ramener en France.

Fin du rêve...

Nous rentrons, comme des touristes désargentés, par l'avion de ligne des samedis soir.

Quand nous avons déboulé dans la salle des bagages, le sombrero de travers, à Roissy, une foule affectueuse et chaleureuse nous attendait pour ce qu'elle espérait n'être qu'un au revoir.

Pour moi, c'était déjà un adieu.

Dans le même temps, à dix heures d'avion et 8 000 kilomètres derrière moi, un petit lutin courtaud et noiraud emmène l'Argentine à la victoire. C'est Maradona. On le surnomme le « Che ». Il n'avait que dix-sept ans quand la France faisait ses premiers pas au Mundial argentin. Menotti avait jugé trop jeune l'idole d'Argentina Juniors, le club des « descamisados » (les sans-chemise) de Buenos Aires, puis de Boca Juniors.

Au jour de notre triomphe au Championnat d'Europe des Nations, Maradona débarquait sur mes pas en Italie, et le choc Juventus-Naples devint le défi Platini-Maradona.

Je voulais quitter l'équipe de France en transmettant un témoin glorieux à la jeune génération, et c'est lui, le gavroche de Buenos Aires, qui prend la relève...

Sans rancune, Diego...

Et *suerte*. Bonne chance!

34.

PLATINI, C'EST FINI!

Ma dernière saison. Bien sûr, je suis champion d'Italie pour 1985-1986. Mais ma Coupe du monde manquée d'un cheveu me reste en travers de la gorge. Il est temps que je me retire. Je n'aurai jamais le trophée suprême, celui que j'avais promis à mon pays. Maintenant, j'aborde la dernière ligne droite. Cette dernière saison, c'est comme si j'allais mourir au bout...

Je viens d'inscrire mon 100ᵉ but pour la Juventus lors du match contre Avellino. Cela me fait une moyenne de 25 buts par saison. Ce 100ᵉ but me fait plaisir. Même si je sais que je le dois à Mauro, qui m'a servi sur un plateau.

Statistiquement, par la densité des buts marqués sous un maillot précis, je rejoins les rois du genre. Précédé, dans l'ordre, de Gerd Muller, Josip Skoblar, Just Fontaine, Carlos Bianchi, Gumar Nordahi, Thadée Cisowski et Delio Onnis, j'arrive en huitième position.

Novembre 1986. On commence à parler de mon déclin. Jeudi dernier, lors du lancement en grande pompe de la Coupe du monde 1990 au palais Quirinal, Agnelli n'a pu s'empêcher de m'« égratigner ».

« Si Michel ne parvient pas à jouer son meilleur football, il me semble souhaitable pour lui qu'il s'arrête tout de suite. Un champion comme lui ne mérite pas une telle souffrance. »

Pourquoi l'Avvocato s'est-il montré aussi expéditif? C'est le sénateur Viola qui l'a provoqué, semble-t-il, en lui rappelant que, si la Roma n'avait pas perdu bêtement contre Lecce, la Juve n'aurait pas été champion d'Italie en juin dernier. Mais Agnelli, emporté par son talent d'orateur, n'en est pas resté là, ajoutant :

« En quatre ans, Michel a fait tant de miracles chez nous! Mais il ne peut malheureusement retrouver sa jeunesse. Pour moi, il a été le plus grand joueur de sa génération. Je souhaite simplement pour lui, comme pour nous, qu'il retrouve sa meilleure forme. Sinon, je vous le répète, je ne vois pas ce qu'il gagnerait à continuer. »

Ces paroles très dures d'Agnelli font évidemment la une des trois quotidiens sportifs d'Italie. Rino Marchesi, notre entraîneur, répond : *No comment* aux journalistes venus l'interviewer.

Et le principal intéressé, que pense-t-il de tout cela? Avec l'art du contre-pied qui m'a toujours caractérisé, je dois avouer que ça ne me vexe pas. Ça me ferait même plutôt plaisir. C'est la preuve qu'Agnelli m'estime beaucoup et qu'il souhaite me voir terminer en beauté plutôt que mal finir. Et puis je connais trop bien les sautes d'humeur de mon cher Avvocato. Quinze jours avant, à l'issue d'un bon match de ma part, il m'avait dit qu'il aimerait pouvoir me garder encore vingt ans...

Certains petits malins ont même cru déceler dans l'agression verbale dont j'ai été l'objet les conséquences d'un différend d'ordre commercial qui m'opposerait à Agnelli. Je nie cette hypothèse farfelue. Et je remercie Agnelli de m'estimer à ma juste valeur...

Mars 1987. Quelque chose comme le sprint final. Mes jours au service du football sont comptés. Plus que cinq jours avant le sommet Naples-Juventus. Je suis attaqué à boulets rouges par les presses italienne et française. Même les tifosi se détournent de moi. J'ai hâte d'en finir. Je suis fatigué et stressé.

Contre Ascoli, au Stadio Comunale, alors que nous menions deux à zéro, nous avons été remontés au score. Deux à deux. Agnelli ne l'a pas digéré. Et puis, le 5 novembre, notre élimination au deuxième tour de la Coupe d'Europe des clubs champions par le Real Madrid n'a pas vraiment arrangé les choses. Platini en mauvaise forme? Peut-être. Mais je crois plutôt que c'est la Juventus qui est en mauvaise santé.

« La plus mauvaise Juve depuis l'avènement de Boniperti à la présidence voici seize ans! » clament les journalistes.

Moi, je l'affirme : la Juve de Rino Marchesi, le successeur de Trappatoni, est malade. Cabrini? Opéré du genou. Laudrup? Sur le point d'être opéré d'une pubalgie, il en est réduit à faire de la figuration sur le terrain. Platini? Sur le déclin, quasiment fini. Dépassé par les Maradona, Boniek, Francis, Cerezo, Rummenigge, Junior, Dirceu. Tous ces joueurs que je précédais l'an passé au classement des étrangers du calcio. A San Siro, Pelé a pris ma défense : « Platini est bien préparé physiquement, mais, par la force des choses, on l'oblige à regarder derrière alors qu'il est un animateur d'attaque. En fermant son jeu, la Juventus efface Platini. » L'avis de Gianni Rivera n'est pas différent : « C'est la Juventus qui fait de Michel un joueur inutile. C'est elle qui est en crise, pas lui. »

A Trappatoni a succédé Marchesi. C'est tout. Alors, évidemment, je n'ai plus marqué en championnat depuis le 19 octobre dernier contre Ascoli. Soit 1911 minutes sans inscrire de but. Pire : mon dernier coup franc réussi date du 22 décembre 1985.

Je veux bien marquer des buts. Mais qui va me faire la dernière passe? Laudrup boitillant? Cabrini de son lit d'hôpital? Ou notre entraîneur Marchesi qui prône le retour au catenaccio, au béton?...

Alors, oui, peut-être n'ai-je pas digéré le Mundial. Alors, oui, peut-être n'est-il que trop temps que je raccroche mes crampons. Peut-être, dans ma tête, ai-je déjà achevé ma carrière.

Il faut tourner la page. Il y eut à la Juve l'ère Sivori et Charles. Puis celle de Bettega et Zoff. Celle de Boniek, Rossi et Platini. Maintenant commence une ère nouvelle, qui peut-être ne me concerne pas.

Alors, dimanche prochain, au San Paolo, je ne sais pas quel va être mon état d'esprit face à Naples et à Maradona. Diego, le nouveau roi sur le trône du calcio.

Le 29 avril, je joue mon dernier match avec les Bleus. Au Parc des Princes, contre l'Islande. Plus jamais je ne servirai mon pays par le football. Quelque chose est brisé en moi. A trente-deux ans.

35.

L'ENFANT RETROUVÉ...

Actuellement, sur le petit écran, on peut voir le roi Pelé, balle au pied, vantant les mérites du Loto sportif. Là, même s'il doit toucher un joli pactole, Pelé se fait plaisir. Il n'a pas besoin de cet argent de poche. Parce que, en jouant au football, il est devenu une des plus grosses fortunes du Brésil, et cela en restant au service d'un seul club tout au long de sa carrière : Santos.

Pour les footballeurs, il n'y a pas vraiment de retraite. A 30, 35, voire 40 ans – pour les gardiens de but –, c'est un peu tôt pour se plonger dans les délices de l'inactivité. Surtout quand on a été, sur le terrain, homme d'action.

Les passionnés de foot aimeraient sans doute savoir ce que deviennent les Mazzola, Cruijff, Beckenbauer et consorts. Peu d'entre eux désirent rester dans le monde du football, pour, par exemple, comme Robert Herbin ou Henri Michel, présider à l'entraînement d'une équipe.

Le génie footballistique est souvent malheureusement incompatible avec un sens aigu de la pédagogie. Alors, Mazzola, Cruijff ou Beckenbauer font des affaires ou laissent à des gestionnaires le soin de faire fructifier leur argent.

Plutôt que de « retraite », parlons d'« après-football ». Une nécessité primordiale pour ceux qui sont arrivés au zénith de cette discipline. Car, quand on décide de mettre un terme à une carrière au sommet, il faut réorganiser sa vie et trouver un nouvel équilibre psychologique et physiologique. Tous les médecins du sport vous le diront. C'est à ce prix que la rupture peut ne pas être dramatique.

Moi, cela fait plusieurs années que j'anticipe. Plusieurs saisons que je prépare jusque dans le détail mon après-foot. Je sais que les médias vont brusquement se désintéresser de moi, mais cela, je l'assume avec une totale sérénité.

Désormais, la presse ne fera plus ses choux gras d'un coup franc manqué ou d'une méforme de ma part sur plusieurs matches. Les journalistes ne pourront plus me juger que par rapport à mes engagements d'homme d'affaires, d'homme de télé, et surtout d'acteur face à la drogue.

Je ne me fais pas trop de souci. Je tente ma reconversion au bon moment. Je suis dans la bonne moyenne. Johann Cruijff a joué son dernier match officiel à 30 ans, Bobby Charlton et Raymond Kopa à 31 ans, Pelé et Franz Beckenbauer comme moi, à 32 ans. Un Di Stefano ou un Puskas quittèrent leurs crampons à 35 ans. Mais le record de longévité appartient à un Britannique : sir Stanley Matthews, qui disputa sa dernière sélection nationale à 42 ans et son dernier match de championnat à 49 ans! Évidemment, cela se passait à une autre époque, de 1931 à 1964, et les critères de condition physique n'étaient pas les mêmes que de nos jours.

Anna, ma mère, m'avoue sa tristesse. Elle qui attendait toujours un peu de magie de mes pieds et qui voyait son vœu exaucé, elle se laisse aller à la mélancolie. Déjà, la nostalgie. Mon père paraît plus marqué qu'elle, plus profondément. Ils ont pris la sage décision de ne pas venir me voir jouer mon dernier match au Stadio Comunale. Parce qu'ils auraient eu le cœur brisé? Non. Parce qu'ils savent que ce dernier match n'est pas une fin. La vie continue. Si je suis « mort » le 17 mai 1987, c'est pour le football, pas pour le reste.

Et encore, pour le football, qui sait? Il ne faut pas trop vite dire : « Fontaine, je ne boirai plus de ton eau », sous peine de boire... la tasse!

A 34 ans, n'y tenant plus, Pelé reprit du service au Cosmos de New York jusqu'en 1977. Quand il arrêta « vraiment », il avait 37 ans. De même, Charlton replongea, jouant jusqu'en 1973, alors âgé de 34 ans. Kopa arrêta « pour de bon » à 36 ans, en 1967. Cruijff à 38 ans, en 1985. Beckenbauer à 38 ans, en 1983. Puskas au même âge, en 1965, et Di Stefano en 1966, à 40 ans... Alors, qui sait? peut-être qu'un jour Platini replongera lui aussi...

En attendant, je vais souffler. Enfin, façon de parler. Parce que ma reconversion est multiple et que je n'ai, hélas, pas le don d'ubiquité. Il y a d'abord mon ensemble sportif de Saint-Cyprien où les investissements financiers plafonnent du côté des 70 millions de francs. Une paille! Il y a la promotion de Thomson, que je dois assurer en France et en Italie. Ça, c'est pour le côté cour. Parce que, côté cœur, il y a avant tout ma fondation d'assistance aux drogués, à ceux qui ont encore en eux l'étincelle, la volonté de s'en sortir. Pour les autres, n'étant pas médecin, je ne peux malheureusement pas grand-chose...

Et puis, enfin, il y a la télévision. Platini pris dans la migration estivale des grandes stars? Platini au centre des séismes qui agitent le bien nommé PAF? Cela se pourrait bien. Je ne suis pas resté insensible à l'offensive de charme déployée par Silvio Berlusconi, au moment où il mettait dans son panier à provisions rien moins que le Milan AC, le grand seigneur en « rossonero ».

Le virus du journalisme, pour moi, ça ne date pas d'hier. Ma rencontre avec Berlusconi n'a pas vraiment arrangé les choses.

Cette rencontre avec Silvio, je m'en souviens très bien. Je me trouvais dans la somptueuse résidence de « Sua Emitenza », près de Milan, à Arcore, en train de l'interviewer pour *Paris-Match*. Je m'étais engagé à participer à la grande soirée de lancement de la Cinq en France. A la fin de l'entretien, renversant cavalièrement les rôles, je n'avais pu m'empêcher de lancer à Berlusconi: « Monsieur Berlusconi, qu'attendez-vous de moi? » Sourire enjôleur aux lèvres, sans hésiter, il m'avait répondu: « Mais tout! A part le baptême de la chaîne, je souhaite votre présence régulière à l'antenne. Comme à la Juventus, la balle est dans votre camp. Et comme j'admire votre adresse, j'ai confiance. Les Français aussi. » Jolie ouverture, non? Ainsi servi, sur un plateau, il ne me restait plus qu'à marquer.

C'était en janvier 1986. Un an plus tard, après avoir essuyé les plâtres en qualité de commentateur sur Antenne 2, je me décide. Ce sera « oui ». Je veux lancer un grand programme de sport et de variétés, diffusé à la fois en France et en Italie. Je serai producteur. On ne règle jamais mieux ses affaires que par soi-même. Telle est mon opinion. Telle est ma volonté. La suite des événements dira si j'avais raison...

Normalement, j'aurais dû signer avec la « Cinq » et, sous le slogan mi-devinette, mi-jeu de mots « Thank you la Cinq », participer aux côtés de Sabatier, Collaro et Sébastien à son grand lancement publicitaire à travers la France. Le contrat était prêt quatre jours avant mon dernier match. Il était signé Philippe Ramon. Genestar en avait discuté les termes avec Silvio Berlusconi, Angelo Codignoni et Marie-France Brière. Il ne restait plus qu'à le parapher. Le scénario prévoyait déjà qu'au soir du grand (et triste) soir, j'annoncerais officiellement la bonne nouvelle dans la ronde des interviews de vestiaire.

Changement de programme la veille du match. A Turin, Bernard reçoit un télégramme de TF 1, où se bousculent les signatures de ses responsables les plus titrés : Michèle Cotta, Christine Ockrent, Étienne Mougeotte, Patrick Le Lay, bras droit de Bouygues, et, bien sûr Bernard Tapie, l'instigateur de la contre-attaque. Nous avons rendez-vous mardi, à dix-sept heures, avec Berlusconi à Paris. Un télex signé Tapie nous fixe un rendez-vous préalable avec la « Une », le même jour, à quinze heures. Je m'y rends, le télex à la main, et prie Patrick Le Lay de le parapher pour l'authentifier et servir de pièce contractuelle. Le Lay me fixe derrière ses lunettes, esquisse un pâle sourire et s'exécute en m'assurant : « Vous avez la parole de Bouygues. Cela vaut tous les contrats du monde. »

De cette journée-marathon, la « Une » sort en vainqueur. En échange de ma participation à des émissions de commentaires sportifs, mais surtout d'interviews de hautes personnalités du monde entier, elle met dans la corbeille, en sus du contrat, dix-huit minutes de messages de publicité gratuites et m'offre cent emplois de télévision pour ma fondation de lutte contre la drogue. Mais j'attends toujours, conformément aux engagements de première heure, qu'on donne à mes grands projets les moyens de nos ambitions.

« Platini : 10 de der » *(Libération)*. « Ciao Michel ! » *(Le Parisien)*. « Platini, c'est fini ! » *(Le Quotidien de Paris)*. « Platini se met hors jeu » *(Le Matin)*. « Platini tourne la page » *(Le Figaro)*. « La télé, prochain but de Platini » *(France-Soir)*... Au lendemain de mes adieux, la presse française, avec laquelle j'ai toujours entretenu des rapports capricieux, m'assaisonne à la sauce nostalgie.

A Turin, comme dans toute la péninsule, le ton est carrément à l'éloge mâtiné de tendresse. Surprenant de la part de ceux qui, alors que j'étais au creux de la vague, ne répugnèrent pas à me descendre à boulets rouges. Dans *Tuttosport*, l'œil goguenard, je lis : « Platini laisse le souvenir d'un joueur incomparable et unique. » Dans *Il Giornale*, le compliment touche au sublime : « A la fois équipier et soliste, inspirateur et buteur, leader et poète... Vivante publicité pour la vérité, souffle de lumière, sourire... » Ou encore : « Si on pouvait comparer l'évolution de l'espèce au football, on pourrait affirmer que Platini est la version aboutie de l'*homo sapiens.* » Rien que ça!

Dans cette avalanche d'éloges qui composent ma revue de presse, il se trouve heureusement un quotidien pour remettre les pendules à l'heure : *La Reppublica.* On y lit notamment : « Avant l'annonce officielle du départ de Platini, l'entourage du président Boniperti était perplexe. Une fois perdu l'espoir, ou plutôt la volonté, de prolonger le contrat du joueur, la Juventus s'est trouvée face à un dilemme. Ou la realpolitik de Boniperti, ou les vérités décapantes de Platini... Le battu est parti dans une dernière impudence : pas de Brindisi avec le champagne de ses adieux; c'est un vin qu'il n'aime pas... »

Tant de lucidité de la part d'un journaliste est aveuglante. Enfin, il se trouvait des observateurs (en l'occurrence un observateur) pour comprendre ma position. Celle d'un arbitre pris en sandwich dans le duel systématique qui, depuis une saison, opposait Boniperti, partisan d'un football bassement réaliste, et Agnelli, l'Avvocato, ardent défenseur, lui, d'un jeu compétitif mais ouvert et flamboyant, inspiré. A Trappatoni avait succédé Marchesi; le béton allait remplacer la liberté, l'improvisation, l'art.

Durant toute ma carrière, jamais je n'ai sacrifié à mon plaisir de jouer, qui passe obligatoirement par ma liberté d'action, de jeu et d'esprit. En signant à Turin plutôt qu'à Londres, en 1982, je savais que j'allais trouver un football offensif, artiste, de pur plaisir, servi par six champions du monde en titre, totalement décomplexés. Quatre ans plus tard, en disant « non » à Genève malgré des avantages fiscaux colossaux, je proclamais clairement mon désir de rester libre. Et là, peut-être me suis-je trompé. Mais je ne suis pas mécontent de l'erreur. Elle porte à réfléchir. A moi d'en tirer, pour mes affaires futures, un bénéfique mûrissement...

Turin se sent orphelin. Et la Vecchia Signora clame haut et

fort son veuvage. « Le roi laisse son trône et les rois ne se jugent jamais », peut-on lire dans *Tuttosport*. Les tifosi se sentent abandonnés. Il est vrai que j'ai offert à la Juve ses plus beaux trophées. Peut-être que, un peu grâce à moi, elle n'a désormais plus à pâlir d'envie et de jalousie quand on évoque devant elle le nom du Real Madrid.

Alors, Francesco, je ne serai pas venu ici pour rien. Ma victoire, je ne l'ai jamais vue solitaire, mais collective. Même alors que, en embuscade devant le but adverse, j'étais celui qui inscrivait le point.

Et je n'ose plus retourner au Café des Sportifs, à Jœuf. Un gamin émerveillé y traînait autrefois. De part et d'autre du fanion de l'Association sportive jovicienne étaient épinglées des photos de Mazzola, Riva, Rivera, tous les dieux vivants du calcio. Le regard embué par l'émotion, la tête pleine du merveilleux rêve, le môme se sentait fondre de passion, d'amour pour ce que tous ces joueurs représentaient.

Alors, il retournait rue Saint-Ex' taper le ballon en solo ou entre copains sur le trottoir. Il s'appelait Pelé, Puskas ou Mazzola, Riva, et Rivera évidemment. Et, jour après jour, il se rêvait entrant dans la verte arène réservée à ses dieux, aux gradins immenses qui jaillissent haut, haut, vers le ciel, comme la flèche inouïe d'une cathédrale vivante, humaine

A travers les larmes de ses yeux, au garde-à-vous tandis que résonnait l'hymne de son pays ou de son club, le mioche voyait les dizaines de milliers de spectateurs, et leur désir de le voir jouer. Puis la clameur retentissait et le soulevait plus haut que le ciel. Le match commençait... Quinze ans plus tard, jour pour jour, le match devait s'achever. A jamais, la clameur s'était tue, bue par les ténèbres d'un petit tunnel menant aux vestiaires.

J'ai peur de retourner au Café des Sportifs. Parce que j'en suis sûr : le gamin est toujours là, debout face au mur. Il n'a pas bougé de place, il n'a pas changé depuis ce temps-là. Et, à travers son regard embué, il regarde les photos de ses idoles.

Je crains que, toute ma vie durant, le môme ne reste là, ainsi, avec ce même regard porté sur le football qui est quelque chose comme l'éternité.

TROISIÈME PARTIE

EN GUISE DE PROLONGATIONS

36.

UNE SEULE DROGUE : LE SPORT

Je n'insisterai jamais assez sur la chance que j'ai eue de bénéficier d'une éducation modèle qui m'a permis d'être parfaitement équilibré, en harmonie avec moi-même, physiquement et psychologiquement.

Le football est une drogue douce, épanouissante; il ne peut guère se transformer en drogue dure que quand, pour compenser des carences techniques et une méforme persistante, le joueur cède à la facilité en absorbant de puissants analgésiques. Le gardien de l'équipe d'Allemagne, Harald Schumacher, dénonce la pratique courante de l'absorption de tels « dopants » dans les rangs de l'équipe nationale allemande. Il l'a avoué dans son livre, *Coup de sifflet*, et cela m'a particulièrement touché. Ne sommes-nous pas tombés, deux Coupes du monde de suite, en demi-finale, sur l'équipe de Schumacher, à cause de cette pratique, justement? Et l'agression de celui-ci sur Battiston, à Séville, en 1982, cette charge d'une violence inouïe, n'était-elle pas, précisément, la conséquence de l'absorption de tels poisons? Je ne répondrai pas moi-même à ces questions d'une gravité indiscutable. Je n'ai pas à prendre position. Pourtant, en 1986, quatre ans après Séville, nous étions les meilleurs, avec l'équipe du Brésil, elle-même revenue à un niveau jamais atteint depuis la corrida de Pelé à Mexico, en 1970. Battant le Brésil après le match historique de Guadalajara, un des plus beaux, des plus intenses de ces dix dernières années, il était logique que nous devions aller en finale, balayant sur notre passage les Allemands en demi-finale. Et pourtant, nous avons perdu. J'ose espérer, pour l'intégrité d'un sport que je respecte, que c'est parce que nous étions vraiment les moins forts, épuisés peut-être par notre lutte titanesque contre le Brésil. J'ose espérer, je veux croire que c'est pour cette raison, et non parce que nous nous sommes heurtés à une légion de zombies dressés par la drogue, comme pourrait le laisser supposer le livre de Harald.

« La drogue, c'est de la merde. » Rarement slogan publicitaire n'a sonné aussi juste. Rarement publicité n'a été autant d'utilité publique.

Je n'en ai jamais eu la tentation, grâce, je ne le répéterai jamais assez, à mon équilibre familial, mais j'en connais les méfaits, c'est pourquoi je me suis penché sur le problème de la drogue ces deux dernières années. Je pense que c'est aux gens qu'elle ne touche pas d'aller assister ceux qui en subissent les ravages. Depuis deux ans, c'est un combat que je veux organiser. Souvent, je me disais : « Ton après-foot, consacre-le aussi à lutter contre ce fléau. Il touche tous les jeunes; tes enfants, pour une raison ou pour une autre, pourraient bien en être les victimes un jour. »

Maintenant, malgré tout ce que je veux entreprendre, en particulier à la télé, j'ai le temps d'organiser mon combat contre la drogue. Même si je n'ai pas l'imagination des brillants concepteurs-rédacteurs qui sont à l'origine de la campagne sur la drogue, j'ai tiré parti de ma position de star du football pour concevoir mon slogan : « Ne vous shootez plus, shootez dans la vie! »

Cette lutte me tient à cœur; ce doit être, maintenant, dans ma vie, un autre match, une autre Coupe du monde, peut-être même la plus importante que j'aie à disputer. Il y a là le plus gratifiant des trophées à gagner. En créant une fondation qui porte mon nom, j'invite toutes les entreprises responsables à venir endosser le maillot de cette lutte contre la drogue. Car c'est là, au milieu du stade de la vie de tous les jours, que se joue l'avenir de nos jeunes, et donc celui de nos entreprises.

En janvier 1986, j'ai fait appel à des entreprises pour qu'elles fournissent chacune deux stages à durée déterminée de un an à deux jeunes désintoxiqués âgés de quatorze et vingt ans. Sur mon nom, j'ai la fierté de le dire, cinq entreprises, et pas des moindres, ont immédiatement adhéré. En ces temps de publicité tous azimuts, je ne crains pas de livrer leurs noms : Calberson,

Pathé-Marconi, Fiat-France, Lee Cooper et Citroën. D'autres ont suivi, d'autres vont suivre.

Je cite, pêle-mêle, des hommes d'horizons aussi différents que Philippe Labro, romancier, cinéaste et directeur général de RTL, ou la star des publicistes, Jacques Seguela. Fernand Sastre, ancien président de la FFF, est devenu le trésorier de notre fondation, au rendez-vous de laquelle ont naturellement répondu les Drs Olivenstein et Schwarzenberg.

Nos hommes d'Etat, eux aussi, m'ont reçu et m'ont écouté. Avec François Mitterrand, à l'Elysée, on n'a pas échappé, malgré la gravité du sujet, à une petite pointe d'humour :

– Que vous offre M. Chirac? me lance-t-il en m'accueillant.

Moi, plus cohabitationniste que jamais et reprenant de volée ce ballon de but : « La même chose que vous... »

François Mitterrand me quitte sur la promesse de trouver à l'Elysée même un emploi pour un petit désintoxiqué. Jacques Chirac, qui me reçoit dans les jardins de Matignon, démontre une connaissance parfaite du dossier, présenté par Jacques Bonnemaison, Denise Esnoux et Jacques Toubon. Lui aussi me laisse sur la même promesse que celle du Président. Mais, moi, je n'entends pas rester sur des promesses et je n'hésiterai pas, c'est juré, à sonner à la grille des deux parcs pour savoir si elles sont bien tenues.

En quittant Matignon, des photographes informés par le service de presse me prient de leur prêter un sourire. Malgré ma phobie des portraitistes ambulants, je prends volontiers la pose. Je me sens investi d'une mission, aussi modeste soit-elle. Et, en la circonstance, je crois à la contagion de l'exemple.

Je crois être au diapason des jeunes. Je reçois environ mille lettres par jour et je demande qu'une synthèse des problèmes qui y transparaissent me soit communiquée au jour le jour. Peu de jeunes me demandent des autographes ou des photos dédicacées. La plupart d'entre eux me demandent conseil, se confiant à moi, probablement parce que, au contraire de certaines autres vedettes du football, je n'ai pas fait trop de remous en dehors de ma profession, je n'ai pas été quelqu'un sur qui les paparazzi et autres chasseurs de ragots ont pu aller chercher des histoires, comme on épouillerait un chien. Contrairement à Harald Schumacher, je n'ai pas à faire – ou ne veux pas faire – de révélations fracassantes. Contrairement à Georgie Best, je n'ai pas mené une vie tapageuse. Contrairement à Paolo Rossi, interdit d'équipe nationale pendant plusieurs années, je n'ai pas été éclaboussé par la « combinazione » – le « Totonero » (les paris clandestins sur les matches), cet autre sport national italien. Non, Michel Platini, autant que possible, n'a jamais défrayé la chronique. Pourquoi? Parce que, je crois, dès qu'il enlève ses chaussures à crampons, Michel Platini est un type banal, comme tout le monde.

Les jeunes ont confiance en moi, parce que je suis quelqu'un qui, toujours, a donné une impression de sérénité, d'harmonie. Les seules calomnies qui aient pu avoir prise sur moi ne concernent que mon métier. Des critiques dures, persiflantes, quand par malheur j'osais louper un coup franc direct, quand par malheur j'étais fatigué et que ça se sentait sur le terrain...

En France, où il y a plus de deux millions et demi de chômeurs, les jeunes ont beaucoup de difficultés à se trouver un premier emploi. De ce fait, ils deviennent la cible privilégiée de ce fléau qu'est la drogue. S'il doit y avoir un sida mental, pour reprendre l'expression qui eut son heure de vogue, c'est bien la drogue.

Alors, dribblons la drogue, marquons-lui des buts, gagnons du terrain, dynamitons sous nos attaques répétées, organisées, sa défense en béton. Et empêchons-la de nous enfoncer, défendons-nous par des tacles précis, portés de sang-froid au bon moment et au bon endroit. Prenons-lui la balle. Car la balle, c'est le problème. La balle, c'est l'angoisse de ne pas avoir de job, la parano d'être un « nul », un type en marge de la société et de l'aisance qu'elle peut offrir... à prix coûtant, cash!

De plus, inutile de le préciser, quand un jeune sort de cure de désintoxication, il a la peste, il multiplie par l'infini son peu de chances de décrocher du travail, un métier. Alors, bien souvent, il replonge.

A Saint-Cyprien, dans les Pyrénées-Orientales, au sein de « Grand Stade » dont je m'occupe depuis plusieurs années, j'accueille régulièrement de jeunes adolescents victimes de la drogue. A ceux-là, je ne demande pas un sou. Je n'exige qu'une chose : qu'ils pratiquent un sport, football, basket, tennis, peu importe le flacon, pourvu qu'ils fuient l'ivresse frelatée du tabac, de l'alcool ou des drogues dures.

Je n'ai rien de plus à leur offrir que mon engagement de

sportif, que l'exemple de la détermination d'un gosse de onze ans qui a surmonté ses propres handicaps et le surnom de « nain ». Et qui, au lieu de devenir le capitaine des Bleus, aurait pu tourner au gratte-papier aigri.

Chaque semaine, même quand je ployais sous les critiques, même en période de déprime, je prenais le temps d'aller voir ces jeunes désemparés pour qui la vie avait un goût amer. Nous discutions; ils respectaient leur engagement de s'adonner à un sport, d'aller dans le sens de la responsabilité individuelle, et moi, en échange, j'essayais de les réconforter. « Tu sais, une belle passe, un beau dribble, et toute cette sueur versée pour le plaisir pur de jouer, c'est ça l'antidote. »

Hélas, nous n'avons pas toujours gagné. Certains d'entre eux ont rechuté. Mais tous, je l'affirme, ont tenu leur parole. Et aucun d'eux n'a galvaudé ce que je leur ai dit en amitié.

De Nancy à la Juve, de l'AS Jœuf aux Bleus, j'ai toujours mis un principe en application : « Si tu es là, si tu joues au ballon, c'est pour marquer des buts. » Marquer des buts. Peut-être pas à la façon d'un Gerd Muller, que je respecte infiniment mais qui incarnait le buteur et cela seul, mais plutôt à la manière d'un Pelé, d'un Cruijff, d'un Mazzola ou d'un Deyna, tous ces buteurs qui étaient le prolongement d'un stratège, qui combinaient à la fois intelligence du jeu, orchestration de leur équipe et sens du but à l'approche des seize mètres adverses, cette zone magique du terrain.

Marquer, marquer, marquer, c'est l'unique but du jeu, et je suis heureux d'avoir joué en Italie à une époque où le « catenaccio », le tout défensif, commençait à prendre un sérieux coup de vieux... Cela ne veut surtout pas dire qu'un attaquant ne doit pas avoir à se défendre. Moi-même, dès que l'opinion publique a eu vent de mon intention de tenter une action en faveur des drogués sous mon nom, nombreux ont été ceux qui ont été prompts à me sortir le carton rouge. Alors, pour faire taire ces « corbeaux à sifflet », ces mauvais arbitres, j'ai dû me défendre et tacler. Dieu merci, dans la ligne de défense de mon équipe, il y avait un pur Marius Trésor en la personne du Dr Claude Olivenstein. Il m'a écrit une lettre qui parle du cœur au cœur et non pas des intérêts aux intérêts. J'en cite quelques lignes : « Comme toujours, vous allez droit à l'essentiel. Vous avez compris que sortir quelqu'un de la toxicomanie sans lui offrir une chance dans la vie aboutissait à un échec inévitable. En proposant avec l'aide de généreuses entreprises des emplois à des jeunes guéris, vous réalisez notre rêve, à nous les professionnels, qui voyons avec angoisse nos garçons et nos filles sombrer dans le désespoir. Merci d'être ce que vous êtes, et comptez sur mon soutien et sur celui de beaucoup de professionnels engagés depuis vingt ans dans la lutte contre la drogue. » Ces mots pleins de chaleur et de fraternité, je veux les brandir comme un fanion. Un signe de ralliement.

Je l'ai souvent dit : la passion a été le moteur de toute ma vie. Et cette passion, qui peut s'appliquer autant au football qu'aux échecs, je veux la faire partager aux jeunes qui sont dans la détresse, qui n'ont pas eu la chance d'avoir une Anna et un Aldo Platini pour parents. C'est pour cette raison que j'ai décidé d'étendre mon appel aux entreprises, aux municipalités et, même, aux clubs de foot. La balle est dans leur camp, ce qui ne veut pas dire que, si demain Bordeaux ou le Paris-Saint-Germain embauchent des jeunes, ceux-ci joueront sur la pelouse du stade Lescure ou du Parc des Princes!...

Lors de mes derniers matches à la Juve, les journalistes italiens m'ont demandé quand je comptais lancer une action similaire en Italie. « Laissez-moi le temps d'agir en France. » Quant aux tifosi, ils ne m'ont jamais posé de problèmes à ce propos, alors que je sais que, voici plus de deux ans, Astutillo Malgioglio, le gardien de la Lazio de Rome, qui s'était déjà engagé dans un combat contre la drogue, essuyait des invectives de la part de ses supporters s'il avait le malheur de faire des arrêts hasardeux. « Tu penses trop à la drogue, Astu! Tu deviens une vraie passoire! »

Moi, évidemment, je n'avais plus grand-chose à prouver sur le terrain, si ce n'est que je devais anticiper mon prévisible déclin en mettant un terme à ma carrière au moment opportun. Ce que je fis en disant adieux à la Juve au printemps dernier, en ce dimanche 17 mai 1987 triste et pluvieux où j'inscrivis mon dernier but.

Mon après-foot donc, ce sera mille autres choses, mais je n'abandonnerai jamais ce long match contre la drogue, l'ennemi à abattre.

Je ne sais si, face à l'agressivité intolérable de cet adversaire, je saurai rester un joueur loyal, « régulier », comme j'espère avoir su l'être tout le long de ma carrière.

J'ai trop de respect pour la jeunesse, pour l'adolescence et l'enfance. J'ai trop ancré en moi le souvenir merveilleux d'un gamin de poche qui, à dix ans à peine, le jour de son premier match sous le maillot de l'AS Jœuf, marqua ses deux premiers buts « officiels ». Je revois encore le filet se tendre sous la pression du ballon. J'entends encore notre joie juvénile à laquelle nous avions laissé libre cours. Deux buts aux dépens de Homécourt, le début de la gloire!... A cette époque, je n'étais pas encore un orfèvre en matière de coups francs directs. A juste titre, puisque, d'une telle distance, je n'atteignais pas le but!

J'ai trop ancré en moi, aussi, les intolérables images de l'îlot Chalon, à Paris, dans le douzième. Coincé entre la gare de Lyon et le boulevard Daumesnil, plus qu'un ghetto, c'est un cancer. Qui peu à peu gangrène les jeunes qui habitent ou sont de passage dans ces squats sordides, dépourvus de la moindre installation sanitaire.

Avril 1984. Depuis deux ans, l'îlot Chalon est sous l'emprise des drogues dures. Les défendeurs un peu trop zelés de la morale mettront ça sur le compte de la population immigrée qui constitue aux trois quarts le ghetto : Chinois, Maghrébins et surtout, depuis deux ans, Africains. Ce sont ces derniers, écrit-on, qui ont importé la seringue et le shoot dans l'îlot. Moi, ce qui me touche, ce sont les conséquences.

Images acides, visions au vitriol de jeunes qui se défoncent en plein jour, sur les trottoirs, seringue à la main. Ils se préparent un « trip », un voyage sans retour, à base d'eau minérale et de citron. J'en pleurerais. Sur le banc de touche, c'est ce que les joueurs absorbent pour garder leur tonus. Évidemment, pas par voie intraveineuse...

Image du passage Brunoy. Le « shit » s'étale sous le soleil printanier. Là, au vu et au su de tous, les dealers mettent la main à la pâte, piquant parfois eux-mêmes leurs clients au regard vide de morts vivants.

Brown sugar, c'est le titre d'un tube des Rolling Stones au début des années soixante-dix. C'est aussi le nom de la merde que les jeunes s'injectent. Le dealer accepte tout. Immonde troc : argent, cash, mais aussi autoradios, chaînes en or, motos... Les filles paient parfois avec leurs charmes. Des gosses mignonnes comme le sera Marine à seize ans.

Le rapport de la préfecture est accablant : toutes les petites amies des Africains dealers sont des Françaises paumées, foutues, leur enfance à l'abattoir, leur fraîcheur au pilori. J'en pleurerais.

Un jour ou l'autre, l'overdose mortelle finit par les faucher. Et les seringues malpropres ne savent pas encore qu'elles transmettent le fléau de cette fin de millénaire : le sida.

Photo au vitriol : en plein jour, une gamine se promène, la seringue entre les dents... Dans le hall des T.G.V. de la gare de Lyon, Christophe Rivière, dix-neuf ans, est descendu au cours d'une rixe opposant des riverains maghrébins à des dealers sénégalais... J'en pleurerais.

Les camés, fauchés par la lente pourriture de leur sang, jonchent les ruelles de l'îlot Chalon. A qui la faute? Aux « rois nègres » dont parle Mme Germaine, une vieille femme de soixante et onze ans, qui, le soir, lorsqu'elle rentre dans son appartement, situé impasse Brunoy, est obligée, dans l'escalier, d'enjamber les corps de jeunes en descente de trip?

Je m'en fous. La police sait ce qu'elle a à faire.

Moi aussi du reste. Pour Laurent et Marine. Mes enfants à qui j'essaie de donner équilibre et harmonie familiale. Parce que je sais que tous les enfants n'ont pas cette chance.

C'est pour eux, pour tous les petits naufragés de France, que je veux continuer à me battre, balle au pied dans ma tête.

« La drogue, c'est de la merde. » Ça pue, c'est pas bon et ça tue.

Que la police fasse son boulot et se charge des dealers et petites frappes.

Moi, je n'ai pas de matraque. Juste ma fondation et des « mots pour le dire ».

Au fronton de mon existence, il y a, marquée en toutes lettres, cette enseigne : « Une seule drogue : le sport ».

37.

« DIS, MICHEL, QUEL EST TON SECRET? »

Pendant quinze ans, je n'ai heureusement pas reçu que des lettres de jeunes désespérés. Le principal problème des jeunes qui m'écrivaient restait, Dieu merci, footballistique.

N'en déplaise à certains esprits particulièrement bornés, la pratique du football est un art à part entière, à hisser au niveau des beaux-arts. Et on ne remerciera jamais assez des gens comme Bernard Pivot de clamer haut et fort, sans complexe, que la littérature et le football peuvent faire bon ménage. D'ailleurs, j'ai toujours pensé que, par ses prises de position, notamment en qualité de commentateur vedette durant le dernier Mundial, Pivot avait fait autant pour les joueurs de football que, avec ses « Apostrophes », pour les écrivains.

Trop longtemps considérés comme des jambes privées de tête, les footballeurs ont souffert d'une véritable ségrégation de l'« élite » à leur encontre. A Oxford et Cambridge, c'est au contraire cette élite qui cultive jour après jour son corps par la pratique du sport et notamment du rugby ou du football. Cela pour clore le bec aux ultimes et irréductibles adversaires du sport collectif qui est, d'abord, un art collectif.

Apprendre à jouer au football exige autant d'efforts et de don de soi qu'apprendre à jouer du piano. Le ballon a ses gammes et son solfège. Déjà compositeur renommé, Franz Liszt, pour devenir entre autres le plus fabuleux pianiste de son temps, s'exerçait plusieurs heures par jour à son clavier en entravant ses doigts par des poids; le jeune Edson Arantès do Nascimento, que le monde entier n'allait pas tarder à découvrir sous le nom de

Pelé, s'imposait de jongler non pas avec une balle mais avec une orange! Et cela des heures durant, des mois durant, jusqu'à ce que le fruit, docile, maté, colle à ses deux pieds comme s'il en sortait, comme s'il en était une docile excroissance. Puis, il lançait son fruit magique dans les airs pour l'amortir avec le genou, la poitrine ou la tête. Patiemment, longtemps, jusqu'à ce que l'orange reste intacte, jusqu'à ce que son écorce ne soit plus pulvérisée par la mauvaise maîtrise des contacts, libérant pulpe et jus. C'est ainsi que Pelé est devenu le Roi, celui sans qui le football aurait l'impression de jouer à cloche-pied.

C'est la première leçon. Pour acquérir une technique propre, personnalisée, l'aspirant footballeur ne doit pas manquer d'astuce, d'ingéniosité. Il doit tout mettre en œuvre pour compliquer son apprentissage, c'est-à-dire pour se poser le plus grand nombre de problèmes techniques à résoudre. C'est par cette interrogation qu'il comprendra la pratique du football, qu'il en saisira les nuances les plus intimes, le chatoiement des petits riens qui en font un art total.

D'abord, grâce à la révolution fondamentale, fondée sur la polyvalence des basketteurs (tous devant, tous derrière), importée par l'Ajax d'Amsterdam au début des années soixante-dix, le football a cessé d'être une guerre des tranchées. Je me souviendrai toujours du 4 à 1 que Cruijff et ses coéquipiers avaient infligé en demi-finale de la Coupe d'Europe des clubs champions à l'invincible Bayern de Munich. Sepp Maier, un des plus grands gardiens de l'histoire du football, en a longtemps tremblé dans ses impayables shorts. Prise dans la sauce hollandaise, son équipe s'était noyée.

Donc, le défenseur uniquement défenseur et l'attaquant uniquement attaquant, c'est fini. Cela impose désormais au joueur moderne d'acquérir une technique plus vaste, et surtout un sens tactique que la mobilité des joueurs rend primordial. Chaque joueur, sur le terrain, doit être, à des degrés divers, un stratège. Le football y gagne en puissance et en intelligence.

En ce qui concerne les gestes techniques fondamentaux, tout a déjà été dit et se trouve consigné dans grand nombre de manuels. Moi-même, à Saint-Cyprien, près de Perpignan, ainsi que je l'ai évoqué, j'ai animé les stages de football de mon complexe sportif, « Grand Stade », avec Henri Émile, mon complice.

Ma cuisine de base n'a rien de sorcier. Je commencerai par l'amorti du pied, qui est un des gestes clés de cette discipline, puisque c'est lui qui permet au joueur de s'approprier le ballon et d'en jouir. Pour réussir son amorti, il faut lancer le pied le plus ouvert possible au-devant de la balle. Puis, dès qu'il est en contact avec celle-ci, il faut ramener la jambe, mais moins vite que le ballon afin de le freiner et qu'il tombe inerte devant soi. Ce doit être comme une caresse.

Variante d'orfèvre, l'amorti du cou-de-pied demande, lui, un pied de « fée ». Il s'agit cette fois de cueillir la balle qui vient de haut dans cette étroite corbeille que forme le cou-de-pied. Ce qui permet, si l'occasion s'en présente, d'enchaîner aussitôt un tir ou une passe. C'est en lançant sa jambe très haut, et en fléchissant sa jambe d'appui, que l'on peut réussir ce joli coup. Ensuite, immédiatement, il faut servir un coéquipier ou tirer.

Troisième amorti : celui de la poitrine. Il peut s'exécuter avec les pieds sur le même plan ou décalés. Les jambes doivent être fléchies et les bras brandis à l'horizontale, un peu comme s'ils formaient les accoudoirs d'un fauteuil dont le dossier serait constitué par la poitrine. La balle s'amortit sur le sternum tandis que le joueur se recule progressivement en transportant son poids sur la jambe arrière, si ses pieds sont décalés, ce qui lui permet de compenser une carence physique. Pour que le contrôle soit bien dosé, il faut bomber la poitrine, mais surtout ne pas la projeter en avant, ce qui aurait pour effet de faire rebondir le ballon au loin.

Passons au dribble, qui est en fait la traduction de « conduite de balle ». Pour le répéter, dans un premier temps, le joueur peut être seul et s'exercer aux dépens d'obstacles immobiles. Grossièrement, il s'agit de courir vers les buts adverses en contrôlant sa balle du pied. Premier conseil : surtout ne pas regarder son ballon, sinon il n'est pas possible au joueur de surveiller les mouvements de ses adversaires, censés l'attaquer pour l'en déposséder. Il existe environ quatre façons différentes d'attaquer balle au pied : en poussant le ballon avec l'intérieur du pied, technique sûre mais qui ralentit le joueur; avec l'extérieur du pied, ce qui permet de déclencher des crochets foudroyants mais expose nettement plus le ballon; avec l'extrémité du cou-de-pied, quand la trajectoire de l'attaquant est droite, technique que je qualifierais d'aléatoire; enfin, avec la semelle, utilisée, notamment, dans l'imparable figure dite du « râteau », pour changer brusquement la direction du ballon ou pour le bloquer. Ces bases étant assimilées, le dribble est affaire de goût et de personnalité de chacun. L'art du dribble étant celui de la feinte, il n'y a pas deux grands joueurs qui dribblent de la même manière. Pelé était le roi du « râteau », Cruijff celui du crochet et Maradona compile un peu ces deux tendances. Moi, j'ai également ma spécialité, un tour de passe-passe à mon sens plus britannique que latin. Je m'apprête à shooter, mais je feinte la frappe, comme si j'allais dégager. Alors, je glisse délicatement mon pied sous le ballon, et hop! j'effectue un retourné. Je n'ai plus qu'à pirouetter et à reprendre ma balle dans le dos de mon adversaire pour poursuivre l'action. Le dribble est aussi affaire d'inspiration et d'imagination. A chacun d'inventer le sien. Un dernier détail : la direction de votre regard doit pouvoir tromper l'ennemi.

Spécialité anglo-saxonne incontestée, le jeu de tête peut être une arme redoutable aux abords des dix-huit mètres adverses. Il nécessite plus d'énergie qu'on ne le croit communément. Car, en même temps qu'il saute, le joueur doit armer son tir de la tête en se cambrant, tel un ressort. Une fois en l'air, il se détend afin de frapper violemment la balle du front. Dans le jeu à terre, il suffit de porter tout le poids de son corps sur la jambe arrière, en cambrant puis projetant en avant le buste. D'où cette attitude caractéristique d'un Kevin Keegan, tête en avant, bras écartés. Il est évidemment fondamental, pour bien orienter son tir, de garder les yeux ouverts.

La frappe de l'intérieur du pied n'est pas le tir le plus courant sur un terrain, mais il est indispensable de parfaitement la maîtriser pour ne pas handicaper sérieusement son équipe. Jambe d'appui fléchie, le pied d'appui doit se placer assez près du ballon. Pour l'équilibre, le bras gauche est écarté du corps, le droit se plaquant le long du corps. Genou tourné vers l'extérieur, le pied va frapper sèchement la balle à la hauteur de la voûte plantaire. Il est possible de « lifter » son ballon, en le brossant légèrement pour qu'il tourne dans sa trajectoire. Effet garanti, comme au tennis!

Plus courante, la frappe au moyen du cou-de-pied peut dynamiter les défenses les plus bétonnées. Ce tir canon ne pardonne pas. Il est le tir au but par excellence, celui qui donne des ailes aux buteurs venus de loin, au terme d'une course de fond de terrain. Le Brésilien Rivelino a inscrit un but du rond central du terrain en tirant de cette manière. Il est vrai qu'il possédait une puissance de frappe extraordinaire... Ce tir a le mérite de vraiment s'enchaîner dans la foulée, geste naturel qui ne nécessite pas de prouesse technique. Là, le pied d'appui doit se placer exactement à la hauteur du ballon, pointe dirigée vers l'objectif à pulvériser – en l'occurrence le but. La jambe d'appui est fléchie. Le bras gauche s'écarte du corps pour maintenir l'équilibre. Pour délivrer la puissance maximale, le pied qui va frapper part de très loin, le talon quasiment au niveau des fesses, pointe tendue vers le sol. Ensuite, c'est la « patate », la « frite », la « boumba ». Détail : ne pas oublier de viser si l'on veut avoir le plaisir de voir les filets se tendre sous l'impact.

Reste la cerise sur le gâteau, la gâterie chère au cœur du public : la reprise de volée. Là encore, les Britanniques ont le pied bien affûté. Mais un Beckenbauer, un Johnny Rep, un Di Stefano ou un Blokhine n'ont pas les pieds dans leur poche non plus. Très spectaculaire, la volée est un des coups les plus difficiles. Et quand il réussit, il est imparable à moins d'avoir pour interlocuteur, devant la cage, un Gordon Banks ou un Lev Yachine surnommé « l'araignée », gardiens réputés invincibles... En règle générale, le challenge consiste à transformer une passe aérienne ou un centre en coup au but. Dans ce cas, la plupart du temps, le ballon arrive latéralement, c'est-à-dire des ailes. Il s'agit alors de lui faire modifier sa trajectoire avec un angle d'environ 50°. Pour ce faire, il faut lancer sa jambe de frappe le plus haut possible à la rencontre du ballon. Au moment de l'impact, le buste doit pivoter, genou droit porté vers l'extérieur, ce qui a pour effet de couvrir la balle, de « caréner » en quelque sorte le tir. Ensuite, la jambe se détend sèchement pour frapper la balle avec un angle de 90°. C'est un coup qui nécessite un synchronisme parfait de l'enchaînement des mouvements. Sans répétition intensive, il ne peut réussir, miraculeusement, qu'une fois sur mille...

Voilà pour les bases. Mais tout cela ne sert à rien, ou à pas grand-chose, sans la vision du jeu. Depuis que les pionniers d'Ajax Amsterdam ont injecté la polyvalence et la mobilité du basket dans le football, un bon technicien dépourvu de vision du jeu est comme un bolide de formule 1 sans pilote. Un leurre, une coquille vide. Sur le terrain, le jeu se construit, ce n'est pas une image, mais une réalité première, sans quoi il n'y a pas de match.

Il faut savoir jouer aussi bien avec ses méninges qu'avec ses pieds. Tout le reste, les jolis coups, ce qui soulève l'enthousiasme du public, ce n'est que de l'écume. S'il est important, en effet, que le côté solo du joueur ressorte occasionnellement pour la beauté du geste, le collectif, lui, doit sous-tendre l'esprit des équipiers pendant le match. Derrière les quelques éclairs de génie d'un Pelé capable contre l'Italie, en finale du Mundial de 1970, de remonter, balle au pied, tout le terrain en « mettant dans le vent » cinq ou six adversaires, il y a le jeu de passes de toute l'équipe du Brésil, l'hallucinante facilité avec laquelle elle fait circuler le ballon entre les joueurs, le gardant à peine pour étourdir et semer la panique dans la défense adverse.

Tout au long de ma carrière, particulièrement exposé par ma réputation de star, j'ai eu droit aux critiques les plus acerbes et aux éloges les plus flatteurs. Notamment pour ce qui concerne ma facilité dans l'exécution des coups francs.

Cela dit, si, dans vingt ans, l'évocation de mon nom aux jeunes footballeurs de l'an 2000 se résumait simplement par : « Michel Platini? Ce joueur qui réussissait tous ses coups francs?... », cela signifierait que je n'aurais pas apporté grand-chose au football. Un peu comme si on disait aujourd'hui de Beckenbauer : « Ah oui! C'est bien cet Allemand qui brossait de l'extérieur du pied toutes ses ouvertures, non?... »

C'est pourquoi, en dehors de cette « spécialité », j'ai, depuis l'âge de onze ans, travaillé comme un forcené pour avoir en ma possession la technique la plus complète possible. D'abord, j'ai misé sur la polyvalence des postes. En 1978 par exemple, Michel Hidalgo, sélectionneur de l'équipe de France, ne savait pas trop s'il devait me mettre numéro 10 ou numéro 9. Des avis se firent entendre. Piantoni, Rémois glorieux, affirmait que je pouvais très bien jouer avant-centre : « On prétend que Michel a besoin de beaucoup d'espace pour s'exprimer. Ce n'est pas forcément vrai : il peut parfaitement jouer dans un " mouchoir de poche ", il l'a déjà prouvé à Nancy à ce poste. » Raymond Kopa, probablement le plus grand joueur français de son temps, surenchérissait dans le sens de son vieil équipier : « Platini avant-centre? Il y a longtemps que je le dis, mais ce n'est pas la peine de revenir là-dessus... » Hidalgo trancha. Après tout, c'était à lui, tout au moins en équipe de France, qu'appartenait la décision : « Michel peut jouer avant-centre, bien sûr. Le voir sous le numéro 9 fut longtemps un de mes vœux les plus chers. Mais aujourd'hui, c'est fini. Ça pourrait bouleverser la structure de l'équipe. C'est donc hors de question. »

Moi, je n'avais pas à prendre position. Comme Piantoni le rappelait, j'avais joué numéro 9 à Nancy, pour rendre service. Mais la place qui m'attirait le plus à cette époque était celle de milieu offensif. En clair, vu mon tempérament de buteur, cela signifiait que je pouvais aussi tenter ma chance aux côtés de Lacombe ou Berdoll.

Cette petite polémique, je reste fier de l'avoir suscitée. Ainsi donc, mon extrême mobilité faisait que les sélectionneurs me prêtaient le don d'ubiquité en me rêvant, en même temps, à plusieurs postes clefs.

Cela alla d'ailleurs beaucoup plus loin. Je devins vite comme un acteur qui connaît si bien ses marques face à la caméra que le metteur en scène n'a plus besoin de le diriger, le laissant parfaitement libre de ses mouvements.

Peu à peu, grâce à cette liberté de mouvements, je perfectionnai mon rôle de chef d'orchestre sur le terrain. Laissant le buteur en berne, je travaillai à devenir le « roi de la dernière passe », celle qui amène le but. Il y a une sorte de frisson d'extase à partager ainsi le point marqué. La dernière passe, si possible « sur un plateau », est un don de soi et un cadeau royal fait à son partenaire buteur d'occasion. Un cadeau à toute l'équipe aussi... Grâce à ma vision du jeu, je parvins à ce titre de « roi de la dernière passe ». Pour y arriver, il me fallut marier vitesse d'exécution et facilité à domestiquer le ballon, à l'apprivoiser. Le football se jouant de plus en plus vite, suite à la révolution hollandaise dont j'ai déjà parlé, il devenait évident que les maîtres à jouer seraient ceux qui se serviraient le plus rapidement du ballon, tête levée pour garder l'œil sur l'ensemble du jeu.

Albert Batteux, qui reste un des plus grands experts du football français, a pu analyser en janvier 1980 ma maîtrise du ballon sur un terrain. Son compliment me donna la preuve que j'avais réussi dans mon entreprise d'orchestration du jeu. Il a dit en clair : « Dès que Michel Platini touche la balle, son champ d'action devient champ magnétique où se mêlent l'espoir des uns et la crainte des autres. Que va-t-il se passer? Même quand il ne se passe rien, ou pas grand-chose, le charme et le suspense ont quand même opéré. Ce charme joua dès le début. Quand je vis

Michel, alors tout jeune, pour la première fois à Nancy, en 1972, en dépit des imperfections dues à son inexpérience, il n'y avait pas de doute : c'était la pointure au-dessus... »

La « pointure au-dessus » comporte évidemment sa haute dose de risques. Chaque médaille a son célèbre revers, et celui-là est particulièrement tranchant. En effet, quand un joueur accède à la « pointure au-dessus », lors de matches dont l'enjeu maintient sous pression les esprits, il devient aussitôt l'homme à abattre, la cible préférée de défenseurs peu scrupuleux.

Le poste d'attaquant appelle évidemment les coups. Un ailier en pleine course est une proie facile. Combien de fois n'ai-je pas vu Dominique Rocheteau effectuer un superbe vol plané suite au tacle assassin d'un défenseur sans scrupules? Une autre proie de prédilection est le dribbleur qui couvre son ballon, ne permettant pas aux défenseurs de s'en emparer loyalement. Qu'il se nomme Paolo Rossi ou Ressenbrinck, il oblige à la faute. Le buteur, quant à lui, est bien souvent matraqué aux abords de la surface de réparation. Evidemment, il peut lui aussi pousser à la faute pour obtenir un coup franc direct bien placé, voire un penalty. Je n'ai guère vu que Gerd Muller résister pratiquement à toutes les charges; petit et fort comme un taureau de combat, il paraissait adhérer au sol comme par une ventouse, et semait la panique dans les meilleures défenses quand il exécutait ses pivots dos au but. Mais l'homme à abattre, celui dont les entraîneurs adverses exigent qu'il soit « marqué à la culotte », c'est le meneur de jeu, la gare de triage des actions offensives.

Dans ma carrière d'homme-orchestre, j'avoue avoir collectionné les blessures, ce qui a fait dire à certains que ma fragilité était un sérieux handicap. La critique hollandaise s'acharna-t-elle autant à ce sujet sur Cruijff? Je ne le crois pas... Cela étant dit, ma série de blessures est assez impressionnante. Ça démarre à Nancy, en 1972, avec une double fracture à la cheville. Un an plus tard, je récolte une fracture à la main droite. Pour moi, ce sera une énorme déception, puisque je ne pourrai pas effectuer la tournée du Pacifique avec l'équipe de France amateurs... En mars 1974, c'est mon bras gauche qui casse en deux endroits. En avril 1976, je dois subir l'ablation du ménisque au genou gauche. Dur, dur, mais je rejouerai plus vite qu'aucun autre joueur avant moi dans de telles circonstances. En mai 1978, au Parc des Princes, en demi-finale de la Coupe de France, je marque le but de la victoire de la tête, heurtant au passage celle de Trésor. Marius a le crâne dur; on doit m'hospitaliser pour traumatisme crânien. Trois mois plus tard, ma main droite cède de nouveau. Mais mon plus grave accident sera le plus stupide: sans qu'aucun adversaire me touche, à Saint-Étienne, je me fais, tout seul, une triple fracture de la malléole et du péroné de la cheville droite, ma « cheville ouvrière »... La poisse!

De 1972 à 1979, j'ai été hospitalisé huit fois, égalant le record d'un Just Fontaine ou d'un René Vignal, dont le score au « billard » laisse rêveur...

Bizarrement, à partir de mon intégration à la Juve, ma série noire s'est tassée. Le football italien ne fait pas dans la demi-mesure: c'est tout ou rien. Ou vous vous adaptez et vous encaissez les coups sans fléchir. Ou vous craquez et c'est la chausse-trape, adieu football!

Au terme de ma première saison à Turin, j'ai pu déclarer qu'« un an de calcio, ça vaut dix ans de foot en France ». Là-bas, pour supporter l'ambiance et la dureté du jeu, je me suis durci physiquement et psychologiquement. Je me suis entouré d'une carapace pour ne plus trop donner de prise aux coups portés par les crampons des adversaires et par les paroles acerbes de certains critiques.

Aldo Platini, mon père, mon maître, le seul, celui à qui je dois tant, m'avait pourtant prévenu après ma visite médicale ratée au FC Metz en 1972. Alors, ma décision était prise: puisque Metz ne voulait pas de moi, j'irais jouer sous les couleurs de Nancy. Papa, quelques mois plus tard, quitta sa situation de prof de maths, sa maison de la rue Saint-Exupéry, ses amis joviciens, pour me rejoindre, à une cinquantaine de kilomètres de là, à l'AS Nancy dont il devint ensuite l'entraîneur. Alors, j'étais un gosse impatient de dix-sept ans exactement, qui, ce 21 juin, fit son entrée dans le monde des pros en tant que douzième homme contre Valenciennes.

Mon père m'avait prévenu: sur un terrain, dès qu'il y a un enjeu, il faut arrêter de rêver.

– Descends de ton nuage, Petit Prince, tu ne joues plus la Coupe du monde rue Saint-Exupéry et tu ne t'appelles pas Michel Peléatoni...

Quand je revois mon parcours, quand, à l'aune de mon expérience actuelle, je repense à ce premier match, quand j'y repense alors que je viens de raccrocher mes crampons, j'ai le vertige et je sais que rien, pas le moindre détail, n'aura été vain. Ni ces milliers d'heures passées à peaufiner mes rudiments techniques ni la maturité née des premières blessures. Rien, non, vraiment rien.

Sans doute valait-il mieux que j'ignore, au moment de mon entrée sur le terrain de Valenciennes, à quel trésor de peines et de joies j'allais m'exposer durant quinze ans. Peut-être alors, si j'avais su, aurais-je pris peur. Peur de prendre de tels coups et d'endosser de telles responsabilités. Peur de décevoir. Peur d'arriver au sommet tout en sachant que, demain, ce serait fini.

Car, aujourd'hui, c'est bien fini.

Mais, rideau! Que le spectacle, celui qui appartient au public, recommence. Eternellement!

Il était une fois, rue Saint-Exupéry, à Jœuf...

Je remercie Patrick Mahé, grand témoin de ma carrière et confident de toujours, qui m'a aidé, dans ce livre, à dribbler avec les mots. Et ses coéquipiers Marc Dolisi et Michel Sutter.

TABLE DES MATIÈRES

PREMIÈRE PARTIE

LE FOOT EN FÊTE

DEUXIÈME PARTIE

A LA CONQUÊTE DES ÉTOILES

TROISIÈME PARTIE

EN GUISE DE PROLONGATIONS

Cet ouvrage a été réalisé sur
Système Cameron
par la SOCIÉTÉ NOUVELLE FIRMIN-DIDOT
Mesnil-sur-l'Estrée
pour le compte des Éditions Robert Laffont
le 14 décembre 1987

Imprimé en France
Dépôt légal : décembre 1987
N° d'édition : 30930 – N° d'impression : 8381